CODEX JUSTINIANUS

Reclam
Bibliothek

PHILOSOPHIE
GESCHICHTE · KULTURGESCHICHTE

CODEX JUSTINIANUS

ausgewählt und herausgegeben von
Gottfried Härtel und
Frank-Michael Kaufmann

1991

Reclam-Verlag Leipzig

Aus dem Lateinischen
Nachübersetzung der Konstitutionen aus den Büchern 1–6, Anmerkungen zu Buch 1–6, Einleitung und Nachwort von Gottfried Härtel
Nachübersetzung aus den Büchern 7–12, Anmerkungen zu Buch 7–12 und Register von Frank-Michael Kaufmann
Der Nachübersetzung zugrunde gelegt wurde „Das Corpus Iuris Civilis“ – ins Deutsche übersetzt von einem Vereine Rechtsgelehrter und herausgegeben von Dr. Carl Ed. Otto, Dr. Bruno Schilling, Professoren der Rechte an der Universität Leipzig, und Dr. Carl Friedrich Ferdinand Sintenis, als Redactoren, Fünfter Band, Leipzig 1832, Sechster Band, Leipzig 1832
Mit 8 Abbildungen nach: Corpus iuris civilis. Codex Justinianus. Nürnberg 1475. Reproduktion mit freundlicher Genehmigung der Deutschen Staatsbibliothek, Berlin. Inc. 1844a, Sammlung Savigny 297 (Fotografien: Margret E. Hamann, Berlin)

ISBN 3-379-00530-4

Reclam-Bibliothek Band 1368
1. Auflage
Umschlaggestaltung: Friederike Pondelik unter Verwendung einer Miniatur aus dem Codex Justinianus. Nürnberg 1475
Printed in Germany
Dresdner Druck- und Verlagshaus GmbH
Gesetzt aus Garamond-Antiqua
LSV 0416
Bestellnummer: 661 535 0
10,–

Einleitung

Das Rechtssystem der Römer war die erste, von ihren Schöpfern wissenschaftlich durchdrungene Rechtsordnung, die sich durch die Bindung an die Kategorien des Privateigentums von den einfachsten Formen der Warenproduktion und des Warenaustauschs im *Imperium Romanum* auf eine Stufe entwickelte, die als „das erste Weltrecht einer warenproduzierenden Gesellschaft“ (Friedrich Engels) gilt. Karl Marx betonte hierzu: „Die Römer haben eigentlich erst das Recht des Privateigentums, das abstrakte Recht, das Privatrecht, das Recht der abstrakten Person ausgebildet. Das römische Privatrecht ist das Privatrecht in seiner klassischen Ausbildung.“ Die Geschichte der Rechtsinstitute der Römer war und blieb ein Wissenschaftszweig, der nicht nur für das Verständnis der allgemeinen Geschichte der römischen Sklavereigesellschaft, sondern auch der Rechtsentwicklung der meisten Länder Europas von grundlegender Bedeutung ist.

Das Recht, mit dem Staat entstanden, hat die Aufgabe, die bestehenden Eigentums- und Machtverhältnisse zu sichern, wobei allerdings die Regelung der Rechtsverhältnisse den ständig sich verändernden politischen Macht- und Eigentumsverhältnissen unterliegt. Es gehört zu den besonderen Fähigkeiten der herrschenden Klasse Roms, daß sie drohende soziale Bewegungen abzufangen und den römischen Staat in seinen Funktionen über eine wechselvolle, über 1200jährige Geschichte zu erhalten verstand. Die Ausbildung und Fixierung eines umfassenden Systems verbindlicher Rechtsnormen ist eine der bedeutendsten kulturellen Leistungen der Römer überhaupt. Als einzelne Phasen, die die römische Rechtsgeschichte durchlief, werden im allgemeinen unterschieden das alte Recht für die frühe Republik (510/09 bis zum 3. Jh. v. u. Z.), das vorklassische Recht für die Zeit ab dem 3. Jh. bis zum Ende der Republik (27 v. u. Z.), das klassische Recht für die frühe Kaiserzeit (27 v. u. Z.–284 u. Z.), das nachklassische Recht für die Zeit des Dominats (284–476). Für die nachklassische Rechtsentwicklung des 4./5. Jh. ist als eine Eigenart das Eindringen des sogenannten Vulgarrechts anzumerken.

Daß es in der Geschichte Roms relativ früh zur Aufzeichnung des Rechts gekommen ist, hatte der erbitterte Kampf zwischen Patriziern als den Herrschenden und Plebejern, der ausgebeuteten Volksmasse, erzwungen. Unsere heutige Kenntnis des römischen Rechts beginnt mit den 451/50 v. u. Z. fixierten XII-Tafel-Gesetzen, die in nur bruchstückhafter Form erhalten geblieben sind, da die auf dem *Forum Romanum* aufgestellten XII Tafeln, auf denen das geltende Gewohnheitsrecht schriftlich festgehalten war, beim Einfall der Gallier im Jahre 387 v. u. Z. fast restlos zerstört worden sein sollen. Der Text der XII Tafeln ist aber von verschiedenen Schriftstellern überliefert, so daß wir uns doch ein Bild von dieser sehr frühen Kodifikation machen können. Dieses Gesetzeswerk wurde bis zum Ende des *Imperium Romanum* niemals außer Kraft gesetzt, erkannte die Gleichheit der Patrizier und Plebejer vor dem Recht an, schützte weitgehend die Plebejer vor der Willkür der patrizischen Richter und wirkte auf die folgenden Kodifikationen der Römer grundlegend ein.
Bei der Weiterentwicklung des römischen Rechts spielte die Kommentierung der Gesetze durch das Priesterkollegium der *Pontifices*, das im römischen Staatskult eine zentrale Stellung einnahm und auch für das Recht zuständig war, eine große Rolle. Das römische Volk bildete sein Recht aber auch durch seine Beschlüsse, die *leges*, die Gesetze, weiter, und mit dem ständigen Anwachsen der Macht des Senats erhielten dessen Ratschläge, die *Senatus Consulta*, Gesetzeskraft. Die für die Rechtssetzung verantwortlichen Magistrate, die Prätoren, hatten die Aufgabe, das Recht in Anwendung zu bringen, der Wirklichkeit, den Bedürfnissen des Lebens, anzupassen. Der Prätor fixierte zu Beginn seiner einjährigen Amtszeit im prätorischen Edikt die Grundsätze, nach denen er die Gesetze handhaben wollte. Sein Nachfolger übernahm die meisten dieser Grundsätze bei seinem Amtsantritt, und so entwickelte sich dieses Amtsrecht zum geltenden Recht, das von Kaiser Hadrian schließlich um 130 u. Z. durch den berühmten Juristen Salvius Julianus zum ständigen, zum Daueredikt, dem *Edictum perpetuum*, ausgeformt wurde.
Die Verfügungen der Kaiser gewannen seit der Zeit des Kaisers Augustus (27 v. u. Z.–14 u. Z.) immer mehr an Ge-

wicht und erlangten ab der Mitte des 2. Jh. eine gesetzesgleiche Kraft. Die kaiserlichen Anordnungen, die Konstitutionen, lat. *constitutiones*, betrafen alle Gebiete des staatlichen und rechtlichen Lebens. Dabei stehen Angelegenheiten des Staats- und Verwaltungsrechts, des Strafrechts und der Gerichtsverfassung im Vordergrund, wobei die Herrscher zudem in das Privatrecht und seine Rechtspflege von Anfang an mit autoritativen Erlassen und Anordnungen eingriffen.

Die Kaiserkonstitutionen lassen sich im einzelnen wie folgt unterteilen:

Die regelmäßige Form der generellen Rechtssetzung des Kaisers sind die Edikte, lat. *edicta*, die öffentlich ausgestellt werden und allgemeine und besondere Gegenstände verschiedenen Inhalts regeln. Sie gelten über die Herrschaftszeit des jeweiligen Kaisers hinaus auch unter seinen Nachfolgern so lange weiter, bis sie ausdrücklich aufgehoben werden.

Daneben gibt es Dienstanweisungen des Kaisers an die Beamten, die Mandate, lat. *mandata*. Sie regeln die Amtsführung des einzelnen Beamten nach dem geltenden Recht, sind zunächst auf seine Amtsdauer und auf seinen Aufgabenbereich beschränkt, wurden aber nach und nach auch den Amtsnachfolgern ohne wesentliche Änderungen erteilt und als eine für jedermann verbindliche Rechtsquelle anerkannt.

Weiterhin haben wir Dekrete, lat. *decreta*, kaiserliche Äußerungen zu einzelnen Rechtsfällen, vor allem aber die Zivil- und Strafsachen betreffenden Urteile des Kaisers, in einem unmittelbar vor ihm verhandelten Prozeß. Obwohl die Entscheidungen der Kaiser für andere gleichartige Prozesse anfangs nicht verbindlich sind, erlangten sie bald so gesteigertes Ansehen, daß sie seit der Mitte des 2. Jh. als gesetzesgleich und somit auch für den zukünftigen Richter, der über einen gleichartigen Rechtsfall zu entscheiden hat, als bindende Rechtsnorm gelten.

Reskripte, lat. *rescripta*, sind schriftliche Antworten des Kaisers auf entsprechende Eingaben und erscheinen in zweierlei Formen: Der Kaiser beantwortet in der Form der Briefe, lat. *epistulae*, die in der Kanzlei *ab epistulis* entworfenen, von ihm mit der Grußformel „*vale*“ unterzeichneten und dann dem Empfänger zugestellten Anfragen und Berichte meist von Beamten und öffentlichen Körperschaften. Der Entscheid des Kaisers wird in der Kanzlei *a libellis* vorbereitet, unter die Eingabe gesetzt *(subscriptio)*, vom Herrscher mit *(re)scripsi* unterzeichnet und dann öffentlich angeschlagen, so daß sich der Gesuchsteller davon eine Abschrift machen kann. Für die Rechtsfortbildung sind die Bescheide des Kaisers um Rechtsgutachten besonders wichtig. Sie ersetzen zwar nicht das künftige Urteil, bewirken aber, daß der Richter im Hinblick darauf, daß der Antragsteller den Sachverhalt wahrheitsgemäß darstellt, die Bescheide als an die Rechtsauffassung des Kaisers gebunden ansah. So gelten allmählich auch die kaiserlichen Reskripte in Rechtssachen, wie die Dekrete, als gesetzesgleich und werden über den Streitfall hinaus, für den sie vom Kaiser erbeten wurden, auch in anderen gleichgelagerten Prozessen als Quelle benutzt. Übrigens gehören die übergroße Mehrheit der kaiserlichen Konstitutionen in die Gruppe der Reskripte.

Bereits in der frühen Kaiserzeit hatte sich die Gewohnheit herausgebildet, in strittigen Rechtsproblemen Rechtskenner zu befragen und ihre Antworten, die Responsen, lat. *responsa*, bei der Entscheidung zugrunde zu legen. Kaiser Augustus verlieh einigen besonders berühmten Juristen das Recht, ihre *responsa* in kaiserlicher Vollmacht, *„ex auctoritate principis"* zu erteilen, wodurch sie für den Richter verbindlich wurden.

In der Geschichte der Kodifizierungen verdienen der *Codex Gregorianus* und der *Codex Hermogenianus* besonders genannt zu werden. Gregorius, der Verfasser des *Codex Gregorianus*, lebte zur Zeit des Kaisers Diokletian, und sein Codex enthält eine systematisch in Titel (Abschnitte mit Überschriften) und Bücher (Zusammenfassungen mehrerer Titel) eingeteilte Sammlung von Kaisergesetzen seit Hadrian (117–138) bis hin zu Diokletian (284–305), wobei der *Codex Gregorianus* etwa um das Jahr 294 verfaßt worden sein dürfte. Er ist nicht als Ganzes erhalten, aber viele in ihm gesammelte Konstitutionen finden sich im *Codex Justinianus* und auch in anderen Rechtsquellen wieder, die eine einigermaßen gründliche Vorstellung von seiner Anlage ermöglichen. Der *Codex Hermogenianus* stammt von einem Juristen namens Hermogenianus und dürfte, um das Jahr 295 fixiert, wohl nur die Konstitutionen Diokletians aus den Jahren 293/94 enthalten haben. Noch zweimal von seinem Verfasser neu aufgelegt, erhielt er später Nachträge und wurde durch Rechtssätze aus dem Westen des Reiches vermehrt. Aber auch von diesem Gesetzeswerk besteht nur eine indirekte Überlieferung.

Im 5. Jh. sah man sich genötigt, die Geltung der römischen Rechtswissenschaft wieder in feste Grenzen zu bringen. Das sogenannte Zitiergesetz der Kaiser Theodosius II. und Valentinian III. vom Jahre 426 bestimmte, daß ab sofort nur noch die Ansichten der berühmtesten klassischen Juristen Ulpian, Papinian, Paulus, Gaius und Modestin zur Entscheidung von Rechtsfragen genommen werden sollten, wobei in Zweifelsfällen der Stimme Papinians der Vorrang vor den übrigen gegeben wurde.

Die nächste wichtige Kodifizierung erfolgte durch den oströmischen Kaiser Theodosius II. (408–450). Er plante zusammen mit seinem Mitkaiser des Westens, Valentinian III. (425–455), am 26. März 429, nach dem Vorbild des *Codex Gregorianus* und des *Codex Hermogenianus* alle seit Kaiser Konstantin I. d. Gr. (306–337) erlassenen kaiserlichen Gesetze nach sachlichen Gesichtspunkten und innerhalb dieser chronologisch zu ordnen, unabhängig davon, ob sie noch galten oder durch neueres Recht ersetzt waren. Dieser so geschaffene Codex sollte mit den beiden oben erwähnten privaten *Codices* – dem *Codex Gregorianus* und dem *Codex Hermogenianus* – wissenschaftlichen Forschungs- und Lehrzwecken dienen und danach aus diesen drei *Codices* und den Juristenschriften ein einheitlicher Codex als geltendes Gegenwartsrecht geschaffen werden. Dieser Plan gelang aber nicht, und so wurden durch eine zweite Konstitution beider Kaiser vom 20. Dezember 435 sechzehn Juristen eingesetzt, die nunmehr nur einen Konstitutionenkodex schaffen sollten. Die Rechtsgelehrten hatten auf Weisung beider Herrscher die Konstitutionen ab Konstantin I. nach ihrem Inhalt in Titel zusammenzufassen und innerhalb dieser Titel chronologisch zu ordnen. Innerhalb von nur zwei Jahren legte die Kommission ihr Werk vor, das durch kaiserliche Konstitution vom 15. Februar 438 für den Osten des Reiches publiziert und durch Bekräftigung Valentinians III. auch für den Westen des Imperiums in Kraft gesetzt wurde.

Von nun an durften nach dem Inkrafttreten dieses als *Codex Theodosianus* bezeichneten Gesetzeswerkes mit Wirkung vom 1. Januar 439 die Kaisergesetze nur noch in der Form, in der sie im neuen Codex standen, vor Gericht benutzt werden. Der *Codex Theodosianus* gliedert sich in 16 Bücher, diese wiederum in Titel mit Überschriften, die die chronologisch zusammengehörenden Konstitutionen vereinigen. Jede Konstitution gibt Urheber und Adressaten in der sogenannten Inskription an, das Datum und der Ort, wo die Konstitution erlassen wurde, wird in der Subskription genannt. Dieser Codex war im Weströmischen Reich bis zum Untergang 476, im Oströmischen Reich bis zur Justinianischen Kodifikation in Kraft, stellt eine hervorragende Rechtsquelle dar, ist aber leider nicht ganz vollständig erhalten.

Die Gesetze seit Erlaß des *Codex Theodosianus* wurden im Osten und Westen des Reiches wiederholt gesammelt und als posttheodosianische Novellen bezeichnet, die über 100 Gesetze aus den Jahren 438 bis 468 enthalten. Die weströmische Gesetzgebung bricht nach Kaiser Anthemius (467–472) endgültig ab.

Auf dem Boden des *Imperium Romanum* waren im 5. Jh. germanische Königreiche entstanden, so die Reiche der Ost- und Westgoten, der Franken und Burgunder, Sueben und Vandalen, deren Bewohner teils Germanen, teils ehemalige römische Bürger bzw. deren Nachkommen waren. Diese Gesetzbücher, die in den germanischen Staaten auf der Grundlage des Personalitätsprinzips in Kraft gesetzt wurden – jeder soll nach seiner eigenen Nationalität be- oder verurteilt werden –, bezeichnet man mit einem zusammenfassenden Namen als *Leges Romanae Barbarorum*, von denen wir folgende kennen:

1. Die *Lex Romana Visigothorum*, am 2. Februar 506 zu Tolosa (Toulouse) vom Westgotenkönig Alarich II. (485–507) verkündet, nach dem dieser Codex auch *Breviarium Alaricianum* bezeichnet wird. Er galt für die in seinem Reich lebenden früheren römischen Bürger und deren Nachkommen, wobei dieses Werk vor allem Auszüge aus dem *Codex Theodosianus*, den posttheodosianischen Novellen, den Institutionen des Gaius und den *Codices Gregorianus* und *Hermogenianus* enthält.

2. Die *Lex Romana Burgundionum* stammt vom Burgunderkönig Gundobad (474–516) und war für die ehemaligen römischen Untertanen des Burgunderreiches bestimmt. Sie legte vor allem die drei *Codices* und die posttheodosianischen Novellen zugrunde.
3. Das *Edictum Theodorici* wurde auf Befehl des Ostgotenkönigs Theoderich d. Gr. (489–526) etwa um 500 geschaffen und galt für das Ostgotenreich, wobei sich das Gesetzeswerk nicht nur auf die ehemaligen römischen Bürger und ihre Nachkommen, sondern auf alle Untertanen gleichmäßig bezieht. Es wurde weiterhin auf der Grundlage der *Codices Gregorianus, Hermogenianus* und *Theodosianus* und der posttheodosianischen Novellen zusammengestellt.
Weitere Rechtsordnungen, die in den germanischen Königreichen entstanden sind und von denen nur einige genannt werden sollen, waren im allgemeinen für die germanischen Untertanen bestimmt und wiesen ebenfalls starke Einflüsse des römischen Rechts auf.
So bestand im Westgotenreich ein Gesetzeswerk des Königs Eurich (neuerdings von einigen Forschern Alarich II. zugeordnet), der sogenannte *Codex Euricianus*, der um 475 geschaffen worden war und vermutlich für die Westgoten galt. Der Verfasser hatte entscheidende Grundzüge aus dem römischen Vulgarrecht übernommen. Durch den bereits genannten Burgunderkönig Gundobad wurde die sogenannte *Lex Gundobada* oder auch *Lex Burgundionum*, eine amtliche Sammlung burgundischer Königsgesetze, geschaffen. Sie galt vor allem für die Burgunder, wurde aber auch den Rechtsbeziehungen zwischen Burgundern und Römern zugrunde gelegt.
Der Westgotenkönig Leovigild ersetzte in der zweiten Hälfte des 6. Jh. den *Codex Euricianus* durch eine überarbeitete Fassung, die zum Teil in die 654 vom König Reckesvind (649–672) erlassene *Lex Visigothorum Reccesvindiana* einging. Das Gesetzeswerk war für alle Untertanen bindend und hob die Gesetzeskraft des *Breviarium Alarici* auf. Auf dem *Breviarium* fußte ebenfalls die im 8. Jh. in Churrätien (Graubünden) verfaßte *Lex Romana Curiensis*.
Die wichtigste Kodifikation nun war jedoch die Kodifikation des römischen Rechts durch Kaiser Justinian I. (527–565).

Seit dem 4. Jh. und besonders seit der Teilung des *Imperium Romanum* 395 in ein Weströmisches und in ein Oströmisches Reich machten beide Reichsteile eine eigenständige Entwicklung durch. Der Osten des Imperiums war zu dieser Zeit dem Westen in bezug auf die Bevölkerungsdichte, die Entwicklung des Handels und Handwerks, des Reichtums der Städte und des Kulturniveaus überlegen. Diese Schwerpunktverlagerung manifestierte sich nicht zuletzt darin, daß an der Stelle der alten griechischen Kolonie Byzantion mit Konstantinopel ein neues Zentrum geschaffen wurde, das Kaiser Konstantin I. am 11. Mai 330 zur neuen Hauptstadt, vielfach als *Roma nova* bezeichnet, erklärte. Ihre Lage war besonders günstig sowohl als Handelsknotenpunkt als auch in militärisch-strategischer Hinsicht. Die wichtigsten Handelswege von Europa nach Asien und vom Schwarzen zum Ägäischen Meer kreuzten sich hier. Zum Machtbereich des Ostreiches, das nicht wie der Westen des Imperiums durch die germanischen Eroberungen schwerste Schläge erhalten hatte, gehörten die Balkanhalbinsel, die Inseln der Ägäis, Kreta, Zypern, Kleinasien, Syrien, Palästina, Ägypten, die Cyrenaika und einige Stützpunkte an der Nordküste des Schwarzen Meeres, so vor allem die wichtige Stadt Cherson.
In ethnischer Hinsicht war die Zusammensetzung der Bevölkerung sehr vielgestaltig, hier lebten Griechen und Thraker, Illyrer, hellenisierte kleinasiatische Stämme, Armenier, Juden, Isaurier, Kopten und viele andere, wobei die Griechen eine entscheidende Rolle spielten. Das Griechische wurde mehr und mehr im Ostreich zur dominierenden Sprache, allerdings blieb das Lateinische bis etwa zur Mitte des 6. Jh. die offizielle Sprache der Justiz, der Gesetzgebung und im allgemeinen auch der Diplomatie. Byzanz gehörte im gesamten frühen Mittelalter zu den mächtigsten und kulturell bedeutendsten Staaten Europas, in diesem Bindeglied zwischen West und Ost verschmolzen die verschiedensten Kulturen und Zivilisationen zu einer in ihrer Eigenart wohl einmaligen Kultur.
Die Zeitgenossen sahen im Oströmischen Reich den legitimen Nachfolger des *Imperium Romanum*. Byzanz kontrollierte den Fernhandel zwischen dem Orient und dem Okzident und zog daraus Vorteile für das Steueraufkommen des

Staates. Besonders bedeutungsvoll war der Handel mit dem Osten. So gelang es z. B., aus China das Geheimnis der Seidenproduktion zu entführen und diese zum Staatsmonopol zu erheben.

Das Staatsgefüge des Oströmischen Reiches war auch weniger durch politische und ökonomische Sonderinteressen der mächtigen Großgrundbesitzer geschädigt. Hier war die Dezentralisation schwächer als im Westen, die Landgüter waren in den Handel weitgehend einbezogen. Bei der Erhaltung des byzantinischen Staates spielten auch das durch „Barbaren" verstärkte Söldnerheer und die Machtmittel der herrschenden Klasse, wie Steuern und Staatsmonopole, eine wichtige Rolle, wobei aus ökonomischen Erwägungen heraus die Interessen der Kaufleute besonders gewahrt wurden. Im 6./7. Jh. kommt es auch in Byzanz zu Ansätzen einer feudalen Produktionsweise. Auf der anderen Seite versuchte die herrschende Klasse, die verfallende Sklavereigesellschaft durch Verstärkung der militärischen Macht, Reformen im Steuersystem und im administrativen Aufbau zu retten.

Die Hauptmasse der Bevölkerung lebte zu dieser Zeit im byzantinischen Staat weiter auf dem Land, wobei Kolonen der verschiedensten Abhängigkeitsformen (vgl. S. 302f.) dominierten.

Nach der geltenden juristischen Auffassung zählten auch die spätantiken Kolonen, deren tatsächliche Lage sich oft kaum oder gar nicht von der der Sklaven unterschied, stets zu den Freien, den *homines liberi*. Aber der juristische Unterschied zwischen Sklaven und Kolonen ist, wie die Rechtsquellen zeigen, oftmals nur schwer fixierbar. Der Kolonat geriet immer mehr in den Sog der untergehenden Sklavereigesellschaft, die stark verbreiteten unteren Schichten des Kolonats, wie die *originarii, inquilini* und *adscripticii*, besaßen keine eigenen Ackergeräte, kein eigenes Land und auch keine Eigentumsrechte. Ihr Besitz wurde dem Pekulium der Sklaven gleichgestellt, sie selbst als *servi terrae*, als Sklaven des Bodens, betrachtet. Der Grundeigentümer war ihr *dominus*, ihr Herr. Er war der Eigentümer seiner Sklaven und Kolonen, die seiner Gewalt unterstanden.

Die Sklaven stellten die am stärksten ausgebeutete und unterdrückte Schicht der Bevölkerung des Byzantinischen Reiches dar. Noch immer besaßen die Herren die uneingeschränkte Gewalt über ihre Sklaven, und das spätantike römische Recht ging auch zu dieser Zeit noch von den Grundsätzen des klassischen römischen Rechts aus, daß alle Menschen entweder Freie oder Sklaven seien. Die spätantiken Kolonen wurden aus diesem Grunde in der Rechtstheorie, die die antiken Sklavereiverhältnisse weiter zu konservieren und zu restaurieren versuchte, zu den Freien gerechnet. Damit entstehen verständlicherweise für die römischen Juristen immer größere Schwierigkeiten, um diese theoretische und zur Fiktion werdende Konstruktion der Wirklichkeit anzupassen.

Übrigens war die Flucht der Sklaven zu dieser Zeit eine weitverbreitete Erscheinung, und Personen, die entflohenen Sklaven Zuflucht und Unterstützung gewährten, wurden vom Staat strenge Strafen angedroht. Die Sklaven hatten allerdings in den Ostprovinzen des Römischen Reiches nie den entscheidenden Faktor in der Produktion, besonders der landwirtschaftlichen, gebildet, sie waren dagegen mehr als Haus- und Luxussklaven in den Haushalten der Reichen und als Handwerker in den Städten eingesetzt. Die landwirtschaftliche Produktion Thrakiens, Kleinasiens, Syriens und Ägyptens wurde vor allem von Bauern, Angehörigen dörflicher Gemeinwesen, verrichtet, die in den griechischen Quellen als γεωργοί bezeichnet wurden. Da das Land, auf dem diese Dörfer lagen, dem Staat, der Kirche oder einer Stadt gehörte, verlangten Staat, Kirche oder Stadt dementsprechend auch den größten Anteil am Ernteertrag der Bauern. Die γεωργοί waren seit eh und je an das Land, das sie bebauten, gefesselt, und diese Institution reicht schon in die hellenistische oder vorhellenistische Zeit zurück. Die Kolonen in den westlichen Gebieten des Reiches bildeten dagegen in der Regel keine Gemeinschaften und hatten bis zur Zeit Kaiser Konstantins I., der sie im Jahre 332 durch Gesetz an die Scholle fesselte, im allgemeinen das Recht, ihr Land nach Abschluß des Pachtvertrages zu verlassen, wenn sie nicht verschuldet waren.

Kompliziert waren auch die Verhältnisse in den Städten des byzantinischen Staates. Die Städte übten eine bedeutende ökonomische und geistige Funktion aus, in ihren Institutionen erhielten sich unabhängig von der Kirche eine beachtliche weltliche Bildung und geistige Kultur. Die Masse der Städter waren kleine selbständige Handwerker und kleine Händler, daneben gab es eine große Schicht der Armen, die sich durch Gelegenheitsarbeit oder von der Wohltätigkeit der Reichen und Spenden der Kirche ernährten, die zu dieser Zeit viele karitative Funktionen ausübte. Zur Stadtbevölkerung gehörte weiterhin die städtische Oberschicht, reiche Händler, Würdenträger, in der Stadt lebende Grundbesitzer u. a. Aber die ökonomische Lage mancher Städte war im 5. und zu Beginn des 6. Jh. schlechter geworden, viele Kurialen waren verarmt, hatten ihre Städte verlassen und waren in unwegsame Teile des Reiches geflohen, so daß sich die Regierung gezwungen sah, die Kurialen ebenso wie die γεωϱγοί an die Orte ihres Wirkens zu binden.

Im 5. Jh. waren in den größeren Städten des Oströmischen Reiches eigenartige Organisationen, die sogenannten Zirkusparteien, entstanden. Sie sollten eigentlich die Spiele in den Hippodromen veranstalten, aber daneben stellten sie eine Art politischer „Klubs" dar, die Stimmung und Zustand der verschiedenen sozialen Gruppierungen der Stadtbevölkerung reflektierten. Diese Zirkusparteien waren so stark geworden, daß sie im vollbesetzten Zirkus ihre Unzufriedenheit mit dem Kaiser zum Ausdruck bringen und unter Umständen die Absetzung mißliebiger Beamter erzwingen konnten. Die Parteien der „Blauen" und der „Grünen", die nach der Farbe ihrer Wagen beim Wettrennen diese Namen erhalten hatten, waren am einflußreichsten. Nun waren, wie bereits angedeutet, im Verlaufe des 5. Jh. germanische Staaten auf dem Boden des Weströmischen Reiches entstanden. Mehrmals wurde auch Konstantinopel von „Barbaren" bedroht, und der oströmische Kaiser war gezwungen, zur Abwendung der Angriffe hohe Tribute zu entrichten. Unter diesen Umständen war nur eine Zusammenfassung aller Kräfte des oströmischen Staates imstande, den Zusammenbruch zu verhindern. Nach langer Passivität, die die Politik Ostroms im 5. Jh. prägte, ging die im Niedergang begriffene Sklavereigesellschaft Anfang des 6. Jh. nochmals zum Angriff über.

Am 10. Juli 518 usurpierte der Kommandeur der kaiserlichen Garde, Justin, nach des Kaisers Anastasius Tod und Liquidierung von Angehörigen der kaiserlichen Familie, die nach der Kaiserkrone strebten, den Thron des Oströmischen Reiches. Er war ein einfacher Bauernsohn aus Illyrien und hatte sich in der kaiserlichen Leibgarde als Soldat bis zum Befehlshaber der Haustruppen *(comes excubitorum)* hochgedient, war Senator und *Patricius* geworden. In der kurzen Regierungszeit des energischen und befähigten Organisators wurden die Voraussetzungen für die erfolgreiche Machtpolitik seines Nachfolgers geschaffen. Da Justin kinderlos blieb, holte er seinen aus Tauresium im makedonisch-illyrischen Bergland stammenden und am 11. Mai 482 geborenen Neffen Flavius Petrus Sabbatius nach Konstantinopel an seine Residenz, nahm sich seiner an und sorgte für dessen glänzende Ausbildung. Justin ließ seinen Neffen, dessen ungewöhnliche Begabung er sehr schnell erkannte, rasch aufsteigen, zuerst zum *Patricius*, dann zum *magister equitum et peditum praesentalium*, also zum Oberbefehlshaber der Truppen, und machte den hochtalentierten und unternehmungslustigen Neffen im Jahre 521 zum Konsul und *Nobilissimus*. Dann adoptierte er ihn, und Sabbatius nahm den Namen Justinian an. Am 1. April 527 wurde Justinian zum Mitaugustus erhoben. Justin würdigte ihn so sehr seines Vertrauens, daß man seine Handlungen zu einem erheblichen Umfang Justinian zuschreiben darf. Als Justinian die aus den niederen und damals äußerst mißachteten Kreisen der Zirkuswelt stammende Theodora, die bis dahin ein ziemlich freies Leben geführt und sich nicht nur auf der Bühne einer sehr großen Beliebtheit erfreut hatte, 523 heiraten wollte, beseitigte Justin um seines Neffens willen das alte und auf Kaiser Augustus zurückgehende Gesetz, das Männern im senatorischen Rang die Ehe mit einer Schauspielerin, Tänzerin oder einer anderen Frau anrüchigen Rufes verbot.

Nach dem Tod seines Onkels bestieg Justinian am 1. August 527 den Thron des Byzantinischen Reiches, mit ihm seine Gattin Theodora als Augusta, als Kaiserin. Theodora, die in ihrer Jugend alles andere als eine Heilige gewesen war, wurde im Mitbesitz des Thrones von nun an ein Musterbeispiel an Sittenstrenge, Korrektheit und Untadeligkeit. Sie war ehrgeizig, besaß einen starken und leidenschaftlichen Willen, einen harten und despotischen Charakter, eine stolze Energie und vor allem viel Mut, der sich auch in den schwierigsten Situationen bewährte. Zu erinnern ist nur an ihr Eingreifen im Nika-Aufstand 532, als dieser für die Krone katastrophale Ausmaße anzunehmen drohte und letzten Endes durch ihre kühne Entschlossenheit der Thron für das Herrscherpaar gerettet werden konnte. Die Beamten des Reiches wußten, daß die Protektion der Kaiserin ihre Karriere ebnete, daß ihre Huld vor eventueller Ungnade des Kaisers zu schützen imstande war. Auf staatliche wie auch kirchliche Entscheidungen nahm Theodora maßgebenden Einfluß und verlangte die Hälfte von der Macht des Herrschers, was sie auch bekam. Sie brach ohne Erbarmen jeden Widerstand, der ihre Autorität erschüttert hätte, und war trotz aller Charakterfehler eine kluge, energische und mutige Frau, die bis zu ihrem Tode am 28. Juni 548 ihrem Ehemann stets konsequent und tatkräftig zur Seite stand.

Justinians Programm, das er mit aller zur Verfügung stehenden Kraft zu verwirklichen trachtete, hatte drei Ziele: die *renovatio Imperii,* die Wiederherstellung der zerstörten Reichseinheit, die Begründung einer starken katholischen Kirche, die wesentlich unter seinem Einfluß stehen sollte, und die Schaffung eines für das gesamte Staatsgebiet geltenden Rechts, somit also die Reichs-, Religions- und Rechtseinheit. In einer langen Regierung (527–565) hat diese bedeutende, ja manchmal eigenartige und vielen seltsam erscheinende Persönlichkeit dem Reich und seinem Zeitalter den Namen aufgedrückt, dies aber zusammen mit seiner Frau Theodora, der zuverlässigen Gefährtin seines Lebens.

Um die Konsolidierung des Staates zu erreichen, war Justinian darauf bedacht, einer so wichtigen Institution wie der Kirche die größte Beachtung zuteil werden zu lassen. Bereits damals waren die einzelnen Bistümer zu Metropolien und diese zu Patriarchaten zusammengefaßt, das Gebiet des Byzantinischen Reiches wurde so in die Patriarchate von Konstantinopel, Antiochia, Jerusalem und Alexandria eingeteilt. Den Bischöfen wurden große Rechte zugebilligt, das Kirchenvermögen für unantastbar erklärt, der Kirche gemachte Schenkungen sollten für immer ihr Eigentum bleiben.

Da Justinian daran interessiert war, das Denken der Unter-

tanen einheitlich in seinem Sinne auszurichten, verfolgte er konsequent alle damals die katholische Kirche spaltenden, von ihrer Auffassung abweichenden Lehren. So wurden von ihm viele Gesetze gegen Ketzer erlassen, alle Kirchen der Ketzer wurden geschlossen, alle nicht dem orthodoxen katholischen Glauben anhängenden Personen aus dem Staatsdienst entfernt und in ihren Bürgerrechten radikal eingeschränkt. Justinian stattete die katholische Kirche mit Grundbesitz und großen Privilegien aus und befreite sie von Steuern und anderen Lasten. Dafür mußten ihre Vertreter seine Politik ideologisch rechtfertigen, die Ausbeutung der Bevölkerung und seine Eroberungspolitik sanktionieren. Zudem zwang er durch seine Kirchengesetzgebung der katholischen Kirche mehr und mehr seinen Willen auf und war maßgeblich bestrebt, seinen entscheidenden Einfluß in der gesamten Kirchenpolitik zu festigen.
Die nahezu permanent geführten Kriege, die luxuriöse Hofhaltung und die rege, aber kostspielige Bautätigkeit strapazierten die Staatsfinanzen zunehmend. Der Klassenkampf verschärfte sich durch die ständig wachsende Ausbeutung der Volksmassen, die Verfolgung der Häretiker führte zu Volksaufständen, die Justinian blutig unterdrükken ließ. Ein für Byzanz gefährlicher Aufstand war der der Samaritaner 529 in Palästina. Drei Jahre später kam es zu einem großen Aufstand in Konstantinopel: am 11. Januar 532 brach der Nika-Aufstand (Nika = Siege!) aus.
Die Zirkusparteien hatten ihren gegenseitigen Streit begraben, waren mit der Politik Justinians unzufrieden und richteten ihren Haß vor allem gegen den Prätorianerpräfekten Johannes und den Justizminister Tribonian. Der teilweise entmachtete senatorische Adel zeigte seinen Haß gegen Justinian offen. Der Aufstand war durch den ständig wachsenden Steuerdruck, durch die Willkür der Beamten, die verschärfte Ausbeutung des Volkes und religiösen Streit hervorgerufen worden. Die beiden Zirkusparteien hatten sich auf einen Gegenkaiser geeinigt, auf Hypatius, den Neffen des Kaisers Anastasius. Aber die verräterische Haltung des senatorischen Adels führte zur Uneinigkeit unter den Aufständischen, diesen Augenblick nutzte Justinians Feldherr Belisar, stürmte mit seinen Truppen den Hippodrom und ließ die dort versammelten Meuterer fast restlos nie-

dermachen. Damit war der Nika-Aufstand erbarmungslos unterdrückt worden – nach den Worten des Historikers Prokop sollen mehr als 30000 Menschen im Zirkus niedergemetzelt worden sein.
Justinians Außenpolitik war von Eroberungskriegen gekennzeichnet. Sein Ziel war die Wiederherstellung des Römischen Reiches. Zuerst sollte das Vandalenreich, das sich über Nordafrika, die Westspitze Siziliens, über Sardinien, Korsika sowie über die Balearen erstreckte, vernichtet und diese Gebiete in den Bestand des Oströmischen Reiches eingegliedert werden. Nach einem mit dem Sassanidenkönig Chosrau I. im Jahre 532 geschlossenen Vertrag, der die Ostflanke des Byzantinischen Reiches sicherte, bekam Belisar, einer der berühmtesten Feldherren Justinians, der aus derselben Gegend wie der Kaiser stammte, ein mutiger und befähigter General, dem Justinian fast alle großen militärischen Erfolge verdankte und der sich bei seinen Soldaten einer großen Beliebtheit erfreute, den Auftrag zur Zerschlagung und Rückeroberung des Vandalenreiches, der von ihm 533/34 realisiert wurde. In den eroberten Gebieten wurde die römische Sklavereigesellschaft in ihrer alten Form wieder eingeführt, was zu schweren Aufständen der Bevölkerung und zu Kämpfen mit den angrenzenden Berberstämmen führte, die bis zur arabischen Eroberung anhielten.
Die Eroberungskriege Justinians mit dem Ziel der Wiederherstellung des *Imperium Romanum* wurden nach der Niederwerfung des Vandalenreiches mit dem Ziel der Vernichtung und Einverleibung des Ostgotenreiches weitergeführt, was allerdings mit jahrzehntelangen, kräftezehrenden und verlustreichen Kämpfen auf beiden Seiten verbunden war. Nach dem Tode Theoderichs d. Gr. im Jahre 526 war die Macht des bis dahin starken Ostgotenstaates mehr und mehr durch innenpolitische Wirren und außenpolitische Labilität geschwächt und die Idee eines von ihm angestrebten germanischen Staatenbundes begraben worden.
535 wurde nun Justinians Feldherr Belisar gegen die Ostgoten entsandt, der über zehn Jahre mit sehr wechselhaftem Erfolg kämpfte und vor allem von dem hochtalentierten jungen Ostgotenkönig Totila schwere Schläge hinnehmen mußte. Totila gelang es, den größten Teil des von den By-

zantinern bereits eroberten ostgotischen Königreiches zurückzugewinnen und damit dem Ansehen Ostroms beträchtlichen Schaden zuzufügen. Daraufhin wurde Belisar aus Italien abberufen, um an der Ostgrenze des Reiches die den Friedensvertrag brechenden Sassaniden abzuwehren. Nach Italien wurde mit großen Vollmachten und starkem Heer der Feldherr Narses entsandt, um das Ostgotenreich niederzuringen. Narses, ein Eunuch und begabter Heerführer, ehrgeizig und entschlußkräftig, im Gegensatz zu Belisar vorsichtig, ließ sich von seinem Gönner Justinian zusätzlich große Geldmittel zur Verfügung stellen, die er geschickt einsetzte, um sein Ziel, die endgültige Zerschlagung des Ostgotenstaates, zu erreichen. Allerdings gelang es auch Narses erst unter Anspannung aller Kräfte, den ihm gleichwertigen Gegner Totila 552 bei Tadinum (Taginae) und den letzten Ostgotenkönig Teja 553 in der Schlacht am Vesuv endgültig zu schlagen und die Ostgoten fast restlos zu vernichten. Die letzten ostgotischen Stützpunkte konnten erst 563 in Norditalien unterworfen werden. Auch Italien wurde, wie vordem Nordafrika, wieder der Herrschaft der römischen Sklavenhalter und Großgrundbesitzer unterworfen und als ein Teil dem Byzantinischen Reich eingegliedert.

Im Jahre 554 konnte Justinians Feldherr Liberius in Spanien Fuß fassen und die südöstlichen Teile des Westgotenreiches mit den wichtigen Städten Cartagena und Malaga erobern und damit einen beachtlichen Teil des ehemaligen *Imperium Romanum* unter die Herrschaft des byzantinischen Kaisers bringen. Trotz der Wiedereinführungsversuche der Sklaverei und der Stärkung des alten römischen Grundbesitzes konnte aber der Feudalisierungsprozeß nicht aufgehalten werden. Justinians Regierung war gezwungen, den Steuerdruck durch die enormen Ausgaben weiter zu erhöhen, dadurch das Volk mehr und mehr zu belasten, so daß doch insgesamt gesehen die Eroberungen zu einer innen- und außenpolitischen Schwächung des Reiches führten. Zudem war das strategisch und wirtschaftlich bedeutende Armenien ein ständiges Streitobjekt zwischen Byzanz und dem Sassanidenreich. Im Jahre 562 wurde zwar mit dem Sassanidenherrscher Chosrau I. (551–579) ein 50jähriger Friede geschlossen, der allerdings durch sehr hohe Tribute

erkauft werden mußte und außer den Staatsfinanzen auch das Prestige von Byzanz stark belastete. Die Empörung der unterdrückten Bevölkerung wuchs ständig, der religiöse Streit im Land ging weiter, zudem waren die Grenzen des Reiches immer stärker dem Druck vor allem der Slawen, Langobarden und Araber ausgesetzt.
Am Ende der Regierungszeit Justinians war die ökonomische Grundlage des oströmischen Staates nahezu völlig untergraben, seine Nachfolger waren nicht mehr in der Lage, den Restaurationsprozeß fortzusetzen, so daß die Umbildung zu einem feudalen Staat nicht mehr aufzuhalten war. Das ideologische Fundament für die Verwirklichung seiner Restaurationspolitik war das klassische römische Recht, auf das Justinian zurückgriff und mit dessen Kodifizierung er großartige und bleibende Erfolge erzielte. Es ging also dem Kaiser in seiner Restaurationspolitik neben der bereits erwähnten Zurückgewinnung beträchtlicher Teile des ehemaligen Weströmischen Reiches, seiner dominierenden Rolle in der Religionspolitik, die man mit dem Begriff Caesaropapismus bezeichnen kann, darum, das römische Recht zu kodifizieren, die unumschränkte Macht des Herrschers damit zu fundieren, die Privilegien der herrschenden Klasse zu schützen und die rechtlose Lage der Sklaven und anderen ausgebeuteten Volksmassen auch juristisch zu postulieren. Dieses geplante Gesetzeswerk basiert auf der Einteilung der Menschen in Freie und Sklaven und spiegelt die Eigentumsverhältnisse als Rechtsbeziehungen zwischen antagonistischen Klassen wider.
Am 13. Februar 528 erließ Justinian eine an den Senat von Konstantinopel gerichtete Verordnung, gewöhnlich zitiert nach dem Anfangswort *„Haec"*, in der eine Kommission von zehn Mitgliedern eingesetzt wurde, unter ihnen Tribonian. Er war zunächst *magister officiorum,* also Vorsteher der kaiserlichen Kanzleien, dann ab 529 *quaestor sacri palatii,* Justizminister, und nach den Äußerungen des Hofhistorikers Prokop der größte Gelehrte seiner Zeit, ein vollendeter und liebenswürdiger Hofmann, ein Mann von Welt, aber auch krankhaft habsüchtig, für Geld war ihm angeblich alles feil. Dieser geniale Jurist wurde im Nika-Aufstand zum zeitweiligen Verlust seiner Ämter gezwungen, aber seit 535 bis zu seinem Tode 546 war er wieder in Amt und Würden und er-

neut Justizminister, da Justinian den unentbehrlichen und hochbegabten Juristen und Minister nicht missen konnte. Diese Kommission nun sollte eine für die Gegenwart brauchbare Sammlung aller geltenden kaiserlichen Konstitutionen veranstalten, die bisherigen drei *Codices*, den *Gregorianus, Hermogenianus* und *Theodosianus*, ersetzen und die seitdem erschienenen Gesetze an entsprechender Stelle einordnen. Den mitwirkenden Juristen wurden so weitreichende Vollmachten eingeräumt, daß sie überflüssige Einleitungen der Gesetze weglassen, mehrere Konstitutionen zum gleichen Thema zusammenziehen und Widersprüche innerhalb der formell noch geltenden Konstitutionen durch die Aufnahme nur der jüngsten beseitigen sollten. Von ähnlichen und sich wiederholenden Gesetzen sollte nur eins erfaßt werden. Die Gelehrten waren zu Weglassungen, Zusätzen und sogar zur Vornahme von Änderungen berechtigt – unklare Stellen sollten von ihnen geklärt werden. Sie hatten also weitestgehende Vollmachten mit Interpolationenbefugnis, d. h. also den Möglichkeiten der oben geschilderten Eingriffe.

Das Gesetzeswerk war innerhalb von zwei Jahren fertiggestellt und wurde am 7. April 529 mit der Verordnung Justinians *„De Iustiniano Codice confirmando“*, meist nach den Anfangsworten *„Summa rei publicae“* oder bloß *„Summa“* zitiert, veröffentlicht und trat am 16. April 529 als *Codex Justinianus* in Kraft. Dieser erste Codex oder auch *Codex vetus* genannt, blieb aber nur wenige Jahre in Geltung und ist in seiner Urfassung verschollen.

Am 15. Dezember 530 richtete der Kaiser an Tribonian die Konstitution *„De conceptione Digestorum“*, beginnend mit den Worten *„Deo auctore“* und auch stets so zitiert. Justinian berief darin für die Digesten- oder Pandektenkommission eine neue Kommission mit Tribonian an der Spitze. Die Kommission hatte vom Kaiser die Aufgabe erhalten, aus der Masse der Schriften der Juristen mit dem *ius respondendi*, also dem Recht, juristische bindende Entscheidungen zu fällen, ein einheitliches Sammelwerk ohne Wiederholungen und Widersprüche zu schaffen. Der Kommission wurde bezüglich der Auswahl der aufzunehmenden Autorenzitate der berühmtesten römischen Juristen vom Kaiser volle Freiheit zugestanden. Sie hatten ebenfalls die Befugnis, ihrer Meinung nach Unrichtiges, Überflüssiges und Unvollkommenes auszusondern und die Entscheidungen der römischen Juristen, die zum Teil ein halbes Jahrtausend zurücklagen, in eine der jetzigen Situation angemessene Form zu bringen, ein Unterfangen, das ungeheuer kompliziert war. Wenn Änderungen erfolgten, sollte es so aussehen, als wenn diese von Anfang an im Text gestanden hätten – also durch Interpolationen wiederum einschneidende Änderungen. Als Namen des herzustellenden Gesetzbuches bestimmte der Kaiser Digesten, etwa Sammlung juristischer Texte oder Pandekten, d. h. „die allumfassenden Bücher". Die Juristenzitate sollten in Zukunft nur in der von der Kommission angenommenen Weise gelten, was aufgenommen wurde, sollte Geltung behalten, was nicht erfaßt wurde, jede Geltung verlieren. Außerdem wurden Kommentare dazu verboten, die die knappe Klarheit des Gesetzestextes zu verwirren geeignet waren. Schon am 16. Dezember 533 konnte Justinian in der in lateinischer und griechischer Sprache erschienenen Doppelkonstitution *„De confirmatione Digestorum Tanta"* das fertige Gesetz publizieren, es trat am 30. Dezember 533 in Kraft. Durch die *„Constitutio Omnem rei publicae",* ebenfalls vom 16. Dezember 533, sollten die Digesten als künftige Grundlage des juristischen Unterrichts für die Professoren der Hochschulen von Konstantinopel und Beirut dienen, sie sind für uns die wichtigste Quelle des römischen Rechts überhaupt. Von der Kommission wurden 2000 Bücher mit über 3000000 Zeilen verarbeitet, und daraus war die Sammlung von 50 Büchern mit 15000 Zeilen entstanden, also auf $^1/_{20}$ zusammengestrichen worden. Die Digesten sind aus Fragmenten der Schriften von 38 Juristen zusammengestellt, von denen Ulpian ganz vorn steht, der fast $^2/_5$ des Werkes ausmacht. Paulus lieferte etwa $^1/_5$, die Juristen Papinian, Gaius und Modestin ein weiteres Fünftel der Digesten, vom restlichen Fünftel sind Entscheidungen folgender wichtiger Juristen im Gesetzeswerk enthalten: Cervidius Scaevola, Pomponius, Marcianus, Javolenus, Africanus, Marcellus, Tryphoninus, Callistratus und Celsus.

Neben der Schaffung des bereits genannten ersten Codex und der Digesten stellte Justinian die Aufgabe, wiederum unter der Leitung des bewährten Tribonian, ein Einführungslehrbuch für das Rechtsstudium an den Hochschulen zu schaffen, deren darin enthaltene Rechtssätze aber auch Gesetz sein sollten. Dieses Werk, die Institutionen, wurde durch die *Constitutio „Imperatoriam maiestatem"* am 21. November 533 publiziert und trat am 30. Dezember 533 mit den Digesten in Kraft. Die Institutionen schließen sich eng an die Institutionen des Juristen Gaius an und sind in vier Bücher eingeteilt, diese in Titel mit Überschriften. Buch I enthält das Personenrecht, Buch II, III und der Anfang des IV. Buches das Vermögensrecht, dann folgen vor allem Fragen des zivilen Prozeßrechtes.

Wie bereits betont, war dem ersten Codex nur eine kurze Lebensdauer beschieden, so daß Justinian Tribonian im Januar 534 den Auftrag gab, mit einer weiteren Kommission von Rechtsgelehrten einen neuen Codex zu schaffen, der bereits am 16. November 534 mit der Konstitution *„Cordi"* als *Codex repetitae praelectionis* (Codex 2. Lesung) verkündet wurde und am 29. Dezember 534 Gesetzeskraft verliehen bekam. Der Codex, von dem im folgenden eine Auswahl gebracht wird, enthält über 4600 Konstitutionen, darunter sind 80 doppelt, etwa 500 Konstitutionen sind durch die Teilung von 200 größeren geschaffen worden. Mehr als die Hälfte der Konstitutionen stammt aus der Zeit vor Konstantin I., die meisten davon sind Reskripte. Die älteste Konstitution ist von Hadrian, von den Severern haben wir 880, von Diokletian über 1200, von Konstantin I. über 200, von Theodosius I. und II. über 550, von Justinian reichlich 400. Die älteren Konstitutionen sind im allgemeinen generell kürzer gefaßt oder werden verkürzt geboten, Justinian dagegen läßt seine eigenen regelmäßig – was allerdings nicht verwundert – in voller Länge wiedergeben. Über 150 Konstitutionen sind in griechischer Sprache enthalten, die älteste davon stammt von Septimius Severus. Die griechischen Konstitutionen fehlen in den alten italienischen Handschriften und konnten erst als sogenannte *leges restitutae* (= wiederhergestellte Gesetze) aus den byzantinischen Quellen ermittelt werden. Sie sind uns zumeist nur in verkürzten Inhaltsangaben bekannt. Der Codex ist in 12 Bücher gegliedert, die sich in sachlich bezeichnete Titel unterteilen. Diese zerfallen in die einzelnen Konstitutionen oder *leges*, längere Konstitutionen sind in Paragraphen unterteilt, von denen der erste Paragraph ebenfalls *principium* heißt, jede Konstitution besitzt am Anfang eine *inscriptio* mit dem Namen des oder der jeweiligen Herrscher sowie des Adressaten, am Ende ist die *subscriptio* mit Zeit- und Ortsangaben angeschlossen, die allerdings bei einigen Konstitutionen fehlt. (In unserem Buch haben wir die Angabe der Zeit und des Ortes im Anschluß an den Namen des oder der Kaiser und des Adressaten angebracht.) Die Konstitutionen sind seit den Reformen Diokletians und Konstantins zumeist an die Prätorianerpräfekten, an die höchsten zivilen Reichsbeamten gerichtet, die an der Spitze einer der vier Präfekturen des Reiches standen: Orient, Illyricum, Italien mit Africa und Gallien mit Britannien und Spanien. Die Präfekturen gliederten sich in die Vikariate bzw. Diözesen mit zahlreichen gegenüber früher verkleinerten Provinzen. Der jeweilige Prätorianerpräfekt hatte nunmehr die Aufgabe, die vom Kaiser an ihn gerichtete Konstitution in seiner Präfektur zur Wirkung zu bringen, was vor allem in der Niedergangsphase des Römischen Reiches nicht immer leicht zu realisieren gewesen sein dürfte. Weitere Konstitutionen ergingen an den Stadtpräfekten – *praefectus urbi* – von Rom oder Konstantinopel, die als neue Hauptstadt des Reiches eine Welt für sich, ein eigener Mikrokosmos, war, wo die Stadtpräfekten als Vertreter des Kaisers die Gerichtsbarkeit und Polizeigewalt innehatten. Andere Konstitutionen wiederum haben als Adressaten den Verwalter des Kronvermögens, den *comes rerum privatarum,* oder den kaiserlichen Schatzmeister, den *comes sacrarum largitionum,* beides sehr hohe Beamte in der kaiserlichen Hierarchie. Weitere Adressaten sind die in den einzelnen Präfekturen stationierten Heermeister, die *magistri militum,* die die militärische Führung der dort stationierten Truppen innehatten, während der Prätorianerpräfekt der höchste zivile Beamte und damit Vertreter des Kaisers in der jeweiligen Präfektur war. Die Gebiete des byzantinischen Staates waren übrigens untergliedert in die Präfekturen Orient und Illyricum. Andere Konstitutionen ergingen an Provinzstatthalter, an den *magister officiorum,* den Vorsteher der kaiserlichen Hofverwaltung, eine ganze Reihe von Kaisererlassen sind an Privatpersonen adressiert, die sich zur Klärung einer für sie strittigen Frage um Rechtsentscheid an den Herrscher gewandt hatten.

Nach der Veröffentlichung des 1. und 2. Codex, der Digesten und Institutionen hielt Justinian seine gesetzgeberische Arbeit noch nicht für abgeschlossen, zumal seit 533 weitere Gesetzgebungsakte des Kaisers zu verzeichnen sind, die in Nachtragsgesetzen, Novellen, *novellae leges,* erfaßt wurden. Der Beginn der Publikation der Novellen ist bereits mit dem 1. Januar 535 zu datieren. Sie sind in der Regel an diejenigen Adressaten gerichtet, auf deren Veranlassung sie ergangen sind oder die der Inhalt besonders betrifft. So ergingen Novellen von allgemeiner Bedeutung größtenteils an die *praefecti praetorio* oder, wenn sie hauptsächliche Verwaltungsangelegenheiten betrafen, an den *praefectus urbi,* den Stadtpräfekten von Konstantinopel bzw. an andere hohe Beamte des Reiches, in deren Aufgabengebiet eben die im Gesetz geregelte Angelegenheit fiel. Novellen mit kirchenrechtlichem Inhalt wurden an den ökumenischen Patriarchen von Konstantinopel oder an andere kirchliche Würdenträger gerichtet. Der Inhalt der Novellen ist äußerst vielgestaltig, der Kaiser ist auf allen Gebieten des öffentlichen und privaten Rechts weiter rege tätig. (Unter Privatrecht ist der heute dafür gebräuchliche Begriff Zivilrecht zu verstehen.) Als selbständige Gesetze gehen die Novellen bei sich eventuell widersprechenden Stellen den ersten drei Büchern des Gesetzgebungswerkes – Digesten, Institutionen und Codex – als *lex posterior* (nachfolgendes, späteres Gesetz) stets vor.
Justinians Absicht, selbst eine offizielle Sammlung der nach Erscheinen des Codex erlassenen Novellen zu veranstalten, ist nicht zustande gekommen. Es gibt allerdings private Novellensammlungen, die uns die Kenntnis der Novellen Justinians ermöglichen. Institutionen, Digesten und *Codex Justinianus* erschienen im Druck einheitlich zuerst 1583 in der Ausgabe des berühmten französischen Humanisten Dionysius Gothofredus (1549–1622). Sie erhielten den Namen *Corpus Iuris Civilis* (CIC), und folgerichtig wurden in die späteren Ausgaben auch die Novellen mit übernommen.
Die hier vorgelegte Auswahl aus dem *Codex Justinianus* basiert auf der von Paul Krüger besorgten Ausgabe des *Corpus iuris civilis,* Bd. II, *Codex Iustinianus,* Berlin 1900. Unserer Nachübersetzung lag zugrunde „Das Corpus Juris Civilis" – ins Deutsche übersetzt von einem Vereine Rechtsgelehrter

und herausgegeben von C. E. Otto, B. Schilling und C. F. F. Sintenis, Bd. 5 und 6, Leipzig 1832. Gegenüber dieser Ausgabe des *Codex Justinianus* sich ergebende Berichtigungen in der *inscriptio* und *subscriptio* wurden nach den Angaben von Otto Seeck, Regesten der Kaiser und Päpste für die Jahre 311 bis 476 n. Chr., I. Hbd., Stuttgart 1919, vorgenommen. Die Daten der Amtstätigkeit der einzelnen Prätorianerpräfekten sind W. Enßlin, Art. „praefectus praetorio", in: Realencyclopädie der classischen Altertumswissenschaften, 44. Hbd., Stuttgart 1954, Sp. 2391–2502, entnommen worden.

Die Zitierweise wird wie folgt durchgeführt: So bedeutet z. B. *Cod. Just.* (oder C. J.) 6,1,4,2 = *Codex Justinianus,* 6. Buch, 1. Titel, 4. Konstitution, § 2.

Runde Klammern in den Texten schließen Zusätze ein, die die Übersetzer zur leichteren Verständlichkeit des jeweiligen Sachverhalts hinzugefügt haben.

Leipzig, Dezember 1988 *Gottfried Härtel*

BUCH 1

Dieses Buch mit seinen 57 Titeln und 358 Konstitutionen enthält vor allem Fragen des Kirchenrechts. Es ging den Kaisern ab Konstantin, der das Christentum gemeinsam mit Licinius durch das Mailänder Edikt 313 als gleichberechtigte Religion anerkannte und die Rückerstattung der Kirchen und des gesamten Kirchengutes nach den Christenverfolgungen durch Diokletian verfügte, darum, eine einheitliche, starke Kirche zu haben, auf die sich die Kaiser bei der Unterwerfung der Gläubigen unter die Staatsmacht stützen konnten. Die Kirche wurde von Konstantin I. (Regierungszeit 306–337) unter die Institutionen des Staates aufgenommen und bekam durch seine Kirchengesetzgebung, die vor allem aus einem anderen wichtigen Gesetzeswerk, dem *Codex Theodosianus* (438 u. Z.) des Kaisers Theodosius II., ersichtlich ist, wichtige Rechte eingeräumt. Das *Imperium Romanum* wurde von ihm in die christliche Religion hinübergeleitet. Die Abtrünnigen, die Ketzer, sollten mit allen zur Verfügung stehenden Mitteln bekämpft werden, was sich in einer Reihe von Konstitutionen niederschlägt. Kirchliches Verwaltungs- und Sachenrecht, die Stellung der Bischöfe und des übrigen Klerus, Vorschriften über fromme Stiftungen und Anstalten, bischöfliche Gerichtsbarkeit, kirchliches Asyl- und Freilassungsrecht, Rechtsquellen, Ämter der Reichsbeamten, Eingaben an den Kaiser, die Regelung der Zivil- und Militärverwaltung sowie die Behandlung der Inhaftierten werden in diesem Buch erörtert.

Von der höchsten Dreieinigkeit und vom katholischen Glauben und daß niemand wagen soll, öffentlich darüber zu streiten
De summa trinitate et de fide catholica et ut nemo de ea publice contendere audeat

1,1,1 (= *Cod. Theod.* 16,1,2) Die Kaiser Gratian, Valentinian II. und Theodosius I. an die Einwohner von Konstantinopel, Thessalonike, 27. Februar 380

Alle unter Unserer milden Herrschaft stehenden Völker sollen nach Unserem Willen demjenigen Glauben angehören, den der heilige Apostel Petrus, wie die von ihm offenbarte Religion beweist, den Römern mitgeteilt hat und der auch der Papst Damasus und Petrus, der Bischof von Alexandria, ein Mann von apostolischer Heiligkeit, folgen. Wir glauben nämlich nach der Vorschrift der Apostel und der evangelischen Lehre an die einige Gottheit des Vaters, des Sohnes und des Heiligen Geistes in gleicher Erhabenheit und in Heiliger Dreieinigkeit. Diejenigen, die diesem Gesetze folgen, sollen den Namen katholische Christen führen, die übrigen aber, die Wir als töricht und wahnwitzig erklären, sollen als Abtrünnige vom Glauben mit Ehrlosigkeit bestraft und mit dem Zorne Gottes und dann nach Unserer Entscheidung, die Wir aus dem himmlischen Ratschluß schöpfen wollen, mit einer (anderen) Strafe belegt werden.

1,1,2 (= *Cod. Theod.* 16,5,6) Die Kaiser Gratian, Valentinian II. und Theodosius I. an den Prätorianerpräfekten Eutropius, Konstantinopel, 10. Januar 381

Den Ketzern soll kein geistliches Amt und keine Möglichkeit offenstehen, den Wahnwitz ihres hartnäckigen Gemütes auszusprechen ... Alle Ketzer sollen von verbotenen Zusammenkünften abgehalten und der Name des einen und höchsten Gottes soll überall gefeiert werden. Durch das Zeugnis des zu Nicäa[1] festgesetzten und von den Vorfahren auf Uns gekommenen Glaubensbekenntnisses und der göttlichen Religion soll er (Gottes Name) bestehen ...

1,1,4 Kaiser Marcian an den Prätorianerpräfekten Palladius, Konstantinopel, 7. Februar 452

Kein Geistlicher oder Soldat oder irgend jemand aus einem anderen Stande soll sich in Zukunft unterstehen, vor öffentlich versammelter Menge, so daß diese es hören kann, vom christlichen Glauben zu sprechen und damit Anlaß zu Auflauf und Abtrünnigkeit zu geben …

1,1,5 Kaiser Justinian I., Konstantinopel, 527 (?)

… Denn indem Wir an den Vater, den Sohn und an den Heiligen Geist als an drei selbständige zu einem Wesen vereinte Personen glauben, beten Wir eine Gottheit, eine Macht, eine zusammen bestehende Dreieinigkeit an. Und bis zum Ende der Welt bekennen Wir, daß der eingeborene Sohn Gottes, der Sohn aus Gott, der Sohn von Gott, von Ewigkeit her und nicht in der Zeit, vom Vater erzeugt und mit dem Vater, von dem und durch den alles kommt, gleich ewig sei. (Und Wir bekennen:) Er ist vom Himmel herabgestiegen und durch den Heiligen Geist und die heilige, ruhmvolle und ewig jungfräuliche Maria geboren und zum Menschen geworden, er wurde begraben und ist am dritten Tag auferstanden. Wir erkennen seine Wunder an und die Leiden, die er freiwillig als Mensch erduldet hat. Wir erkennen keinen anderen Gott und keinen anderen Christus an, sondern nur einen solchen, der nach seiner göttlichen Natur mit dem Vater, nach seiner menschlichen Natur mit Uns gleichen Wesens ist …

1,1,8 Kaiser Justinian I. an Johannes, den allerheiligsten Erzbischof und Patriarchen der berühmten Stadt Rom, Konstantinopel, 6. Juni 533

… Wir geben Eurer Heiligkeit zu wissen, daß einige wenige Ungläubige und von der heiligen katholischen Lehre Abgefallene auf jüdische und abtrünnige Weise gewagt haben, dem zu widersprechen, was nach Eurer Lehre von allen Priestern als wahr anerkannt und gepriesen und gepredigt wird. Diese (Personen) leugnen, daß Unser Herr Jesus Christus, der eingeborene Sohn Gottes, Unser Gott und Herr, durch den Heiligen Geist und durch die Heilige, ruhmvolle und jungfräuliche Mutter Maria geboren, gekreuzigt worden, ein Teil aus der Heiligen und sich völlig gleichenden

Dreieinigkeit ist und mit dem Vater und dem Heiligen Geist zusammen angebetet und gepriesen werden muß. Er ist mit dem Vater nach seiner göttlichen, mit seiner menschlichen Natur mit Uns eines Wesens, und zwar als Mensch, nicht aber nach seiner göttlichen Natur der Leiden fähig gewesen …

Von den hochheiligen Kirchen und von den Gütern und Vorrechten derselben

De sacrosanctis ecclesiis et de rebus et privilegiis earum

1,2,1 (= *Cod. Theod.* 16,2,4) Kaiser Konstantin I. an das Volk, Rom, 3. Juli 321

Einem jeden soll es freistehen, bei seinem Tode der heiligen katholischen und ehrwürdigen Kirche von seinen Gütern, was er selbst will, zu hinterlassen, und sein Letzter Wille soll nicht angefochten werden …

1,2,5 (= *Cod. Theod.* 16,2,40) Die Kaiser Honorius und Theodosius II. an den Prätorianerpräfekten Melitius, Ravenna, 25. Mai 412

Nach gründlicher Überlegung eines vernünftigen Planes halten Wir es für erforderlich, ganz genau vorzuschreiben, von welchen Einrichtungen der einzelnen Städte die Kirchen besonders befreit sein sollen. Zuerst ist nämlich die verderbliche Gewohnheit abzuschaffen, die den himmlischen Geheimnissen geweihten Grundstücke mit lästigen Abgaben zu behelligen. Von jetzt an soll denselben keine ungewöhnliche und außerordentliche Steuer auferlegt werden. Weiterhin soll außer dem gesetzlichen Beitrag, den plötzlich auftretende Bedürfnisse erfordern können, ihnen nichts abgefordert werden. Derjenige, der dagegen handelt, soll außer der strengen Strafe, die das Gesetz über Kirchenräuber verhängt, für immer außer Landes verwiesen werden.

1,2,7 Die Kaiser Honorius und Theodosius II. an den Prätorianerpräfekten Asclepiodotus, Konstantinopel, 15. Februar 423

Zum Wege- und Brückenbau als zu einem nützlichen Unternehmen ziehen Wir die heiligen Gebäude und heiligen

Kirchen um so unbedenklicher heran, da dies nicht unter die lästigen Abgaben fällt.

1,2,11 Die Kaiser Theodosius II. und Valentinian III. an den Prätorianerpräfekten Taurus, Konstantinopel, 17. Februar 445

Wir verordnen, daß sich niemand der Lieferung von Fuhren, Transporten und Wagen oder anderen derartigen Leistungen entzieht. Zur Erleichterung der Reise Unserer Majestät sollen die Bewohner aller Orte, durch die Wir Unseren Weg nehmen, Uns die herkömmlichen Dienste[2] leisten, auch wenn sie den Besitzungen der hochheiligen Kirchen gehören.

1,2,12 Die Kaiser Valentinian III. und Marcian an den Prätorianerpräfekten Palladius, Konstantinopel, 12. November 451

Wir begehren, daß die Vorrechte, die die früheren Kaiser durch allgemeine Gesetze allen hochheiligen Kirchen des wahren Glaubens verliehen haben, fest und unverbrüchlich bewahrt werden. Wir wollen auch, daß alle kaiserlichen Gesetze, die durch Bitten, Gunst oder Fürsprache gegen die kirchlichen Verordnungen erwirkt wurden, ihre Kraft und Wirkung verlieren und aufhören sollen …

1,2,20 Kaiser Justinian I., o. O., o. J.

Weder durch kirchliche Verordnung noch auf Befehl der Obrigkeit dürfen die für die Soldaten bestimmten Lebensmittel zum Wohle der Kirchen oder der Geistlichen verwendet werden.

1,2,22 Kaiser Justinian I. an den Prätorianerpräfekten Demosthenes, o. O., 529

Wir bestimmen, daß alle den heiligen Kirchen oder Lazaretten, Klöstern, Waisenhäusern, Hospitälern, Armen- und Krankenhäusern, Findelhäusern oder einer anderen ähnlichen Anstalt aus Freigebigkeit zu Lebenszeiten oder bei Todesfall durch Letzten Willen verliehenen Gegenstände von der Erwerbssteuer frei sein sollen …

Von den Bischöfen und Geistlichen, von den Vorstehern der Waisenhäuser, Hospitäler, Findel- und Krankenhäuser, von Klöstern, Mönchen und den Vorrechten derselben, vom Sondergut der Soldaten und der Auslösung der Gefangenen und von den verbotenen oder erlaubten Ehen der Geistlichen
De episcopis et clericis et orphanotrophis et brephotrophis et xenodochis et asceteriis et monachis et privilegio eorum et castrensi peculio et de redimendis captivis et de nuptiis clericorum vetitis seu permissis

1,3,2 (= *Cod. Theod.* 16,2,14) Kaiser Constantius II. an den Bischof Felix, Mailand, 6. Dezember 356

Die Geistlichen sollen nicht mit ungehörigen Ansprüchen belästigt, nicht mit unbilligen Forderungen bedrängt oder mit lästigen Abgaben heimgesucht werden. Und wenn auch die Händler zu einer gesetzlichen Abgabe verpflichtet sind, so soll doch dieser Übelstand von all jenen Geistlichen fernbleiben …

1,3,6 (= *Cod. Theod.* 16,2,24) Die Kaiser Valens, Gratian und Valentinian II. an Cataphronius, o. O., 5. März 377

Wir befehlen, daß die Priester, Diakonen,[3] Subdiakonen,[4] Exorzisten,[5] Lektoren,[6] Pförtner und Meßdiener von allen persönlichen (weltlichen) Ämtern befreit sein sollen.

1,3,7 (= *Cod. Theod.* 11,39,8) Die Kaiser Gratian, Valentinian II. und Theodosius I., Konstantinopel, 28. Juni 381

Kaiser Theodosius hat im Geheimen Rat ausgesprochen: Ein Bischof soll weder freiwillig noch nach dem Gesetz zur Ablegung eines Zeugnisses aufgefordert werden. Zugleich hat er betont: Es gehört sich nicht, einen Bischof zur Ablegung eines Zeugnisses zuzulassen, denn dadurch wird sowohl seine Person belästigt als auch seine hohe bischöfliche Würde erniedrigt.

1,3,9 (= *Cod. Theod.* 16,2,27) Die Kaiser Valentinian II., Theodosius I. und Arcadius an den Prätorianerpräfekten Tatianus, Mailand, 21. Juni 390

Bloß diejenige Frau, die schon das 60. Lebensjahr überschritten hat, darf nach der Vorschrift des Apostels in die Gemeinschaft der Diakonissen aufgenommen werden.

1,3,14 (= *Cod. Theod.* 16,2,35) Die Kaiser Arcadius und Honorius an den Prätorianerpräfekten Hadrianus, Ravenna, 4. Februar 405

Wenn jemand vor der versammelten Geistlichkeit des Amtes und der Würde eines Bischofs entsetzt worden ist und dann zur Wiedererlangung des geistlichen Amtes nachweislich etwas gegen die öffentliche Ruhe und Sicherheit unternommen hat, so soll er 100 Meilen von der Stadt, die er beunruhigt hat, verbannt werden …

1,3,15 (=*Cod. Theod.* 16,2,37) Die Kaiser Arcadius und Honorius an den Stadtpräfekten Studius, Konstantinopel, 29. August 404

Wir befehlen, außerhalb der Kirche, in Privatwohnungen, keine unerlaubten Zusammenkünfte abzuhalten. Dem Eigentümer steht die Konfiszierung des Hauses bevor, der Geistliche darin aufnimmt, die außerhalb der Kirche ungewöhnliche und aufrührerische Versammlungen abhalten.

1,3,19 (= *Cod. Theod.* 16,2,44) Die Kaiser Honorius und Theodosius II. an den Prätorianerpräfekten Palladius, Ravenna, 8. Mai 420

… Alle, die irgendeine Stufe des Priesterstandes erreicht haben oder die ein geistliches Amt bekleiden, sollen wissen, daß ihnen die Gemeinschaft mit fremden Frauen untersagt ist. Es ist ihnen bloß gestattet, Mütter, Töchter und Schwestern in ihre Wohnung aufzunehmen, weil hinsichtlich dieser Personen wegen des natürlichen Bandes an ein entehrendes Vergehen gar nicht zu denken ist …

1,3,24 Die Kaiser Valentinian III. und Marcian an den Prätorianerpräfekten Palladius, o. O., 24. April 455

Das Testament oder der weniger feierliche Letzte Wille, der zugunsten der Armen verfaßt wurde, soll nicht etwa, als wenn er ungewisse Personen beträfe, als ungültig erachtet werden, sondern in jeder Hinsicht wirksam und in Kraft bleiben.

1,3,25 Kaiser Marcian an den Prätorianerpräfekten Constantinus, o. O., 456 (?)

... Die Geistlichen haben zwar, wenn sie angeklagt werden, das Recht, ihre Angelegenheiten vom Bischof entscheiden zu lassen, aber nur mit Einwilligung ihrer Ankläger.

1,3,26 Kaiser Leo I. an den Prätorianerpräfekten Vivianus, o. O., 17. September 459

Wir fordern, daß in Zukunft weder ein Mönch noch sonst irgend jemand, welchen Standes er auch sei, in öffentliche Gebäude oder an einen anderen zum Vergnügen des Volkes bestimmten Ort das heilige Kreuz oder Reliquien der heiligen Märtyrer tragen soll ...

1,3,29 Die Kaiser Leo I. und Anthemius an Zeno, *Magister militum,* Konstantinopel, 1. Juni 471

Diejenigen, die Mitglieder eines Klosters sind, dürfen dieses auf keinen Fall verlassen. Nur die sind ausgenommen, die (auf Reisen) geschickt werden ...

1,3,30 Die Kaiser Leo I. und Anthemius an den Prätorianerpräfekten Armasius, Konstantinopel, 8. März 469

Wenn es jemand gelingt, mit Gottes Hilfe entweder in dieser Hauptstadt oder in den übrigen Provinzen des Reiches zur bischöflichen Würde erhoben zu werden, so soll dies nur aus reinem Gemüt, freier Wahl und aufrichtig erklärtem Willen des Volkes geschehen. Niemand soll die priesterliche Würde als käuflich erachten, und nur das soll in Betracht gezogen werden, was einer gilt, und nicht, was er zahlen kann ...

1,3,35 Kaiser Zenon, o. O., o. J.

Jede Stadt muß ihren eigenen Bischof haben ...

1,3,36 Kaiser Zenon an den Prätorianerpräfekten Sebastianus, Konstantinopel, 28. März 484

... Sklaven dürfen, auch wenn es mit Einwilligung ihrer Herren geschähe, nicht ohne weiteres in eine geistliche Vereinigung eintreten. Es steht den Herren aber frei, ihren Sklaven vorher die Freiheit zu schenken und ihnen, wenn es wirklich deren Wille ist, einen erlaubten Weg zur Erlangung geistlicher Würden zu öffnen ...

1,3,37 Kaiser Zenon an den Prätorianerpräfekten Sebastianus, o. O., 13. April 484

Den Sklaven, die sich auf die Zustimmung ihrer Herren berufen können, steht es frei, in ein Kloster einzutreten, wenn es mit Wissen ihrer Herren geschieht ...

1,3,39 o. O., o. J.

Die Klöster stehen unter den Bezirksbischöfen und sind denselben unterstellt. Über die Äbte führen die Bischöfe, über die Mönche die Äbte die Aufsicht. Aber keiner kann Abt von zwei Klöstern sein.

1,3,43 Kaiser Justinian I. an den Prätorianerpräfekten Mena, Konstantinopel, 18. Januar 529

Indem Wir für die Würde der hochheiligen Kirchen und der andächtigen Klöster sorgen, untersagen Wir allen Klosterbewohnern, mit Angehörigen des anderen Geschlechts zu verkehren oder nach irgendeiner Gelegenheit zu suchen, bei der sie mit denselben zusammen sein können ...

1,3,46 Kaiser Justinian I. an den Prätorianerpräfekten Julianus, Konstantinopel, 17. November 530

Wir haben es für richtig gehalten, Unseren kaiserlichen Gesetzen auch dieses hinzuzufügen, daß nur die Tauglichkeit, aber nicht die Zeit (des Aufenthaltes) im Kloster zum heiligen Amt eines Abtes oder einer Äbtissin den Weg ebnen solle ...

1,3,47 Kaiser Justinian I. an den Prätorianerpräfekten Johannes, Konstantinopel, 29. Juli 531

Wir verlangen, daß niemand zum Bischof gewählt werden darf, der nicht auch in anderweitiger Hinsicht rechtschaffen und bewährt ist. Er soll weder mit einer Frau zusammen leben noch Vater von Kindern sein, sondern, statt einer Frau, der hochheiligen Kirche mit aller Treue anhängen ...

1,3,53 Kaiser Justinian I. an den *Magister officiorum*[7] Hermogenes, Konstantinopel, 17. November 533

Die Räuber der gottgeweihten Jungfrauen, Witwen und Kirchendienerinnen sollen als Urheber des schändlichsten aller Verbrechen mit dem Tode bestraft werden ...

Von der bischöflichen Audienz und den verschiedenen Verhältnissen, die sich auf die Rechte und Pflichten der Bischöfe sowie auf den denselben zu leistenden Gehorsam beziehen

De episcopali audientia et de diversis capitulis, quae ad ius curamque et reverentiam pontificalem pertinent

1,4,3 (pr.-§ 3 = *Cod. Theod.* 9,38,8; § 4 = *Cod. Theod.* 9,38,6) Die Kaiser Valentinian II., Theodosius I. und Arcadius an den Prätorianerpräfekten Neoterius, Mailand, 25. Februar 385

... Sowie der erste Ostertag erscheint, soll niemand im Gefängnis bleiben, alle Fesseln sollen gelöst sein. Hiervon nehmen Wir aber diejenigen aus, durch welche der Frohsinn und die allgemeine Freude, wenn sie entlassen würden, gestört wird. Denn wer wird dem Kirchenräuber an (solchen) heiligen Tagen Nachsicht schenken? Wer soll in den der Keuschheit gewidmeten Zeiten dem Ehebrecher, demjenigen, der der Unzucht und der Blutschande überführt ist, Verzeihung angedeihen lassen! Wer wird nicht dem Jungfrauenräuber während der allgemeinen Ruhe und Freude um so nachdrücklicher verfolgen? Keine Erleichterung seiner Gefangenschaft soll demjenigen zuteil werden, der frevelhafterweise nicht einmal die Toten ruhen läßt. Die Folter soll der Giftmischer oder ein (ähnlicher) Übeltäter, der Ehebrecher und der Falschmünzer erdulden, der Mörder und Vatermörder soll zu jeder Zeit (im Gefängnis) anwesend sein. Auch der Majestätsverbrecher hat von dem Oberherrn, gegen den er so etwas unternommen hat, niemals Verzeihung zu erwarten ...

1,4,4 (= *Cod. Theod.* 15,7,12) Die Kaiser Theodosius I., Arcadius und Honorius an den Prätorianerpräfekten Rufinus, Herakleia, 29. Juni 394

Schauspielerinnen und die durch öffentliche Schaustellungen ihr Brot Verdienenden dürfen sich der den gottgeweihten Jungfrauen eigentümlichen Kleidung nicht öffentlich bedienen.

1,4,8 (= *Const. Sirm.* 18) Die Kaiser Arcadius, Honorius und Theodosius II. an den Prätorianerpräfekten Theodorus, o. O., 13. Dezember 408

Das bischöfliche Gericht soll für alle diejenigen kompetent sein, die sich demselben freiwillig unterworfen haben ... Damit der bischöfliche Urteilsspruch nicht unwirksam bleibe, sollen die (weltlichen) Richter ihn durch ihre Beamten vollstrecken.

1,4,9 (= *Cod. Theod.* 9,3,7) Die Kaiser Honorius und Theodosius II. an den Prätorianerpräfekten Caecilianus, Ravenna, 25. Januar 409

Die Richter sollen sonntags die Verbrecher aus ihren Gefängnissen vor sich holen lassen. Sie sollen sie selbst sehen und befragen, damit solche Eingekerkerten nicht durch die Roheit der Gefängniswärter unmenschlich behandelt werden ...

1,4,14 Kaiser Leo I. an das Volk, o. O., o. J.

Weder ein Sklave noch ein Freier soll sich unterstehen, andere zu einem unzüchtigen Leben feilzubieten oder sich selbst dazu herzugeben, möge er nun Schauspieler oder eine andere auf öffentlicher Bühne wirkende Person sein. Wenn der auf diese Weise Feilgebotene ein Sklave ist, so soll jeder berechtigt sein, für denselben ohne Kosten bei der Obrigkeit oder dem Bischof des Ortes die Freiheit zu erwirken. Die (Letztgenannten) haben auch dafür zu sorgen, daß keine Frau, sei es eine Sklavin oder eine Freie, gegen ihren Willen den Schauspielern oder Chören beigegeben oder zu anderen öffentlichen Darstellungen auf der Bühne gezwungen wird.

1,4,24 Kaiser Justinian I. an den Prätorianerpräfekten Demosthenes, Chalkedon, 17. September 529

Niemandem soll es gestattet sein, ein ausgesetztes Kind, sei es von freigeborenen, freigelassenen oder von Sklaveneltern erzeugt, entweder als Sklave, Kolone *(adscripticius)* oder Kolone *(colonus)* in Anspruch zu nehmen ...

1,4,28 Kaiser Justinian I. an den Prätorianerpräfekten Julianus, Konstantinopel, 1. Oktober 530

Die Kinder der Wahnsinnigen, mögen sie Söhne oder Töchter sein, können eine gültige Ehe schließen. Die Kuratoren[8] der Eltern haben sowohl eine Mitgift als auch eine Sicherstellung derselben (aus dem Vermögen der Wahnsinnigen) zu besorgen ...

Von Ketzern, Manichäern[9] und Samaritern
De haereticis et manichaeis et samaritis

1,5,2 Die Kaiser Gratian, Valentinian II. und Theodosius I. an den Prätorianerpräfekten Hesperius, Mailand, 3. August 379

Alle durch göttliche und kaiserliche Gesetze verbotenen Ketzereien sollen für immer unterbleiben ...

1,5,3 (= *Cod. Theod.* 16,5,30) Die Kaiser Arcadius und Honorius an den Stadtpräfekten Clearchus, Konstantinopel, 3. März 402

Sämtlichen Ketzern geben Wir bekannt, daß sie auf keinerlei Weise im Besitz der von ihnen mit Beschlag belegten Orte bleiben können, die zu unerlaubten Versammlungen benutzt werden. Sie sollen statt dessen der katholischen Kirche zufallen ...

1,5,4 (= *Cod. Theod.* 16,5,40) Die Kaiser Arcadius, Honorius und Theodosius II. an den Stadtpräfekten Senator, Rom, 22. Februar 407

Wir verfolgen die Manichäer und Donatisten[10] mit der gerechtesten Strenge. Diese Art von Menschen soll weder durch das Herkommen noch durch das Gesetz etwas mit den übrigen gemein haben ...

1,5,9 Kaiser Leo I., Konstantinopel, 13. August 457

Da Wir glauben, es der Menschlichkeit und der christlichen Liebe schuldig zu sein, erlauben Wir, daß die Ketzer auf die gesetzliche (christliche) Art begraben werden.

1,5,14 Kaiser Justin I. oder Justinian I., o. O., o. J.

Die Ketzer dürfen keine Versammlungen und unerlaubten Zusammenkünfte oder (sogenannte) Synoden durchführen und keine Ordinationen oder Taufen vornehmen. Sie dürfen keine Bischöfe anstellen oder Klöster, Abteien und Freistätten (Asyle) erbauen, keine Landgrundstücke entweder selbst oder durch Beauftragte verwalten und bewirtschaften oder irgend etwas Verbotenes (dieser Art) vornehmen. Wer dieses Gesetz übertritt, der wird mit dem Tode bestraft.

Von den Abtrünnigen
De apostatis

1,7,1 (= *Cod. Theod.* 16,8,7) Kaiser Constantius II.[11] an den Prätorianerpräfekten Thalassius, Mailand, 3. Juli 353

Verläßt ein Mitglied der christlichen Kirche dieselbe und wird Jude, schließt er sich den Zusammenkünften der Ungläubigen an und erweist sich die gegen ihn erhobene Anklage als wahr, so sollen alle seine Güter dem Fiskus anheimfallen.

1,7,4 (= *Cod. Theod.* 16,7,7) Die Kaiser Theodosius II. und Valentinian III. an den Prätorianerpräfekten Bassus, Ravenna, 7. April 426

Zu allen Zeiten soll es einem jeden freistehen, diejenigen zu verfolgen, die in schändlicher Weise von der christlichen Kirche abtrünnig geworden sind. Die Untersuchung eines solchen Verbrechens soll an keine Zeit gebunden sein …

1,7,5 (= *Nov. Th.* 3,4) Die Kaiser Theodosius II. und Valentinian III. an den Prätorianerpräfekten Florentius, Konstantinopel, 31. Januar 438

Derjenige, der einen Sklaven mit Gewalt oder sträflichem Zureden vom christlichen Glauben abtrünnig gemacht und zum Übertritt zu einer ketzerischen Sekte verleitet hat, soll außer dem Verlust seiner Güter mit dem Tode bestraft werden.

Daß es niemand gestattet sei, das Zeichen des Erlösers Christus, in Stein oder Marmor gehauen oder darauf gemalt, zu ebener Erde anzubringen
Nemini licere signum salvatoris Christi vel in silice vel in marmore aut sculpere aut pingere

1,8,1 Die Kaiser Theodosius II. und Valentinian III. an Eudoxius, *Comes sacrarum largitionum,* o. O., 21. Dezember 427

… Niemand soll sich unterfangen, das Zeichen des Erlösers Christus, möge es in Stein oder Marmor gehauen oder darauf gemalt sein, zu ebener Erde anzubringen. Das so Vorgefundene soll sogleich entfernt werden und der Betreffende, der Unserem Gesetz entgegenhandelt, den härtesten Strafen unterliegen.

Von den Juden und von denen, die den Himmel anbeten

De iudaeis et caelicolis

1,9,6 (= *Cod. Theod.* 3,7,2; 9,7,5) Die Kaiser Valentinian II., Theodosius I. und Arcadius an den Prätorianerpräfekten Cynegius, Thessalonike, 14. März 388

Kein Jude darf eine christliche Frau zur Ehe nehmen und kein Christ sich mit einer Jüdin verheiraten ...

1,9,14 (= *Cod. Theod.* 16,8,21) Die Kaiser Honorius und Theodosius II. an den Prätorianerpräfekten Philippus, Konstantinopel, 6. August 420

Niemand, der (ansonsten) unschuldig ist, soll als Jude verachtet werden. Sein Glaube, es möge derselbe sein, wie er will, darf ihm auf keinen Fall zur Schmach gereichen. An keinem Orte dürfen die Synagogen oder Wohnungen der Juden niedergebrannt oder auf irgendeine andere Weise ohne triftige Ursache beschädigt werden ...

1,9,16 (= *Cod. Theod.* 16,8,26) Die Kaiser Honorius und Theodosius II. an den Prätorianerpräfekten Asclepiodotus, Konstantinopel, 9. April 423

Diejenigen Juden, denen nachgewiesen wird, Angehörige Unseres Glaubens beschnitten oder den Auftrag zur Beschneidung derselben erteilt zu haben, werden mit der Konfiskation ihrer Güter und mit immerwährender Verbannung bestraft.

Daß kein Ketzer, Jude oder Heide einen christlichen Sklaven haben, besitzen oder beschneiden dürfe

Ne Christianum mancipium haereticus vel paganus vel iudaeus habeat vel possideat vel circumcidat

1,10,1 Kaiser Constantius II. an den Prätorianerpräfekten Euagrius, Konstantinopel, 13. August 339

Kein Jude darf einen christlichen Sklaven durch Kauf, Schenkung oder durch ein anderes Geschäft erwerben.

Besitzt ein Jude (dennoch) einen christlichen Sklaven oder überläßt er ihn aus irgendeinem Grunde zum Besitz einer Sekte oder einem anderen Volk oder beschneidet denselben, so wird er nicht nur mit dem Verlust des Sklaven selbst, sondern auch mit dem Tode bestraft, der Sklave aber wird zur Entschädigung mit der Freiheit belohnt.

Von Heiden, Opfern und Tempeln
De paganis, sacrificiis et templis

1,11,1 (= *Cod. Theod.* 16,10,4) Kaiser Constantius II. an den Prätorianerpräfekten Taurus, o. O., 1. Dezember 356

Wir fordern, daß in allen Orten und in allen Städten die Tempel geschlossen werden. Wir verbieten den Verlorenen den Zugang zu denselben, um ihnen jede Gelegenheit unmöglich zu machen, zu sündigen. Wir befehlen, daß sie sich der Opfer enthalten. Haben sie aber dergleichen etwas unternommen, so werden sie mit dem Schwerte bestraft. Ihre Güter soll in diesem Falle der Fiskus mit Beschlag belegen. Ebenso sollen die Rektoren in den Provinzen bestraft werden, wenn sie solche Verbrechen ungeahndet lassen.

1,11,2 (= *Cod. Theod.* 16,10,9) Die Kaiser Valentinian II., Theodosius I. und Arcadius an den Prätorianerpräfekten Cynegius, Konstantinopel, 25. Mai 385

Kein Sterblicher möge es wagen, aus der Untersuchung der Leber und der Eingeweide Hoffnungen zu schöpfen oder, was noch schlimmer ist, künftige Erlebnisse durch frevelhaftes Befragen (des Schicksals) zu erfahren. Die härteste und peinlichste Strafe erwartet denjenigen, der entgegen diesem Verbot versucht, die Wahrheit über künftige oder gegenwärtige Dinge zu erforschen.

Von denen, die sich in die Kirchen flüchten, von denen, die dort Störung verursachen (und daß niemand dem kirchlichen Zufluchtsort entrissen werden dürfe)
De his qui ad ecclesias confugiunt vel ibi exclamant

1,12,2 (= *Cod. Theod.* 16,8,19) Die Kaiser Honorius und Theodosius II. an den Prätorianerpräfekten Jovius, Ravenna, 1. April 409

Wir verordnen aus Andacht und Glaubenseifer, daß es niemand erlaubt ist, diejenigen, die sich in die Kirchen geflüchtet haben, denselben zu entreißen. Wir fügen hinzu, wer sich gewagt hat, diesem Gesetz entgegenzuhandeln, soll als Majestätsverbrecher bestraft werden.

Von denen, die in den Kirchen freigelassen werden
De his qui in ecclesiis manumittuntur

1,13,1 Kaiser Konstantin I. an den Bischof Protogenes, o. O., 8. Juni 323

Schon längst ist eingeführt worden, daß die Herren ihren Sklaven in der rechtgläubigen Kirche die Freiheit schenken können, wenn sie dies vor dem Angesicht des Volkes und in Gegenwart der christlichen Priester tun ...

Von Gesetzen, kaiserlichen Konstitutionen und Edikten
De legibus et constitutionibus principum et edictis

1,14,1 (= *Cod. Theod.* 1,2,3) Kaiser Konstantin I. an den Stadtpräfekten Septimius Bassus, o. O., 3. Dezember 317

Den Zweifel zu beheben, der zwischen Billigkeit und (strengem) Recht besteht, sind nur Wir berechtigt und berufen.

1,14,3 Die Kaiser Theodosius II. und Valentinian III. an den Senat, Ravenna, 6. November 426

Als allgemeine Gesetze sollen künftig von allen ohne Unterschied diejenigen angesehen werden, die Wir entweder Eurem ehrwürdigen Senat durch eine Rede vorgetragen oder die Wir als Edikte bezeichnet haben ...

1,14,6 Die Kaiser Theodosius II. und Valentinian III. an den Prätorianerpräfekten Florentius, o. O., 1. August 439

Was zu jemandes Gunsten festgelegt wurde, darf in gewissen Fällen keineswegs zu seinem Nachteil angewendet werden.

1,14,7 Die Kaiser Theodosius II. und Valentinian III. an den Prätorianerpräfekten Cyrus, Konstantinopel, 5. April 440

Es unterliegt keinem Zweifel, daß Gesetze und Konstitutionen nur die Norm für künftige Geschäfte darstellen, aber nicht auf vergangene Angelegenheiten angewendet werden dürfen, wenn nicht darin ausdrücklich etwas über die Vergangenheit oder über noch anhängige Sachen bestimmt wird.

1,14,9 (= *Nov. Marc.* 4) Die Kaiser Valentinian III. und Marcian an den Prätorianerpräfekten Palladius, Konstantinopel, 4. April 454

Die heiligen Gesetze, die für alle Menschen die Richtschnur ihrer Lebensweise darstellen, müssen auch allen bekannt sein, damit jeder, nachdem er die Bestimmungen derselben genau verstanden hat, das Verbotene unterlassen und das Erlaubte vollbringen möge. Sollte aber in diesen Gesetzen vielleicht etwas Unverständliches vorkommen, so ist es Sache des Kaisers, dies aufzuklären und eine Strenge des Gesetzes, die sich mit Unserer Menschenliebe nicht vereinbaren läßt, zu mildern.

Von kaiserlichen Mandaten[12]
De mandatis principum

1,15,1 (= *Cod. Theod.* 1,3,1) Die Kaiser Gratian, Valentinian II. und Theodosius I. an Eusignius, Prokonsul von Africa, Verona, 16. Juni 383

Wenn jemand versichert, daß er geheime Aufträge von Uns erhalten hat, so geben Wir bekannt, daß ihm nicht anders geglaubt werden darf, als wenn er seine Behauptungen auch schriftlich nachweist …

Von den an den Kaiser zu richtenden Bittschreiben und in welchen Angelegenheiten man bitten dürfe und in welchen nicht

De precibus imperatori offerendis et de quibus rebus supplicare liceat vel non

1,19,6 Die Kaiser Honorius und Theodosius II. an den Stadtpräfekten Isidorus, Konstantinopel, 4. September 410

Wir gestehen allen Untertanen ohne Ausnahme den Vorteil zu, daß in dem Falle, wenn jemand durch eine Bittschrift ein Reskript[13] erwirkt hat, es nicht darauf ankommen soll, ob sich der Bittsteller im Zustand der Freiheit befindet oder Sklave ist.

Von verschiedenen Reskripten und Pragmatischen Sanktionen[14]

De diversis rescriptis et pragmaticis sanctionibus

1,23,6 Kaiser Leo I. an den *Magister officiorum* und *Patricius* Hilarianus, o. O., 27. März 470

Die kaiserlichen Verordnungen, die von Unserer Hoheit auf irgendeinem Pergament niedergeschrieben worden sind, dürfen auf keinen Fall in einer anderen Form und Farbe als mit purpurroter Schrift erscheinen, die mit dem von der Purpurschnecke gewonnenen Safte zu zeichnen ist. Nur diejenigen Reskripte sollen als solche vor Gericht gelten und betrachtet werden, die auf Papier oder Pergament Unsere eigene Unterschrift bezeichnet ... Die Anfertigung dieser kaiserlichen Tinte soll niemand gestattet oder bewilligt sein ... Wer dagegen verstößt, soll nach Einziehung aller seiner Güter mit gebührender Todesstrafe belegt werden.

Von denen, die zu den Statuen (der Kaiser) flüchten

De his qui ad statuas confugiunt

1,25,1 (= *Cod. Theod.* 9,44,4) Die Kaiser Valentinian II., Theodosius I. und Arcadius an den Prätorianerpräfekten Cynegius, Konstantinopel, 6. Juli 386

Diejenigen, die sich, um einer Gefahr zu entgehen oder um sich dem Hasse anderer zu entziehen, zu den Statuen der

Kaiser geflüchtet haben, sollen bei triftigen Gründen, die jene Handlung erforderlich machten, durch Recht und Gesetz geschützt werden. Diejenigen aber, denen nachgewiesen wird, daß sie durch Arglist die Mißgunst ihrer Feinde haben erregen wollen, sind dem Strafurteil zu unterwerfen.

Vom Amt des Stadtpräfekten
De officio praefecti urbis

1,28,3 (= *Cod. Theod.* 1,6,7) Die Kaiser Valens, Gratian und Valentinian II. an den Stadtpräfekten Rufinus, o. O., 13. Juli 376

Die Würde des Stadtpräfekten hat den Vorrang vor allen übrigen städtischen Ämtern ...

Vom Amt des *Magister militum*[15]
De officio magistri militum

1,29,1 Die Kaiser Valentinian II., Theodosius I. und Arcadius an den Prätorianerpräfekten Eusignius, o. O., zwischen 386 und 387

Die hochangesehenen *Comites*[16] und die Anführer des Fußvolkes und der Reiterei dürfen keine Gewalt über die Bewohner der Provinzen haben, ebensowenig wie die hohe Präfektur über die Soldaten.

Vom Amt eines Provinzstatthalters
De officio rectoris provinciae

1,40,11 (= *Cod. Theod.* 1,16,14) Die Kaiser Honorius und Theodosius II. an den Prätorianerpräfekten Theodorus, Ravenna, 26. November 408

Die Statthalter der Provinzen haben darauf zu achten, daß die Beauftragten der Vornehmen nichts Ungerechtes und Gesetzwidriges begehen.

Vom Amt des Präfekten der Stadtwache
De officio praefecti vigilum

1,43,1 Die Kaiser Valentinian II., Theodosius I. und Arcadius an den Stadtpräfekten Nebridius, o. O., zwischen 385 und 389

Die Präfekten der Stadtwache dürfen in Angelegenheiten, in denen es zur Todesstrafe kommen kann, nichts aus eigener Machtvollkommenheit verfügen. Sie haben bei Ereignissen dieser Art an dein hohes Gericht Anzeige zu erstatten, damit in den erwähnten Angelegenheiten von einer höheren Behörde das Urteil ausgesprochen wird.

Von der Art der Geldstrafen, die von den Richtern erkannt werden
De modo multarum, quae ab iudicibus infliguntur

1,54,1 Die Kaiser Septimius Severus und Caracalla an Firmus, o. O., 9. April 205

Eine Geldstrafe hat keinen nachteiligen Einfluß auf die bürgerliche Ehre.

BUCH 2

Das zweite Buch enthält 59 Titel mit insgesamt 357 Konstitutionen, die vor allem Fragen des Prozeßrechts behandeln, die sich in den Verordnungen der römischen Kaiser widerspiegeln. So wird vom Herrscher ganz klar zum Ausdruck gebracht, daß man Beweise haben muß, wenn man anklagen will. Die bekannte Tatsache, daß die in der Gewalt ihrer Väter befindlichen Personen nicht gegen diese klagen können, ehe sie nicht aus der *patria potestas,* der väterlichen Gewalt, entlassen worden sind und der Prätor zugestimmt haben muß, wird nochmals hervorgehoben. Konstitutionen zu Verträgen und Vergleichen wurden ausgewählt, da diese im römischen Recht eine wichtige Rolle spielen und man folgerichtig annahm, daß Vergleiche keine geringere Bedeutung als rechtskräftige Urteile haben. Aufschlußreich sind die angeführten Verfügungen über die Bedeutung des Anwaltsberufs. In der Konstitution 2,7,14 wird die enorme Wertschätzung der Kaiser für die Rechtsgelehrten zum Ausdruck gebracht. Fragen der Infamie werden im folgenden berührt, das Verbot der Anbringung von Aufschriften mit dem Namen des Kaisers an fremden Sachen durch unbefugte Personen bei Androhung der Todesstrafe spielen ebenso eine Rolle in diesem Buch des Codex wie die Verordnung, daß durch Gewalt erpreßte Verträge, Schenkungen und Vergleiche für ungültig erklärt werden sollen. Beispiele von sich aus der Minderjährigkeit ergebenden Rechtsproblemen, wie z. B. bei der Freilassung von Sklaven, werden genannt. Abschließend wird vom Herrscher verordnet, daß Rechtsformeln, die durch Wortklauberei die Verhandlungen gefährden, getilgt werden sollen und die Richter nicht eher zu entscheiden haben, ehe nicht vorher das heilige Evangelium auf den Richtertisch gelegt wurde und geschworen worden ist, bevor die Rechtsangelegenheit verhandelt wird.

Vom Vorzeigen[17]
De edendo

2,1,4 Kaiser Caracalla an Epaphroditus, o. O., 11. März 212

Wer anklagen will, der muß Beweise haben. Die Befugnis zur Einsicht in fremde Urkunden wird weder durch einen Rechts- noch durch einen Billigkeitsgrund erlaubt. Denn wenn der Kläger nichts beweist, so wird derjenige gewinnen, der angeklagt wird, auch wenn er selbst nichts vorlegt.

2,1,5 Kaiser Alexander Severus an Valentiniana, o. O., 9. Mai 223

Es ist nicht neu, daß derjenige, von dem man Geld fordert, die Rechnungen des Gläubigers sehen will, um die Wahrheit offensichtlich zu machen.

2,1,6 Kaiser Alexander Severus an Uranius, o. O., 16. November 223

Es ist ein gerechtes Verlangen desjenigen, von dem man Geld, auch von Staats wegen, fordert, daß aus den vorgelegten und den Fiskus betreffenden Rechnungen zu ersehen ist, wieviel Geld unter seinem Namen gezahlt worden ist.

Vom Vorladen vor Gericht
De in ius vocando

2,2,1 Kaiser Alexander Severus an Tryphonius, o. O., 29. März 230

So wie es den guten Sitten entspricht, der Ehefrau des Freilassers (von einem Freigelassenen) Verehrung zu erweisen, so ist es verboten, ohne Genehmigung des Prätors dieselbe vor Gericht zu laden, wenn es die Umstände erfordern.

2,2,3 Die Kaiser Diokletian und Maximian an Roxana, o. O., 6. November 287

Diejenigen, die sich in der Gewalt ihrer Väter[18] befinden, können gegen diese nicht klagen. Wenn du aus der väterlichen Gewalt entlassen[19] worden bist und die Erlaubnis des Prätors eingeholt hast, so wirst du nicht daran gehindert, es zu tun. Dies gilt auch bezüglich der Person der Mutter.

Von den Verträgen
De pactis

2,3,4 Die Kaiser Septimius Severus und Caracalla an Valeria, o. O., 10. Februar 206

Kein Rechtsgrund erlaubt dir nach deiner Aufsagung des von dir über das Grundstück erhobenen Rechtsstreites, die beendete Angelegenheit wieder erneut zu beginnen.

2,3,6 Kaiser Caracalla an Basilia, o. O., 28. Juli 213

Es ist ein unbezweifelter Rechtssatz, daß Verträge, die gegen die Gesetze oder gegen die guten Sitten abgeschlossen werden, keine rechtliche Wirkung besitzen.

2,3,7 Kaiser Caracalla an Julius Maximus, o. O., 30. Juli 213

Wenn du Erbe deines Schuldners geworden bist, so ist die Klage, die du gegen denselben hattest, wegen des Erbschaftsantritts infolge der Verbindung in einer Person erloschen …

2,3,25 Die Kaiser Diokletian und Maximian und die Cäsaren an Euhemerus, Sirmium, 28. April 294

Die Forderung der Gläubiger kann durch Verträge unter den Schuldnern weder aufgehoben noch verändert werden.

Von den Vergleichen[20]
De transactionibus

2,4,13 Die Kaiser Diokletian und Maximian an Procla, Byzanz, 2. April 290

Im *Edictum perpetuum*[21] ist der Grundsatz enthalten, daß aus Furcht eingegangene Vergleiche nicht aufrechterhalten werden sollen. Allerdings reicht nicht eine jede Furcht aus, um das durch Einwilligung Festgesetzte wiederaufzuheben. Es muß statt dessen eine solche Furcht nachgewiesen werden, die eine Lebensgefahr oder Qual für den Körper darstellt …

2,4,16 Die Kaiser Diokletian und Maximian und die Cäsaren an Caecilius, o. O., 11. März 293

Durch gesetzmäßige Vergleiche beendete Rechtssachen oder Rechtsstreite dürfen durch ein kaiserliches Reskript nicht wieder erneut begonnen werden.

2,4,18 Die Kaiser Diokletian und Maximian und die Cäsaren an Valentinianus, o. O., 30. August 293

Es ist nicht verboten, sich über ein Kapitalverbrechen[22] mit Ausnahme des Ehebruchs zu vergleichen oder einen Vertrag zu schließen. Aber bei anderen öffentlichen Verbrechen, die keine Lebensstrafe nach sich ziehen, ist ein Vergleich wegen der Befürchtung der Anklage wegen Fälschung nicht erlaubt.

2,4,19 Die Kaiser Diokletian und Maximian und die Cäsaren an Irenaeus, Sirmium, 18. September 293

Die Rechtsgrundsätze erlauben es nicht, einen im guten Glauben geschlossenen Vergleich unter dem Vorwand, daß danach eine Urkunde neu aufgefunden worden sei, wiederaufzuheben ...

2,4,20 Die Kaiser Diokletian und Maximian und die Cäsaren an Antistia, o. O., 28. September 293

Man hat mit Folgerichtigkeit angenommen, daß Vergleiche keine geringere Bedeutung als rechtskräftige Urteile haben. Denn der Redlichkeit der Menschen entspricht nichts so sehr, als das einzuhalten, worüber man übereingekommen ist ...

2,4,26 Die Kaiser Diokletian und Maximian und die Cäsaren an Dionysiada, o. O., 13. April 294

Es ist ein ganz bekannter Rechtsgrundsatz, daß durch einen Vergleich einer Mutter deren Kinder nicht Sklaven werden können.

2,4,27 Die Kaiser Diokletian und Maximian und die Cäsaren an Cato, o. O., 9. Mai 294

Ein an Geist gesunder, aber am Körper kranker Mensch kann sich den Vorschriften des Rechts gemäß vergleichen.

Du darfst deshalb nicht unbilligerweise verlangen, den Vertrag unter dem Vorwand einer Krankheit wiederaufzuheben.

2,4,28 Die Kaiser Diokletian und Maximian und die Cäsaren an Sapparuta, o. O., 5. Juli 294

Ist ein Vergleich, ob nun beim Statthalter der Provinz aktenkundig gemacht oder nicht, ob schriftlich oder mündlich, eingegangen worden, so muß derselbe eingehalten werden ...

2,4,29 Die Kaiser Diokletian und Maximian und die Cäsaren an Marcia, o. O., 28. September 294

Das Recht verbietet, die durch einen Vergleich erfolgte Beendigung (eines Rechtsstreites) unter dem Vorwand, es seien danach noch einzelne Gegenstände aufgefunden worden, wiederaufzuheben ...

2,4,38 Die Kaiser Diokletian und Maximian und die Cäsaren an Theodotianus, Nikomedia, 25. Dezember 294

Ein Vergleich kann nicht stattfinden, ohne daß etwas gegeben, zurückbehalten oder versprochen wird.

Vom Auftreten vor Gericht
De postulando

2,6,2 Kaiser Alexander Severus an Polydorus, o. O., 7. März 224

Weder die Freigelassenen anderer Personen noch meine (Freigelassenen) werden, wenn sie wissenschaftlich so gebildet sind, denen, die verlangen, Rechtsbeistand zu leisten, daran gehindert, dieses zu tun.

2,6,6 Die Kaiser Valentinian I. und Valens an den Stadtpräfekten Olybrius, o. O., 21. August 370

Wer Anwalt sein will, darf nicht in derselben Sache zugleich Anwalt und Richter sein, da zwischen den (die Sache) entscheidenden Richtern und den Anwälten ein Unterschied bestehen muß. Die Advokaten sollen aber ihren Rechtsbeistand den Prozessierenden so leisten, daß sie in ihrer Freiheit, zu schimpfen, und in ihrer Kühnheit, zu schmähen, nicht weiter gehen sollen, als es das Wohl der Prozesse erfordert. Sie sollen das tun, was für die Angelegenheit nötig ist, sich aber der Beleidigungen enthalten. Sollte einer so frech sein, zu glauben, man solle nicht mit Gründen, sondern mit Schmähungen prozessieren, so soll sein guter Ruf Schaden leiden, denn man darf ja nicht aus Nachsicht erlauben, daß jemand mit Hintansetzung seines Geschäftes zur Beschimpfung seines Gegners offen oder hinterlistig tätig sei. Ferner soll ein Advokat mit der Partei, der er seinen Beistand zu leisten übernommen hat, keinen Vertrag eingehen und keine Verabredung treffen. Keiner von denen, denen es erlaubt ist und für die es sich schickt, etwas anzunehmen, soll es als verächtlich ansehen, wenn ihm einmal seine Partei für seine Bemühung aus freiem Ermessen etwas geschenkt haben wird. Niemand soll mit Absicht einen Prozeß in die Länge ziehen. In der Stadt Rom sollen die Rechtsgelehrten so viele Rechtssachen verhandeln, wie sie wollen, wenn sie es für gut erachtet haben, diese Tätigkeit auszuüben. Allerdings soll dadurch nicht eine Gelegenheit zu schändlichem Gewinn und widrigem Vorteil ergriffen, sondern eine Vergrößerung ihres Ruhmes gesucht werden. Sollten sie sich durch Gewinn und Geld fesseln lassen, so sind sie als Entartete und Schlechte zu den gemeinsten Menschen zu rechnen. Wer also von denen, denen Wir erlaubt haben, Rechtssachen zu verhandeln, Sachwalter sein will, möge wissen, daß er die Rolle, die er zur Zeit der Prozeßverhandlung übernehmen wird, nur so lange innehat, als er Sachwalter ist. Niemand soll glauben, daß seine Ehre in irgendeiner Hinsicht vermindert ist, wenn er sich der Notwendigkeit, stehen zu müssen, unterworfen und das Recht (als Anwalt), sitzen zu können, aufgegeben hat.

2,6,7 Die Kaiser Valentinian I., Valens und Gratian an den Stadtpräfekten Olybrius, Trier, 1. März 370

Es ist dafür zu sorgen, daß diejenigen (Anwälte), die durch ihr Verdienst oder Alter in den Gerichten sehr berühmt geworden sind, nicht nur auf der Seite der einen Partei stehen und die andere sich deshalb von Unerfahrenen und von Anfängern beraten lassen muß. Und deshalb soll es zur Pflicht des Richters gehören, wenn es an einem Gericht vor allen anderen nur zwei oder mehrere (Anwälte) geben sollte, deren Ruf berühmter ist, eine gleiche Verteilung der Anwälte durchzuführen und den Parteien eine gleiche Hilfe seitens der einzelnen (Anwälte) zu gewähren und eine gleiche Einteilung vonstatten gehen zu lassen. Wenn aber einer, nachdem er vom Richter aufgefordert wurde, aus einem nicht zu billigenden Entschuldigungsgrund irgendeiner Partei seinen Rechtsbeistand versagt haben sollte, soll er vom Gericht ausgeschlossen werden. Er möge wissen, daß ihm niemals die Fähigkeit, Rechtssachen zu verhandeln, wiedergegeben werde. Sollte man aber entdecken, daß einer von den Streitern mit mehreren (Sachwaltern) besonders verhandelt und durch einen derartigen Betrug seinem Gegner die Möglichkeit einer gerechten Verteidigung entzogen hat, so zeigt er dadurch unzweideutig, daß er einen ungerechten Prozeß führt. Er soll zur Rechenschaft gezogen werden, da von ihm das Ansehen des Gerichts hintergangen wurde.

Von den Advokaten bei den verschiedenen Richtern
De advocatis diversorum iudiciorum

2,7,14 Die Kaiser Leo I. und Anthemius an den Prätorianerpräfekten von Illyrien Callicrates, Konstantinopel, 28. März 469

Die Advokaten, die das zweifelhafte Schicksal der Rechtsfragen entscheiden und durch die Kraft ihrer Verteidigung oftmals in öffentlichen und in privaten Angelegenheiten das Gefallene aufrichten und das Geschwächte wiederherstellen, sorgen für das menschliche Geschlecht nicht weniger, als wenn sie das Vaterland und ihre Eltern in Schlachten oder durch Wunden retten. Denn Wir sind der Meinung, daß nicht nur diejenigen, die mit Schwertern, Schilden und Helmen kämpfen, sondern auch die Advokaten für Unser Reich streiten. Es kämpfen nämlich die Advokaten dadurch, daß sie, gestützt auf die Kraft ihrer glorreichen Worte, die Hoffnung, das Leben und die Nachkommen derer verteidigen, sie sich in Not befinden.

Von den Advokaten des Fiskus
De advocatis fisci

2,8,2 Die Kaiser Valerian und Gallienus an Frequentus, o. O., 24. Februar 254

Du kannst mit Unserer Genehmigung auch Privatpersonen gegen den Fiskus Rechtsbeistand leisten, wenn du es nur ablehnst, eine solche Rechtssache zu übernehmen, die du geführt hast, als du Advokat des Fiskus gewesen bist.

Aus welchen Gründen über jemanden die Infamie[23] verhängt wird
De causis, ex quibus infamia alicui inrogatur

2,11,1 Die Kaiser Septimius Severus und Caracalla an Manilius, o. O., o. J.

Du erleidest keineswegs deshalb den Nachteil der Ehrlosigkeit, weil du ins Gefängnis geworfen wurdest oder dir auf Anordnung des Richters Fesseln angelegt worden sind.

2,11,8 Kaiser Caracalla an Ulpia, o. O., 20. Februar 205

Sofern du wegen Diebstahls verurteilt worden bist, hat dein guter Ruf, auch wenn du keine Rutenschläge erlitten hast, einen Schaden erlitten. Wenn allerdings die von einem anderen entwendete Sache, ohne daß du (von dem Diebstahl) wußtest, bei dir gefunden wurde, so konnte das zu harte Urteil deine Ehre nicht verletzen.

2,11,15 Kaiser Gordian III. an Sulpicia, o. O., 15. Juni 239

Den Frauen werden die Trauerkleidung und andere Zeichen dieser Art erlassen, nachdem durch eine Verordnung des hohen Senats die Trauerzeit für die Frauen verringert wurde. Es wird ihnen aber nicht gestattet, innerhalb dieser Zeit, nachdem sie der Sitte nach ihren Ehemann zu betrauern haben, wieder zu heiraten. Ferner wird auch, wenn (eine Frau) eine andere Ehe innerhalb dieser Zeit geschlossen hat, sowohl sie als auch derjenige, der sie wissentlich zur Frau genommen hat, auch wenn es ein Soldat sein sollte, sich die Ehre nach dem prätorischen Edikt[24] beflekken.

Von den Prokuratoren[25]
De procuratoribus

2,12,6 Kaiser Alexander Severus an Marcianus, o. O., 24. Februar 223

Es ist nicht unbekannt, daß der wegen eines Verbrechens Beschuldigte (Prokurator) nicht eher die Verteidigung einer Rechtssache übernehmen kann, bis seine Unschuld erwiesen ist.

Daß keine Privatpersonen an ihren oder fremden Grundstücken Aufschriften (mit dem Namen des Kaisers) befestigen oder kaiserliche Vorhänge aufhängen sollen
Ut nemo privatus titulos praediis suis vel alienis imponat vel vela regalia suspendat

2,15,2 Die Kaiser Theodosius II. und Valentinian III. an den Prätorianerpräfekten Florentius, Konstantinopel, 17. Juni 439

Es soll niemand wagen, kaiserliche Tücher aufzuhängen oder eine Aufschrift ohne einen Befehl des zuständigen Richters an fremden Sachen zu befestigen, die jemand, sei er, wer er wolle, auf irgendeine Weise besitzt, wenn sofort kundgetan wird, daß derjenige, der sie besitzt, nicht der Eigentümer ist, sondern daß er statt dessen ein unrechtmäßiger Besitzer ist oder sich verwegenerweise der Sachen bemächtigt hat. Wir verordnen aber, daß derjenige, der es gewagt haben sollte, dies zu tun, wenn er Plebejer ist, mit der Todesstrafe belegt wird. Ist er ein *Clarissimus*[26] oder ein Kuriale[27], oder ein Soldat oder ein Geistlicher, wird er geächtet und deportiert. Er wird nicht bloß des römischen Bürgerrechts, sondern auch der Freiheit beraubt, und alle Richter sollen Vollstrecker dieses Gesetzes sein. Wir erteilen also die Erlaubnis, die Aufschriften herabzunehmen, zu zerbrechen und die Tücher zu zerreißen, und dies nicht bloß denen, zu deren Nachteil so etwas gegen das Recht und gegen die Gesetze geschehen ist, sondern allen, sowohl Freien als auch Sklaven. Sie sollen sich vor der Beschuldigung der Schikane oder der Anklage eines (dadurch begangenen) Verbrechens nicht zu fürchten haben, indem Wir befehlen, daß die Richter und das niedere Gerichtspersonal derselben mit je 30 Pfund Gold bestraft werden, wenn sie eine solche Anklage entweder zulassen oder gestatten, daß sie bei Vorbringen niedergeschrieben wurde.

Von der Geschäftsführung[28]

De negotiis gestis

2,18,10 Kaiser Alexander Severus an Secundus und andere, o. O., 20. November 222

Habt ihr einen fremden und für seinen Herrn wegen Krankheit unbrauchbaren Sklaven geheilt, dann habt ihr das Geschäft nützlich geführt und könnt die Kosten mit den euch zustehenden Klagen wiedererlangen.

2,18,13 Kaiser Alexander Severus an Aquila, o. O., 25. Oktober 230

Was du für deine kranke Ehefrau ausgegeben hast, darfst du nicht von deinem Schwiegervater zurückfordern. Hast du allerdings für ihr Begräbnis in der Absicht etwas ausgegeben, es wiederzuerhalten, so belangst du mit Recht ihren Vater, an den das Heiratsgut zurückgekommen ist.[29]

2,18,15 Kaiser Gordian III. an Mucianus, o. O., 10. Juli 239

Hast du deine Stieftöchter mit väterlicher Zuneigung ernährt oder für sie Geld für den Unterricht an ihre Lehrer gezahlt, so steht dir keine Rückforderung dieser Ausgabe zu. Hast du aber in der Absicht etwas ausgegeben, dereinst das, was du an Kosten aufgewendet hast, zurückzufordern, so mußt du die Geschäftsführungsklage anstellen.

2,18,18 Die Kaiser Diokletian und Maximian und die Cäsaren an Pomponius, o. O., 24. Dezember 293

Die Billigkeit hat es für ratsam gefunden, daß für die bei der Führung eines fremden Geschäfts aufgewendeten Kosten Zinsen geleistet werden müssen. Du kannst dich nun vermittels der Geschäftsführungsklage dieses Rechts auch gegen die bedienen, deren Geschäfte du, wie du anführst, von der Notwendigkeit dazu gedrängt, geführt hast.

Vom dem, was infolge von Gewalt oder aus Furcht getan worden ist

De his quae vi metusve causa gesta sunt

2,19,1 Kaiser Alexander Severus an Felix, o. O., 22. November 223

Es ist mit Recht das Gutachten erteilt worden, daß die Klage wegen des durch Gewalt oder Diebstahl Weggenommenen unbenommen bleibt, wenn es auch nachher (zufällig) zugrunde gegangen ist.

2,19,6 Die Kaiser Diokletian und Maximian und die Cäsaren an Polla, Herakleia, 29. April 294

Keine Würde darf (ihrem Inhaber) Nachteil und üble Nachrede bringen. Du siehst daher ein, daß bloß der Umstand, daß dein Gegner die senatorische Würde hat, nicht geeignet ist, um die Furcht kundzutun, infolge der nach deiner Behauptung der Kontrakt eingegangen worden sein soll.

2,19,9 Die Kaiser Diokletian und Maximian und die Cäsaren an Hymnoda, o. O., 1. Dezember 293

Es kann eine Furcht nicht durch bloße Redereien oder Behauptungen, sondern sie muß durch die Entsetzen erregende Beschaffenheit einer Handlung zum Ausdruck gebracht werden.

2,19,11 Kaiser Constantius II. an den Prätorianerpräfekten Euagrius, Aquileia, 22. September 340

Hat jemand aus Furcht vor der Bedrückung durch einen anderen, der mindestens in einem niederen Amt steht, seine Sache (diesem) in derselben Provinz oder an demselben Ort, wo derjenige ein solches Amt bekleidet, infolge eines Verkaufs abgetreten, so soll sowohl das Gekaufte zurückgegeben, aber auch nichtsdestoweniger (vom Verkäufer) auch der (erhaltene) Preis zurückbehalten werden. Eine gleiche Strafe soll angewendet werden, wenn ein solcher (Beamter) sich zwar des Namens seiner Ehefrau oder eines Freundes bedient hat, aber doch für sich selbst unrechtmäßigerweise eine Sache erwerben wollte.

2,19,12 (= *Cod. Theod.* 3,1,9) Die Kaiser Honorius und Theodosius II. an das Volk, Konstantinopel, 17. Februar 415

Wir verordnen, daß durch Gewalt erpreßte Verkäufe, Schenkungen und Vergleiche für ungültig erklärt werden sollen.

Von der Wiedereinsetzung in den vorigen Stand, welche denjenigen erteilt wird, die jünger als 25 Jahre alt[30] sind

De in integrum restitutione minorum viginti quinque annis

2,21,4 Die Kaiser Diokletian und Maximian und die Cäsaren an Isidorus, Herakleia, 27. April 293

Hast du dargelegt, daß du bei deinem Prozeß jünger als 25 Jahre alt gewesen bist, und von deinem Gegner wird nicht bewiesen, daß die für die Wiedereinsetzung festgesetzten Fristen abgelaufen sind, so muß dir der Statthalter der Provinz die Rechtshilfe der Wiedereinsetzung in den vorigen Stand erteilen.

2,21,8 (= *Cod. Theod.* 2,16,3) Die Kaiser Honorius und Theodosius II. an Julianus, Prokonsul von Africa, Ravenna, 6. März 414

Aus unzähligen Verordnungen ist bekannt, daß für die Minderjährigen bezüglich dessen, was sie versäumt oder nicht gewußt haben, gesorgt ist.

2,21,9 Kaiser Zenon an den Prätorianerpräfekten Aelianus, o. O., 1. Januar 480

Ein Minderjähriger scheint nicht bevorteilt worden zu sein, wenn er sich des gemeingültigen Rechts bedient hat.

Wenn gegen ein rechtskräftiges Urteil Wiedereinsetzung[31] verlangt wird

Si adversus rem iudicatam

2,26,3 Kaiser Philippus Arabs und Cäsar Philippus an Aeliana, o. O., 15. Oktober 245

Du wirst gegen das Urteil von jemand, der damals anstelle des Kaisers entschieden hat, keinesfalls die Rechtshilfe der

Wiedereinsetzung in den vorigen Stand beim Prätor[32] oder Statthalter der Provinz fordern können. Denn gegen das Urteil desjenigen, der statt des Kaisers entschieden hat, kann nur der Kaiser Wiedereinsetzung erteilen.

2,26,4 Die Kaiser Diokletian und Maximian an Urbanus, o. O., 16. April 286

Da ihr versichert, daß ihr sowohl minderjährig als auch unverteidigt seid, so wird der Provinzstatthalter seiner Amtspflicht gemäß dafür sorgen, daß euch kein Nachteil zugefügt wird. Wenn freilich etwas festgesetzt worden ist, als euch die rechtmäßige Vertretung eurer Vormünder oder Kuratoren zur Seite stand, so seht ihr ein, daß für euch die Rechtshilfe der Wiedereinsetzung in den vorigen Stand nötig ist. Dasselbe ist auch erforderlich, wenn der Prozeß durch euren gesetzlich angeordneten Prokurator geführt worden ist.

Wenn gegen eine Schenkung
Si adversus donationem

2,29,1 Die Kaiser Diokletian und Maximian an Theodota, o. O., 3. November 285

Wenn von deinem minderjährigen Ehemann Sachen vor der Ehe im gehörigen Maß zur Zeit eures Verlöbnisses dir geschenkt worden sind, auch in Gegenwart seines Kurators, so können sie unter dem Vorwand seines Alters nicht zurückgefordert werden.

Wenn gegen eine Freiheitserteilung
Si adversus libertatem

2,30,2 Kaiser Gordian III. an Solana, o. O., 10. März 241

Wenn du, nach deiner Angabe noch nicht 20 Jahre alt, deinen Sklaven, der dich betrogen hat, vor der Versammlung freigelassen hast, kann nicht einmal unter Berücksichtigung deines (jugendlichen) Alters die Auflegung des Stabes,[33] durch die eine rechtmäßige Freilassung bekräftigt wird, diese wiederaufgehoben werden. Allerdings muß für deine Entschädigung, die selbstverständlich von dem Freigelassenen zu leisten ist, von demjenigen nach Maßgabe des Rechts gesorgt werden, der die Gerichtsbarkeit innehat.

2,30,4 Die Kaiser Diokletian und Maximian und die Cäsaren an Tatianus, Nikomedia, 6. Januar 303

Es kann nicht bezweifelt werden, daß ein in einem Prozeß über eine Freiheitsangelegenheit zugunsten der Freiheit gesprochenes Urteil nicht einmal wegen des Vorrechts des minderjährigen Alters ohne Appellation[34] wiederaufgehoben werden kann.

Wenn gegen ein Vergehen
Si adversus delictum suum

2,34,1 Die Kaiser Septimius Severus und Caracalla an Longinus, o. O., 15. Oktober 200

Bei Verbrechen steht zwar den Minderjährigen die Begünstigung ihres Alters nicht zur Seite, denn ein schlechtes Betragen entschuldigt (ihren) Leichtsinn nicht. Wird jedoch ein Vergehen nicht mit Absicht, sondern ohne solche ausgeübt, so wird kein Verbrechen begangen, wenngleich als Strafe ein Verlust von Geld auferlegt wird. Darum steht den Minderjährigen in diesem Falle die Rechtshilfe der Wiedereinsetzung in den vorigen Stand zu.

Wenn gegen den Fiskus
Si adversus fiscum

2,36,1 Die Kaiser Septimius Severus und Caracalla an Longinus, o. O., 15. Oktober 200

Wenn Probus, als er sich im minderjährigen Alter befand, von Unserem Rechnungsführer Rufinus hintergangen wurde und den Verkauf einer Sache voreilig in einem viel zu geringen Preis abgeschlossen hat, so wird Unser Fiskus bezüglich des Rechts der Wiedereinsetzung in den vorigen Stand der Vorschrift des öffentlichen Rechts folgen.

Wenn gegen einen Gläubiger
Si adversus creditorem

2,37,2 Kaiser Gordian III. an Gaianus, o. O., 5. Oktober 238

Wenn du, wie du angibst, als Minderjähriger Geld als ein verzinsliches Darlehen erhalten hast und dasselbe nicht zu deinem Nutzen verwendet wurde, kannst du gegen den Schuldschein, durch den du dich deshalb verbindlich gemacht hast, die Rechtshilfe der Wiedereinsetzung in den vorigen Stand auf herkömmliche Art fordern.

Wenn man sich von einer Erbschaft lossagt
Si ut se hereditate abstineat

2,38,1 Die Kaiser Septimius Severus und Caracalla an Florentius und andere, o. O., 3. März 198

Wenn ihr euch nicht in die väterliche Erbschaft gemischt habt, so ist deswegen keine Erklärung vor Zeugen notwendig gewesen, da die Wahrheit keiner Unterstützung durch Worte bedarf. Habt ihr euch aber als Erben benommen oder den Nachlaßbesitz angenommen, so müßt ihr wegen des Alters, dem man zu Hilfe zu kommen pflegt, die Rechtshilfe der Wiedereinsetzung in den vorigen Stand erhalten.

In welchen Fällen die Wiedereinsetzung in den vorigen Stand nicht notwendig ist
In quibus causis in integrum restitutio necessaria non est

2,40,4 Die Kaiser Diokletian und Maximian und die Cäsaren an Stratonica, Nikomedia, 15. Dezember 294

Wenn dein Vormund, der wegen seines vormundschaftlichen Amtes keine Sicherheit geleistet hatte, verklagt worden ist, so hat das gegen ihn ausgesprochene Urteil deinem Rechte nicht schaden können. Du verlangst also unnötigerweise die Rechtshilfe der Wiedereinsetzung in den vorigen Stand, da Geschäfte, die von jemand geführt wurden, der nicht als ein gesetzlicher Verwalter hat gelten können, von Rechts wegen ungültig sind.

Wenn (ein Minderjähriger), als er großjährig geworden ist, genehmigt hat
Si maior factus ratum habuerit

2,45,1 Die Kaiser Diokletian und Maximian und die Cäsaren an Eutychianus, o. O., 24. April 293

Wenn zwischen Minderjährigen, entweder schriftlich oder nicht, eine Teilung ohne Betrug vorgenommen worden ist und sie diese nach Erreichung des gesetzmäßigen Alters (also der Großjährigkeit) genehmigt haben werden, so muß dieselbe unangefochten bleiben.

2,45,2 Die Kaiser Diokletian und Maximian und die Cäsaren an Soter, o. O., 13. Februar 294

Wer nach dem fünfundzwanzigsten Jahre das, was während seines minderjährigen Alters geschehen ist, genehmigt haben wird, fordert vergeblich die Wiederaufhebung desselben.

Von der Aufhebung der Formeln und der Auswirkungen der Klagen
De formulis et impetratione actionum sublatis

2,57,1 Die Kaiser Constantius II. und Constans an Marcellinus, Statthalter von Phönikien, o. O., 23. Januar 342

Die Rechtsformeln, die durch Wortklauberei den Verhandlungen aller Gefahr bringen, sollen von Grund auf vertilgt werden.

Von dem wegen Schikane[35] zu leistenden Eid
De iureiurando propter calumniam dando

2,58,2 Kaiser Justinian I. an den Prätorianerpräfekten Johannes, Konstantinopel, 29. Juli 534

Wir haben verordnet, daß die Richter Rechtsangelegenheiten nicht anders zu entscheiden haben, ehe nicht zuvor das heilige Evangelium vorgelegt wurde und angeordnet, daß die Richter auf dem gesamten der römischen Herrschaft unterworfenen Erdenkreis vorher schwören und danach die Rechtsangelegenheit verhandeln sollen. Wir haben es deshalb für nötig erachtet, vorliegendes Gesetz zu verfassen, wonach Wir verordnen, daß in allen nach Erlaß dieses Gesetzes begonnenen Prozessen sowohl der Kläger als auch der Beklagte zu Beginn dieses Prozesses nicht eher ihren Rechtsstreit verhandeln sollen, als wenn sie nach der Rede (des Klägers) und der Antwort (des Beklagten) als Hauptpersonen einen Eid ablegen, ehe die Anwälte beider Parteien den gesetzlichen Eid leisten. Der Kläger soll schwören, daß er den Prozeß nicht in der Absicht, zu schikanieren, begonnen hat, sondern daß er nach seiner Meinung eine gerechte Sache führt. Der Beklagte soll nicht eher von seinen Einwendungen Gebrauch machen dürfen, ehe er nicht zuvor geschworen hat, im Glauben, eine gute Sache zu führen, zum Widerspruch (gegen den Kläger) vorgegangen zu sein. Nachdem sollen die Advokaten beider Parteien, die beredsamen Männer, nach Maßgabe des schon früher von Uns Verordneten ihren Eid leisten, nachdem das heilige Evangelium vor dem Richter hingelegt wurde. Sollte es entweder die Würde oder das Geschlecht einer Person nicht zulassen, zum Richter zu kommen, so soll im Hause dieses Streiters der Eid in Gegenwart der anderen Partei oder des Anwalts derselben geleistet werden …

BUCH 3

Im 3. Buch sind 44 Titel mit insgesamt 273 Konstitutionen verzeichnet, die wichtige Entscheidungen der Kaiser zum Prozeß-, Sachen- und Erbrecht festhalten. Damit Prozesse nicht unendlich lang ausgedehnt werden, legt Kaiser Justinian eine Frist von drei Jahren zur Erledigung von Prozessen in Zivilrechtssachen fest. Verordnungen heben die Bedeutung des von den Richtern vor Prozeßbeginn zu leistenden Eids hervor und betonen auch, daß niemand gezwungen werden kann, gegen seinen Willen zu klagen oder anzuklagen. Mehrfach wird das Gebot der Sonntagsheiligung genannt und ein ganzer Katalog von Tätigkeiten angeführt, die am Sonntag verboten sind. Des weiteren fixieren die Kaiser, daß der Kläger dem Gerichtsstand des Beklagten, nicht der Beklagte dem des Klägers zu folgen habe. Flüchtige Sklaven, die für sich den Rechtsstatus eines Freien in Anspruch nehmen, müssen an dem Ort prozessieren, von dem sie entflohen sind. Um die Rechtssicherheit zu heben, was besonders in der Spätantike nicht immer leicht zu realisieren gewesen sein dürfte, werden Konstitutionen erlassen, die gegen die ungerechte Behandlung der Bevölkerung seitens kaiserlicher Beamter gerichtet sind. Außerdem wird die Selbstrache gegen Plünderer und Straßenräuber erlaubt, die zeigte, daß die Zentralgewalt kaum noch in der Lage war, Ende des 4., Anfang des 5. Jh. dieser Probleme Herr zu werden. Deserteure sollten ebenfalls seitens der Bevölkerung schnell bestraft werden. Verordnungen über das lieblose Testament, über das Aquilische Gesetz sowie über die Erbteilungsklage folgen. Den Abschluß der Auswahl aus dem 3. Buch des Codex bildet eine Konstitution Kaiser Justinians über die Glücksspieler und Glücksspiele.

Von den Prozessen
De iudiciis

3,1,3 Kaiser Alexander Severus an Faustina, o. O., 8. Februar 224

So oft, wie ein Streit über einen Rechtszustand mit der Erörterung einer Vermögensangelegenheit zusammentrifft, steht nichts im Wege, jenen Streit auch bei dem (Richter), der eigentlich über eine den Rechtszustand betreffende Sache nicht urteilen kann, zu entscheiden.

3,1,5 Kaiser Gordian III. an Marcellus, o. O., 2. September 238

Ein Richter, der von einem Richter beauftragt wurde, hat nicht die Macht, einen Richter zu bestellen, da er selbst (nur) das Richteramt bekleidet, außer, er müßte vom Kaiser zum Richter bestellt worden sein.

3,1,6 Kaiser Gordian III. an Junia, o. O., 18. August 239

Ein Sklave kann in keinem Prozeß auftreten. Sollte irgendeine Verurteilung gegen ihn ausgesprochen worden sein, so hat das, was entschieden worden ist, keine Gültigkeit.

3,1,8 Die Kaiser Konstantin I. und Licinius an Dionysius, o. O., 15. Mai 314

Man hat angenommen, daß in allen Dingen die Rücksicht auf die Gerechtigkeit und Billigkeit höher steht als die auf das strenge Recht.

3,1,9 (= *Cod. Theod.* 2,18,1) Kaiser Konstantin I. an Maximus, Sirmium, 12. Juni 321

Die Richter haben durch eine umfassende Untersuchung die Beschaffenheit gründlich zu erörtern und beide Parteien mehrfach zu befragen, ob sie etwas Neues hinzuzufügen beabsichtigen. Gerade dies nützt beiden Parteien, unabhängig davon, ob die Angelegenheit durch den Richter selbst zu entscheiden oder an eine höhere Gewalt zu berichten ist.

3,1,12 Kaiser Justinian I. (?), o. O., 527 (?)

Alle Magistrate und die vortrefflichen Richter sollen die Prozesse schnell entscheiden. Ist ein Prozessierender oft zum verantwortlichen Richter gegangen und wurde von ihm ohne einen triftigen Grund hingehalten, so soll er sich an den Kaiser wenden und von ihm Hilfe erwarten ...

3,1,13 Kaiser Justinian I. an den Prätorianerpräfekten Julianus, Konstantinopel, 27. März 530

Damit die Prozesse nicht fast unendlich lang werden und über die Zeit eines Menschenlebens hinaus andauern, schien es Uns, daß ein die (Zivilrechtsstreitigkeiten) betreffendes und an keine Orts- oder Zeitbeschränkungen zu bindendes Gesetz für den Erdkreis schleunigst erlassen werden müßte. Denn ein Gesetz von Uns hat zwar schon die Kriminalrechtssachen an einen Zeitraum von zwei Jahren gebunden, aber die Zivilrechtssachen sind häufiger und führen bekanntlich oftmals selbst den Stoff zu Kriminalanklagen herbei. Wir beschließen also, daß alle Prozesse in Zivilsachen, von welchem Betrag (der Gegenstand derselben) auch sein möge, ob sie nun persönliche Rechtszustände, das Recht von Stadtgemeinden oder Privatpersonen betreffen, ob es sich um Besitz oder Eigentum, über Hypotheken oder Dienstbarkeiten oder um andere Verhältnisse, weswegen die Menschen untereinander zu prozessieren haben – mit Ausnahme der Rechtssachen, die sich auf das Recht des Fiskus beziehen oder die öffentliche Ämter betreffen –, handelt, nicht über die Zeit von drei Jahren von der Litiskontestation[36] hinausgezogen werden soll. Es soll also den Richtern insgesamt, mögen sie in dieser hohen Stadt oder in den Provinzen eine höhere oder niedere Verwaltung führen, mögen sie in einem hohen Amte stehen, mögen sie von Unserem Hofe bestellt oder von Unseren Würdenträgern beauftragt sein, nicht gestattet werden, die Prozesse länger als auf eine Zeit von drei Jahren auszudehnen. Denn jedermann sieht ein, daß dies mehr in der Hand der Richter (als der Parteien) liegt; denn wenn sie selbst es nicht wollen, so findet sich gewiß keiner, der es wagen könnte, den Prozeß gegen den Willen des Richters in die Länge zu ziehen ...

3,1,14 Kaiser Justinian I. an den Prätorianerpräfekten Julianus, o. O., 29. März 530

Wir kommen nun zu einer Sache, die nicht neu und ungewöhnlich ist, sondern die schon die alten Gesetzgeber angeordnet haben und deren Nichtbeachtung den Rechtssachen keinen geringen Schaden gebracht hat. Denn wem ist es unbekannt, daß schon die alten Richter nicht anders die richterliche Befugnis erhalten haben, als wenn sie zuvor einen Eid leisteten, daß sie den Prozeß mit Gerechtigkeit unter Beachtung der Gesetze leiten und entscheiden würden. Wir haben also festgestellt, daß ein nicht ungewöhnlicher Weg zu betreten ist und Unsere früheren Gesetze, die über die Eide erlassen worden sind, nach Unserer Erfahrung ihre Nützlichkeit für die Prozessierenden in nicht geringem Maße sich bewährt haben und mit Fug und Recht von allen gelobt werden. Wir haben deshalb dieses für alle Zeiten gültige Gesetz erlassen, wodurch Wir verordnen: Alle Richter, ob höhere oder niedere, die in einem Amt entweder in dieser kaiserlichen Stadt oder auf dem Erdkreis, der von Uns regiert wird, stehen, ob es solche sind, denen Wir das Recht zur Erörterung und Entscheidung übertragen, oder solche, die von einem höheren Richter bestellt werden, oder solche, die kraft ihrer eigenen Gerichtsbarkeit die Befugnis zum Richten haben, oder solche, die infolge eines Vertrages, d. h. eines Kompromisses, der die gerichtliche Verhandlung nachahmt, die Entscheidung von Rechtssachen übernehmen, oder solche, die ein Schiedsrichteramt verwalten oder die infolge eines Urteils oder durch den übereinstimmenden Willen der Parteien erwählt worden sind, kurz, alle und jede Richter, die nach dem römischen Recht entscheiden, sollen nicht anders den Anfang mit der Untersuchung von Prozessen machen, als wenn zuvor vor dem Richterstuhl die Heiligen Schriften niedergelegt werden. Diese sollen nicht bloß sich am Anfang des Prozesses dort befinden, sondern bei allen Untersuchungen bis zum Ende desselben und zur Verlesung des Endurteils liegenbleiben. Denn so werden sie, indem sie ihren Blick auf die Heiligen Schriften richten und durch die Gegenwart Gottes geweiht, die Prozesse unter höherem Beistand entscheiden, da sie wohl wissen werden, daß sie andere nicht mehr richten, als sie selbst gerichtet werden, ja sogar für sie der Prozeß schrecklicher ist als für die Parteien, indem die Streitenden unter Menschen, sie aber unter Aufsicht Gottes die Rechtssachen zur Untersuchung und Entscheidung bringen. So möge denn dieser richterliche Eid allen bekannt sein und zu den römischen Gesetzen als eine vortreffliche Ergänzung durch Uns hinzukommen und von allen Richtern beachtet werden. Sollte er unterlassen werden, wird er seinen Verächtern gefährlich sein.

3,1,15 Kaiser Justinian I. an den Prätorianerpräfekten Julianus, Konstantinopel, 22. April 531

Wir verordnen, daß alle Richter, sowohl in dieser blühenden Stadt als auch in den Provinzen in dem Falle, wenn eine abwesende, aber förmlich geladene Person sich nachher gestellt haben sollte, ihr nicht anders den Zutritt zum Gericht öffnen, sondern sie vielmehr von allem gerichtlichen Verkehr ausschließen sollen, ehe sie nicht vorher alle durch ein solches Vergehen ihren Gegnern zugefügten Schäden ersetzt hat. Dies bezieht sich unabhängig davon darauf, ob sie bei der Eröffnung des Prozesses, durch Honorare der Advokaten, oder durch andere im Prozeß vorkommenden Verhältnisse entstanden sind. Der Betrag derselben ist durch die Schätzung des Richters zu bestimmen, nachdem vorher (die Höhe der Kosten) von demjenigen beschworen worden ist, der dieselben gehabt hat, und die Gerichtsdiener der Prozesse sollen die Bestimmungen (der Richter) in jeder Hinsicht erfüllen. Es mögen Unsere Richter und Vollstrecker wissen, daß sie einen solchen Schaden den Verletzten aus ihrem Vermögen zu ersetzen genötigt werden, wenn sie dies unterlassen haben. Wir wollen übrigens, daß dies auch bezüglich der Unterrichter durchgeführt wird, wenngleich die Streitenden nicht förmlich geladen, aber aufgefordert und bösartig abwesend waren.

3,1,17 Kaiser Justinian I. an den Prätorianerpräfekten Johannes, Konstantinopel, 1. November 531

Es ist völlig rechtmäßig, daß auch Militärpersonen die Möglichkeit haben, Richter zu werden. Denn weshalb sollen Menschen, die Kenntnis von einer Sache haben, nicht über dieselbe richten? Wir wissen ja, daß sowohl Militärbeamte als auch alle Menschen dieser Art durch die tägliche Gewohnheit schon als solche anerkannt sind, die sowohl Prozesse leiten und sie schlichten und auch nach ihrem Gewissen und ihrer Kenntnis der Gesetze solchen Streitigkeiten ein Ende setzen können.

Von den in den verschiedenen Gerichten zu zahlenden Gebühren und Kosten und von den Vollstreckern der Prozesse

De sportulis et sumptibus in diversis iudiciis faciendis et de exsecutoribus litium

3,2,1 (= *Cod. Theod.* 8,8,2) Die Kaiser Gratian, Valentinian II. und Theodosius I. an den Vikar Potitus, Mailand, 25. Oktober 379

Wir verfügen, daß jeder vor Gericht Gestellte von dem Gerichtsdiener, dem er zuerst übergeben wurde, bis zur Beendigung der Angelegenheit bewacht werden soll. Ist aber durch irgendeine unerlaubte Handlung diese Maßgabe Unserer Gnade nicht beachtet worden, soll der Vorsteher der Kanzlei zu fünf Pfund Gold Strafe verurteilt werden, der Unsere Befehle übertreten hat.

Daß niemand in seiner eigenen Sache richten oder sich selbst Recht sprechen soll

Ne quis in sua causa iudicet vel sibi ius dicat

3,5,1 (= *Cod. Theod.* 2,2,1) Die Kaiser Valens, Gratian und Valentinian II. an den Stadtpräfekten Gracchus, o. O., 1. Dezember 376

Wir verordnen durch dieses allgemeine Gesetz, daß niemand sein eigener Richter sein oder sich selbst Recht sprechen soll. Denn es wäre ungerecht, wenn man jemandem die Erlaubnis, in seiner eigenen Angelegenheit ein Urteil zu sprechen, geben wollte.

Wer die gesetzliche Befugnis, in den Gerichten aufzutreten, hat oder wer sie nicht hat

Qui legitimam personam in iudiciis habent vel non

3,6,1 Kaiser Gordian III. an Candida, o. O., 13. Dezember 239

Hat der Provinzstatthalter, als du noch unmündig[37] warst und ohne Erlaubnis deines Vormundes gegen deinen Gegner prozessiert hast, ein Urteil ausgesprochen, so hat das von ihm Erkannte auf keinen Fall die Kraft eines Urteils.

Daß niemand gegen seinen Willen zu klagen oder anzuklagen gezwungen werden soll
Ut nemo invitus agere vel accusare cogatur

3,7,1 Die Kaiser Diokletian und Maximian an Camerius, o. O., 15. Oktober 284

Niemand soll gezwungen werden, gegen seinen Willen zu klagen oder anzuklagen.

Von den Fristverlängerungen
De dilationibus

3,11,6 (= *Cod. Theod.* 2,7,3) Die Kaiser Constantius II. und Constans an Petronius, Vikar von Africa, Aquileia, 9. April 340

Sollte irgendein Prozeß zwischen Privatpersonen und dem Fiskus begonnen worden sein, so darf beiden Parteien die Befugnis nicht versagt werden, durch ihre Vertreter um eine Fristverlängerung zu bitten, wenn dies die Rücksicht auf ihren (beiderseitigen) Vorteil erforderlich macht.

3,11,7 (= *Cod. Theod.* 2,7,4) Die Kaiser Arcadius und Honorius an den Prätorianerpräfekten Messala, o. O., 20. November 399

Es soll auch nicht einmal denen, die über ihren Rechtszustand oder ihr Vermögen streiten, gestattet werden, selbst bei einer Fristverlängerung (zur Herbeischaffung von Beweismitteln aus) über dem Meer (gelegenen Provinzen) die Frist von neun Monaten zu überschreiten …

Von den Ferien
De feriis

3,12,2 Kaiser Konstantin I. an Helpidius, Vikar der Stadt Rom, o. O., 3. Juli 321

Alle Richter, das Volk in den Städten, die Ausübung aller Künste und Handwerke sollen am heiligen Sonntag ruhen. Allerdings dürfen diejenigen, die auf dem Lande wohnen, den Acker (am Sonntag) frei und ungestört bestellen. Denn es trifft sich oft, daß an einem anderen Tag das Getreide nicht den Furchen oder die (zu pflanzenden) Weinstöcke nicht gut den Gruben anvertraut werden können, damit nicht zusammen mit der Gelegenheit des Augenblicks der durch die himmlische Vorsicht verliehene Vorteil verlorengehe.

3,12,5 (= *Cod. Theod.* 9,35,4) Die Kaiser Gratian, Valentinian II. und Theodosius I. an Albucianus, Vikar von Makedonien, Thessalonike, 27. März 380

Jede Untersuchung in Kriminalprozessen soll während der 40 Tage, die unter religiösen Handlungen der Osterzeit vorhergehen, ruhen.

3,12,6 (= pr.-§ 5 *Cod. Theod.* 2,8,19) Die Kaiser Valentinian II., Theodosius I. und Arcadius an den Stadtpräfekten Albinus, Rom, 7. August 389

Wir befehlen, daß alle Tage zur Rechtsprechung bestimmt sein sollen. Nur die Tage sollen gerichtsfreie Tage sein, die im Jahr während zweier Monate aus Nachsicht zur Erholung von der Arbeit, zur Milderung der Sommerhitze und zum Ernten der Herbstfrüchte festgelegt wurden. Auch die üblichen Tage Anfang Januar überlassen Wir der Ruhe. Hinzu fügen Wir die Gründungstage der größten Städte, Rom und Konstantinopel, wo die Rechtshandlungen verschoben werden müssen, da sie ja denselben (Tagen) ihren Ursprung verdanken. Wir rechnen ebenfalls zur Festzeit die heiligen Ostertage, die, sieben an der Zahl, (dem Osterfest) vorangehen und folgen, weiterhin die Zeit der Geburt und Erscheinung Christi, dazu die Zeit, in der die Erinnerung an die Leiden der Apostel, das Vorbild für die gesamte Christenheit, von allen mit Recht gefeiert wird. An diesen vorgenannten heiligen Tagen erteilen Wir auch nicht die Erlaubnis zur Abhaltung von Schauspielen. Ferner rechnen Wir zu derselben Festzeit die Sonntage, die Unsere Vorfahren mit Recht die Tage des Herrn genannt haben und die nach einer wiederholten Berechnung von Tagen immer wiederkehren. Diesen Tagen soll man die gleiche Ehrfurcht entgegenbringen, und auch selbst durch die Schiedsrichter, gleich, ob sie von den Richtern gefordert oder freiwillig (von den Parteien) gewählt wurden, soll keine Untersuchung von Streitigkeiten stattfinden. Dasselbe gilt auch für

Unsere Tage, nämlich für Unseren Geburtstag und für den Tag Unseres Regierungsantritts. Während der 15 Ostertage soll die Eintreibung der Getreideabgabe und die Einforderung aller öffentlichen und privaten Schulden aufgeschoben werden.

3,12,7 (= *Cod. Theod.* 2,8,21) Die Kaiser Valentinian II., Theodosius I. und Arcadius an den Prätorianerpräfekten Tatianus, Konstantinopel, 27. Mai 392

Alle Rechtsgeschäfte, mögen sie privater oder öffentlicher Art sein, sollen während der 15 Ostertage ruhen. Alle haben jedoch das Recht, während dieser Zeit sowohl aus der väterlichen Gewalt zu entlassen oder auch freizulassen. Es ist nicht verboten, darüber Protokolle anzufertigen.

3,12,8 (= *Cod. Theod.* 9,35,7) Die Kaiser Honorius und Theodosius II. an den Prätorianerpräfekten Anthemius, Konstantinopel, 27. April 408

Die Provinzialstatthalter sollen daran erinnert werden, bei den peinlichen Befragungen der Straßenräuber, besonders der isaurischen[38], nicht die 40 Tage (vor Ostern) und auch nicht den heiligen Ostertag auszulassen, damit nicht die Entdeckung der verruchten Taten, die durch die Folterungen der Straßenräuber zu ermitteln ist, aufgeschoben werde.

3,12,9 Die Kaiser Leo I. und Anthemius an den Prätorianerpräfekten Armasius, Konstantinopel, 9. Dezember 469

Wir wünschen, daß die der Gottheit geweihten Festtage durch keine Vergnügungen belegt und durch keine Eintreibung von Abgaben entheiligt werden sollen. Daher verordnen Wir, den Tag des Herrn stets so ehrwürdig und heilig zu halten, damit er gegen alle Exekutionen (am gleichen Tag) geschützt sei. Niemand darf durch irgend etwas bedrängt und keine Bürgschaftsbestellung gefordert werden. Das Amt der Gerichtsdiener hat zu schweigen, das der Advokaten zu ruhen, und jener Tag soll von gerichtlichen Untersuchungen und Entscheidungen frei sein. Die rauhe Stimme des Herolds soll schweigen, die Krieger haben sich von ihren Kämpfen auszuruhen und einen Waffenstillstand zu beachten. Die Gegner sollen ohne Furcht zueinanderkommen, die Reue soll sich gegenseitig der Gemüter bemächtigen, und man soll Verträge schließen und Vergleiche anstreben. Indem Wir aber so die Ruhe dieses der Verehrung Gottes geweihten Tages fördern, erlauben Wir nicht, daß sich jemand an diesem Tage durch unzüchtige Vergnügungen ergötzen läßt. An diesem Tage sollen die Theater, der Wettkampf im Zirkus oder die beklagenswerten Tierhetzen unterbleiben. Und sollte die Feier Unseres Regierungsantrittes auf denselben fallen, so soll sie verschoben werden. Sollte jemand an diesem Feiertag den Schauspielen beiwohnen oder ein Gerichtsdiener eines Richters die Bestimmungen dieses Gesetzes unter dem Vorwand eines öffentlichen oder privaten Rechtshandels mißachtet haben, so soll er sein Amt verlieren und die Konfiskation seines Vermögens erleiden.

Von der Gerichtsbarkeit aller Richter und vom kompetenten Gerichtsstand

De iurisdictione omnium iudicum et de foro competenti

3,13,2 Die Kaiser Diokletian und Maximian und die Cäsaren an Alexander, o. O., 27. August 293

Du forderst, die Ordnung des Rechts umzukehren, wonach nämlich nicht der Kläger dem Gerichtsstand des Beklagten, sondern der Beklagte dem des Klägers folgen solle. Denn der Beklagte darf nur da, wo er seinen Wohnsitz hat oder zur Zeit der Eingehung des Kontrakts gehabt hat – auch wenn er ihn danach verlegt hat –, belangt werden.

3,13,3 Die Kaiser Diokletian und Maximian und die Cäsaren an Juda, o. O., 27. Dezember 293

Der übereinstimmende Wille von Privatpersonen kann nicht jemand zum Richter machen, der keinem Gerichte vorsteht. Auch kann das, was ein solcher ausspricht, nicht die Rechtskraft eines Urteils haben.

3,13,5 Die Kaiser Arcadius und Honorius an den Prätorianerpräfekten Vincentius, Mailand, 18. Dezember 397

Bei einem Kriminalprozeß soll der Ankläger dem Gerichtsstand des Beklagten folgen. Derjenige, der eine Rechtssache, ob Kriminal- oder Zivilsache, ohne kaiserliches Reskript vor ein nicht kompetentes Gericht gebracht oder militärische Vollstreckung verlangt hat, soll als Kläger mit dem Verlust der Klage des vorliegenden Prozesses bestraft, als Beklagter aber für verurteilt erachtet werden. Die *tribuni*[39] oder *vicarii*[40] sollen wissen, daß sie eine Kapitalstrafe erleiden müssen, wenn sie eine selbständige oder militärische Vollstreckung entgegen dem Verbot bewirkt haben.

Wo wegen Verbrechen geklagt werden muß
Ubi de criminibus agi oportet

3,15,1 Die Kaiser Septimius Severus und Caracalla an Laurina, o. O., 4. Oktober 196

Es ist hinreichend bekannt, daß die Untersuchung der Verbrechen, die nach Gesetzen oder nach außerordentlicher Art und Weise bestraft werden, dort durchzuführen ist, wo sie begangen oder begonnen wurden, oder wo man diejenigen angetroffen hat, die als Urheber eines Verbrechens bezeichnet werden.

3,15,2 Die Kaiser Diokletian und Maximian und die Cäsaren an Nica, Sirmium, 4. Februar 294

Wer einen freien Menschen wissentlich verkauft, begeht einen Menschenraub. Daher wird der von demjenigen, der sich darüber beschweren kann, gebetene zuständige Richter selbst die Sache untersuchen und entscheiden, wenn sich derjenige dort aufhält, der nach deiner Behauptung einen freigeborenen Knaben verkauft hat.

Wo eine dingliche Klage angestellt werden muß
Ubi in rem actio exerceri debet

3,19,3 Die Kaiser Valentinian II., Theodosius I. und Arcadius, Konstantinopel, 22. Juni 385

Der Kläger folgt dem Gerichtsstand des Beklagten, möge die Klage eine dingliche oder eine persönliche sein. Wir befehlen aber, daß auch an den Orten, an denen sich die Sachen befinden, wegen der gestritten wird, eine dingliche Klage gegen den Besitzer erhoben werden kann.

Wo wegen einer Erbschaft geklagt wird oder wo die eingesetzten Erben verlangen müssen, in den Besitz eingewiesen zu werden

Ubi de hereditate agatur et ubi scripti heredes in possessionem mitti postulare debent

3,20,1 Die Kaiser Valerian und Gallienus an Messia, o. O., 25. April 260

Dort, wo sich die Erbschaftssachen, wie du anführst, befinden, müssen die Erben verlangen, in den Besitz der Erbschaftssachen eingewiesen zu werden. Aber dort ist der Streit über die Erbschaft zu entscheiden, wo derjenige seinen Wohnsitz hat, der belangt wird, außer, er hält sich dort auf, wo die Erbschaftssachen liegen.

Wo sowohl wegen öffentlicher als auch wegen Privatrechnungen geklagt werden muß

Ubi agi oportet de ratiociniis tam privatis quam publicis

3,21,1 Die Kaiser Diokletian und Maximian und die Cäsaren an Gerontius, o. O., 19. August 293

Derjenige, der fremde Geschäfte geführt hat, sei es wegen einer Vormundschaft oder aus irgendeinem anderen Grunde, muß dort die Rechnung ablegen, wo er sie geführt hat.

3,21,2 Die Kaiser Honorius und Theodosius II. an Macedonius, *Magister militum*, Konstantinopel, 31. Mai 423

Niemand soll, nachdem er aus dem Soldatenstand ausgetreten und ins Privatleben zurückgekehrt ist, wegen eines Rechtsstreites, der bezüglich des Kriegsdienstes gegen ihn erhoben wurde – wenn er nämlich wegen Ablegung der Rechnung der Abteilung des Kriegsheeres, in der er gedient oder die er selbst geführt hat, von jemandem belangt wurde –, sich der Einrede des Gerichtsstandes bedienen können. Denn ein jeder muß wegen solch öffentlicher Angelegenheiten, die er geführt hat, solange er Kriegsdienst getan hat oder wegen Rechnungen, die den Kriegsdienst betreffen und durch die er seinen Kameraden Schaden zugefügt haben soll, im Militärgericht Rede und Antwort stehen. Dort können auch hinreichende Mittel zur Beweisführung, bekannte Zeugen und die echtesten Urkunden gewährt werden.

Wo eine den Rechtszustand betreffende Sache verhandelt werden muß
Ubi causa status agi debeat

3,22,1 Kaiser Alexander Severus an Aurelius Aristocrates, o. O., 20. August 231

Wenn diejenige, die von dir geflohen ist, als sie dir als Sklavin diente, und sich in eine andere Provinz begeben hat, die Freiheit für sich in Anspruch nimmt, so ist sie nicht mit Unrecht zu nötigen, an dem Ort zu prozessieren, von dem sie sich als Flüchtling entfernt hat. Deshalb wird der Statthalter der Provinz, der an jenem Ort Recht spricht, es sich angelegen sein lassen, sie in die Provinz zurückzuschicken, in der sie als Sklavin gedient hat. Sie darf nicht da gehört werden, wo sie ergriffen worden ist.

Wo die Senatoren oder die *Clarissimi* in Zivil- oder in Kriminalsachen belangt werden
Ubi senatores vel clarissimi civiliter vel criminaliter conveniantur

3,24,1 (= *Cod. Theod.* 9,1,1) Kaiser Konstantin I. an Octavianus, *Comes*[41] von Spanien, Serdica, 4. Dezember 316

Ein jeder, der nicht mit der Würde der *Illustres*[42], sondern nur mit der der *Clarissimi*[43] bekleidet ist und der eine Jungfrau geraubt hat oder der in fremde Grenzen eingedrungen oder der bei einem anderen Fehltritt oder Verbrechen ergriffen wurde, soll in der Provinz, in der er die Tat begangen hat, den öffentlichen Gesetzen unterworfen werden. Er soll sich nicht der Einrede des Gerichtsstandes bedienen können, denn der Anklagestand schließt allen Ehrenvorzug dieser Art aus.

Wo die Rechtssachen des Fiskus oder des kaiserlichen Hauses und (die Rechtssachen) von den zu denselben gehörenden Leuten verhandelt werden sollen
Ubi causae fiscales vel divinae domus hominumque eius agantur

3,26,2 Die Kaiser Septimius Severus und Caracalla an Arista, o. O., 20. September 207

Wir sehen nicht ein, weshalb du Rechtsangelegenheiten, die zum Geschäftskreis Unserer Prokuratoren[44] gehören, zur Untersuchung des Prokonsuls[45] ziehen willst. Denn da es sich darum handelt, ob sich dein Vater aus Furcht vor irgendeiner Strafe das Leben genommen hat und deswegen sein Nachlaß vom Fiskus in Anspruch genommen werden darf, so ist ja nicht über das Verbrechen oder die Strafe, sondern über das Vermögen des Verstorbenen eine Untersuchung anzustellen.

3,26,8 Kaiser Constantius II. an den Prätorianerpräfekten Taurus, Sirmium, 3. März 358

Wenn behauptet werden sollte, daß ein zu Unserem Privatvermögen gehörender Kolone oder Sklave etwas gegen die öffentliche Ordnung begangen habe, so ist er zu zwingen, in das Gericht des Statthalters der Provinz zu kommen. Jedoch soll in Gegenwart des *Rationalis*[46] oder Prokurators Unseres Hauses die Sache zwischen ihm und dem Ankläger verhandelt und, wenn das Verbrechen bewiesen sein wird, die Strenge des Rechts geltend gemacht werden.

3,26,9 (= *Cod. Theod.* 10,4,1) Die Kaiser Valentinian I. und Valens an den Vikar[47] Philippus, Herakleia[48], 5. Juli 365

Alle mögen das Zutrauen haben, wenn jemand durch einen *actor*[49] oder Prokurator Unseres Privatvermögens durch Injurien[50] verletzt worden sein sollte, keine Bedenken zu tragen, seine Beschwerde über die von demselben erlittenen Beschimpfungen oder Beraubungen vor dich oder den Statthalter der Provinz zu bringen und ohne alle Scheu ein Urteil, das eine öffentliche Strafe ausspricht, zu verlangen. Sollte so etwas durch bestimmte Beweise dargelegt werden, so verordnen Wir, daß (in dem Fall), wenn (ein *actor* oder *procurator*) eine solch freche Tat gegen einen Provinzialen zu begehen gewagt haben sollte, er öffentlich verbrannt werden soll.

In welchen Fällen es einem jeden erlaubt ist, ohne den Richter oder (einen Bruch) der Treue gegenüber dem Staat zu rächen

Quando liceat sine iudice unicuique vindicare se vel publicam devotionem

3,27,1 (= *Cod. Theod.* 9,14,2) Die Kaiser Valentinian II., Theodosius I. und Arcadius an die Provinzbevölkerung, o. O., 1. Juli 391

Wir erteilen allen die Erlaubnis zum Widerstand, falls ein Soldat oder Nichtsoldat Ländereien als Plünderer betreten oder die begehbaren Straßen hinterhältig mit der Absicht eines Angriffs besetzt gehalten haben sollte (und erlauben), ihn vermittels der einem jeden erteilten Erlaubnis der verdienten Strafe zuzuführen. Er soll den Tod, den er (anderen) androhte, erhalten und sich das selbst zuziehen, das er (anderen) zuzufügen beabsichtigte. Denn es ist besser, rechtzeitig vorzubeugen, als nach der Tat zu strafen. Wir erlauben euch somit, Selbstrache zu nehmen, und erlauben nach diesem Edikt dasjenige, wofür die Strafe durch das Gericht zu spät erfolgen würde, damit niemand einen Soldaten schone, dem man mit der Waffe wie einem Straßenräuber entgegentreten muß.

3,27,2 Die Kaiser Arcadius, Honorius und Theodosius II. an den Prätorianerpräfekten Hadrianus, o. O., 3. Oktober 403

Wir erlauben der Provinzbevölkerung, sich der Deserteure zu bemächtigen. Sollten sich diese zu widersetzen wagen, befehlen Wir, sie schnell zu bestrafen. Alle sollen wissen, daß sie das Recht haben, gegen öffentliche Straßenräuber und desertierte Soldaten zur Aufrechterhaltung der allgemeinen Ruhe die öffentliche Rache auszuüben.

Vom lieblosen Testament[51]
De inofficioso testamento

3,28,9 Kaiser Alexander Severus an Romana, o. O., 15. Mai 223

Es ist ein unbezweifelter Rechtssatz, wonach über ein liebloses Testament eines Soldaten, das entweder nach dem Soldaten- oder nach dem Zivilrecht aufgesetzt wurde, ob er nun Zenturio[52] oder Tribun[53] einer Heeresabteilung gewesen ist, sich auch nicht einmal seine Kinder beschweren können.

3,28,11 Kaiser Alexander Severus an Ingenuus, o. O., 29. Dezember 224

Demjenigen, der nicht zu den Kampfspielen verurteilt wurde, sondern der freiwillig ein Kämpfer geworden ist, bleibt das Recht zur gesetzlichen Erbfolge unbenommen, so wie ihm auch Bürgerrecht und Freiheit bleiben. Wenn aber sein Vater ein Testament errichtet hat, so steht ihm weder die Anklage wegen lieblosen Testaments noch der Nachlaßbesitz zu. Denn einen solchen Sohn hält ein Vater mit Recht der Erbfolge für unwürdig, (außer) er müßte sich denn selbst in einem gleichen Verhältnis befinden.

3,28,15 Kaiser Philippus Arabs und Cäsar Philippus an Aphrodisia, o. O., 28. Juli 245

Es ist ein ausgemachter Rechtsgrundsatz, daß eine von ihrer Mutter übergangene Tochter nicht ohne die Beschwerde über liebloses Testament zur Erbfolge derselben gelangen kann.

Von der Eigentumsklage[54]
De rei vindicatione

3,32,7 Kaiser Philippus Arabs und Cäsar Philippus an Aurelius Antonius, o. O., 19. Oktober 245

Es ist ein ausgemachter Rechtsgrundsatz, wonach das Kind einer Sklavin dem Stand der Mutter folgt und in einem solchen Fall der Rechtszustand des Vaters nicht in Betracht kommt.

3,32,25 Die Kaiser Diokletian und Maximian und die Cäsaren an Eugnomius, Nikomedia, 16. November 294

Bezahlt jemand die gewöhnlichen Abgaben von einer Sache für einen anderen, so macht ihn diese Zahlung, wenn kein Verkauf (der Sache an ihn) erfolgt ist, noch nicht zum Eigentümer der Sache.

Vom Aquilischen Gesetz[55]
De lege Aquilia

3,35,1 Kaiser Alexander Severus an Glyconides, o. O., 7. November 222

Wenn du beweisen kannst, daß dadurch, daß in einem Wald Feuer gelegt oder derselbe gefällt worden ist, (dir) ein widerrechtlicher Schaden zugefügt wurde, so bediene dich der Klage aus dem Aquilischen Gesetz.

3,35,3 Kaiser Gordian III. an Dolens, o. O., 28. März 241

Es besteht kein Zweifel darüber, daß dir wegen des Todes der Sklaven, über deren Tötung du dich beschwert hast, sowohl die Klage aus dem Aquilischen Gesetz wegen des Schadensersatzes als auch eine Kriminalklage zustehen kann.

3,35,4 Die Kaiser Diokletian und Maximian und die Cäsaren an Zoilus, Herakleia, 17. April 293

Wenn die widerrechtliche Schadenszufügung bewiesen wird, erfolgt gegen den Leugnenden gemäß dem Aquilischen Gesetz eine Verurteilung zum Doppelten.

3,35,5 Die Kaiser Diokletian und Maximian und die Cäsaren an Claudius, o. O., 18. Oktober 293

Wegen deines Viehs, das widerrechtlich eingeschlossen und so durch Hunger getötet oder (anderweitig) umgebracht worden ist, kannst du mit der Klage aus dem Aquilischen Gesetz um das Doppelte klagen.

Von der Erbteilungsklage
Familiae erciscundae

3,36,11 Kaiser Philippus Arabs und Cäsar Philippus an Antonia, o. O., 14. Februar o. J.

Es ist ein feststehender Rechtsgrundsatz, daß man zwischen den Söhnen und Töchtern von Eltern, die ohne Testament verstorben sind, nach der Zahl der Personen infolge der Gleichheit der Rechte zu teilen hat.

3,36,16 Die Kaiser Diokletian und Maximian und die Cäsaren an Heraclianus, o. O., 25. August 293

Die Söhne haben nicht das Recht, das Testament ihres Vaters für ungültig erklären zu lassen, wenn sie nicht beweisen können, daß es lieblos ist ...

Von der Klage auf Teilung des Gemeingutes
Communi dividundo

3,37,5 Die Kaiser Diokletian und Maximian und die Cäsaren an Secundinus, o. O., 25. August 294

Niemand wird gezwungen, wider Willen in einer Gemeinschaft oder Gesellschaft zu bleiben. Der Statthalter der Provinz wird deshalb, wenn er darum angegangen worden ist, dafür sorgen, daß dasjenige geteilt wird, was er dir und deiner Schwester gemeinsam gehörend festgestellt hat.

Gemeinschaftliche Grundsätze von beiden Klagen, sowohl der Erbteilungsklage als auch der Klage auf Teilung des Gemeingutes
Communia utriusque iudicii tam familiae erciscundae quam communi dividundo

3,38,11 (= *Cod. Theod.* 2,25,1) Kaiser Konstantin I. an Gerulus, o. O., 29. April 334 (?)

Die Teilungen von Besitzungen haben so zu erfolgen, daß die nächsten Verwandten oder Schwager der Sklaven oder Kolonen *(adscripticii)* oder Inquilinen zusammen bei einem Erbfolger bleiben. Denn wie sollte man es zulassen, daß die Kinder von den Eltern, die Schwestern von den Brüdern und die Ehefrauen von den Männern getrennt werden? Wenn daher jemand so verbundene Sklaven oder Kolonen voneinander getrennt haben wird, soll er gezwungen werden, sie wieder zu vereinigen.

Von der Klage auf Auslieferung
Ad exhibendum

3,42,2 Kaiser Alexander Severus an Syrus, o. O., 21. November 222

Wenn ein Sklave als Urheber irgendeines Verbrechens angeklagt wird, so hat ihn der Herr auf die Klage der Auslieferung hin zu stellen und nicht versteckt zu halten.

Von den Glücksspielern und dem Glücksspiel
De aleae lusu et aleatoribus

3,43,1 Kaiser Justinian I. an den Prätorianerpräfekten Demosthenes, Konstantinopel, 22. September 529

Die Gewohnheit, zu spielen, ist eine alte und den Kämpfern außerhalb der Arbeitszeit erlaubte Angelegenheit. Zur Zeit ist sie etwas Beweinenswertes geworden, da sie sich vieler Tausende aus anderen Ständen bemächtigt hat. Denn es haben manche, indem sie weder eigentlich spielten noch ein Spiel verstanden, vielmehr nur durch Verluste ihr Vermögen verloren, indem sie Tag und Nacht mit Silber, Edelstein und Gold spielten. Durch eine solche Unordnung kommt es aber dazu, daß sie Gott zu lästern wagen und Schuldscheine ausstellen. Indem Wir nun für das Wohl Unserer Untertanen sorgen, verordnen Wir durch gegenwärtiges Gesetz, daß niemand an öffentlichen oder privaten Orten spielen und zusehen darf. Wenn dagegen gehandelt wird, erfolgt keine Verurteilung (zur Bezahlung des Verlustes), sondern das Gezahlte soll zurückgegeben werden und kann mit den dafür zustehenden Klagen zurückgefordert werden, nämlich von denen, die es gegeben haben, oder, wenn diese Personen es unterlassen haben, von den Prokuratoren, den Vorstehern oder Vertretern jener Stadt, indem (einer solchen Klage) nur die Verjährungsfrist von 50 Jahren entgegenstehen soll. Die Ortsbischöfe sollen darauf achten und sich dabei der Hilfe der Provinzstatthalter bedienen können. Ferner sollen sie fünf Spiele gestatten: das Springen ohne eine Stange, das Springen mit einer Stange, das Werfen eines Speeres ohne Schwungriemen, ferner das Kämpfen und Ringen und das Pferderennen. Diese Spiele gestatten Wir, vorausgesetzt, daß sie ohne Betrug und Arglist vor sich gehen. Wir gestatten aber auch, bei diesen Spielen nicht höher als um ein einziges Goldstück zu spielen, wenn ein Spieler sehr reich ist, so daß, wenn jemand besiegt werden sollte, er keinen großen Schaden erleidet, denn Wir führen nicht nur die Kriege, sondern ordnen auch die Spielangelegenheiten gut an. Indem Wir nun jene Strafe den Übertretern (dieses Gesetzes) androhen, erteilen Wir den Bischöfen die Erlaubnis, dies zu untersuchen und mit Hilfe des Provinzstatthalters zu schlichten …

BUCH 4

Das Buch 4 mit seinen 66 Titeln und 554 Konstitutionen umfaßt vor allem eine breite Palette des Privatrechts. Zunächst wird in den hier genannten Beispielen erneut auf die Bedeutung des Eides eingegangen. Eine andere Konstitution legt fest, daß durch Brandschaden ein Schuldner nicht von seinen Schulden frei wird. Weitere Konstitutionen sind der Problematik der Kuppelei, der Verbindlichkeiten und der Klagen gewidmet. Hier wird von den Kaisern z. B. verordnet, daß leugnende Schuldner nicht mit Waffengewalt in Schrecken versetzt werden dürfen und freie Menschen wegen ihrer Schulden nicht gezwungen werden können, ihren Gläubigern als Sklaven zu dienen, was bereits 326 v. u. Z. durch die *lex Poetelia* fixiert worden war. Interessante Verordnungen sind auch die über die Verpflichtungen freigelassener Sklaven wegen ihrer im Sklavenstand unternommenen Handlungen und über die Bedeutung des Beweises. Mehrere Konstitutionen befassen sich mit der Rolle der Zeugen und der Beweiskraft der Urkunden. Neben der Erörterung der Pfandklage werden Beispiele aus den Konstitutionen genannt, die Zinsen betreffen und Waren, die nicht aus dem Imperium ausgeführt werden durften. Das Westreich befand sich in der Untergangsphase, und gerade Waffen oder Eisen durften bei Todesstrafe nicht an Völkerschaften außerhalb der Grenzen des Imperiums geliefert werden, um die drohenden Gefahren nicht mehr zu vergrößern, was allerdings den Zusammenbruch des Weströmischen Reiches 476 u. Z. auch nicht mehr aufhalten konnte. Um Kastraten und um Väter, die wegen finanzieller Not ihre Kinder verkauft haben, geht es in mehreren Konstitutionen. Erörtert werden die Problematik der Freilassung von Sklaven mit der Bedingung, nicht öffentlich preisgegeben zu werden, ebenfalls die Veräußerung von Sklaven unter der Bedingung der Freilassung. Abschließend werden Konstitutionen vorgestellt, die Fragen der Zölle, der Klage aus dem Edikt der Ädilen und der Mietkontrakte entscheiden.

Von anvertrauten Sachen und vom Eide
De rebus creditis et de iureiurando

4,1,2 Kaiser Alexander Severus an Felix, o. O., 27. März 223

Die Verachtung der Heiligkeit des Eides findet an Gott hinlänglich seinen Rächer. Wenn auch bei dem ehrwürdigen Namen des Herrschers mit einer gewissen Leidenschaft falsch geschworen wurde, so finde ich es nicht für gut, eine Anklage auf Leben und Tod oder wegen Majestätsverbrechens nach den Verordnungen meiner hohen Voreltern zu erheben.

4,1,3 Die Kaiser Diokletian und Maximian an Severa, o. O., 23. August 286

Bei Kontrakten guten Glaubens und auch in anderen Rechtssachen muß bei Mangel an Beweisen die Sache vom Richter, nach Erörterung derselben, durch den Eid entschieden werden.

4,1,7 Die Kaiser Diokletian und Maximian und die Cäsaren an Eutychiana, o. O., 13. November 293

Weder der Sohn noch irgendein anderer kann durch Führung eines Rechtsstreites oder durch Übereinkunft oder auch durch einen Eidesantrag, der ohne den Willen der Eigentümerin der Sache bewirkt worden ist, ihr einen Nachteil zufügen. Wenn also dein Sohn ohne deinen Antrag etwas betreffs deiner Sache getan hat und du es nicht genehmigt hast, so kann es dir nichts schaden.

Wenn etwas Bestimmtes gefordert wird
Si certum petatur

4,2,3 Kaiser Gordian III. an Sempronius, o. O., 25. August 239

Es ist oft reskribiert worden, daß Personen, die ein Amt verwalten, weder selbst noch durch vorgeschobene Personen während ihrer Amtsführung in der Provinz Geld auf Zinsen ausleihen können.

4,2,11 Die Kaiser Diokletian und Maximian und die Cäsaren an Maximianus, Sirmium, 12. Februar 294

Durch Brandschaden wird ein Schuldner von seinen Schulden nicht frei.

Von den persönlichen Klagen wegen des aus einer Ursache Gegebenen
De condictione ob causam datorum

4,6,10 Die Kaiser Diokletian und Maximian und die Cäsaren an Cononiana, Nikomedia, 3. Dezember 294

Es ist gewiß, daß du das von dir gegebene Geld keineswegs zurückfordern kannst, wenn der Grund, weshalb es gegeben worden ist, nicht durch die Schuld des Empfängers, sondern durch einen Zufall unverwirklicht geblieben ist.

4,6,11 Die Kaiser Diokletian und Maximian und die Cäsaren an Stratonica, o. O., 16. Dezember 294

Wenn wegen zu übernehmender Anwaltschaft Geld gegeben, aber von den Empfängern durch ihre Schuld das Versprochene nachweislich nicht erfüllt worden ist, so gehört es sich, solches Geld zurückzugeben.

Von der persönlichen Klage wegen eines schändlichen Grundes
De condictione ob turpem causam

4,7,5 Die Kaiser Diokletian und Maximian und die Cäsaren an Bithus, o. O., 10. Mai 294

Du gibst an, daß du deine Frau feilgeboten hast. Du ersiehst daraus, daß deine Bittschrift das Bekenntnis der Kuppelei enthält und die Eintreibung der festgelegten Summe wegen der Schändlichkeit des Grundes nicht stattfindet. Denn da die Sache für beide Teile schändlich ist und die Zurückforderung der bezahlten Summe wegfallen würde, lehrt das Recht, daß aus einer solchen gegen die guten Sitten unternommenen Stipulation[56] keine Klagen zu gestatten sind.

4,7,6 Die Kaiser Diokletian und Maximian und die Cäsaren an Eutychia, o. O., 18. Mai 294

Wer Geld dafür nimmt, daß er Sachen, die er entwendet hat, zurückgibt, muß auf erhobene Klage solches Geld billigerweise herausgeben, da nur von seiner Seite Schändlichkeit vorhanden ist.

Von der persönlichen Klage aus einem Grund und wegen ermangelnden und ungerechten Grundes

De condictione ex lege et sine causa vel iniusta causa

4,9,2 Die Kaiser Diokletian und Maximian und die Cäsaren an Scylacius, o. O., 3. April 293

Es ist unbezweifeltes Recht, daß eine Urkunde, deren (darin festgesetzter) Betrag bezahlt ist, auch wenn sie der Gläubiger zurückbehält, wirkungslos ist und daher durch die persönliche Klage zurückgefordert werden kann.

Von Verbindlichkeiten[57] und Klagen

De obligationibus et actionibus

4,10,4 Die Kaiser Diokletian und Maximian an Licinia, o. O., 7. Oktober 290

Es ist vernünftig, bei Kontrakten auf den guten Glauben[58] zu sehen.

4,10,9 Die Kaiser Diokletian und Maximian und die Cäsaren an Glyconus, o. O., 13. Februar 294

Schuldner, die (die Schuld) leugnen, dürfen nicht mit Waffengewalt in Schrecken gesetzt, sondern müssen freigesprochen werden, wenn der Kläger seinen Klagegrund nicht beweisen kann oder durch eine Ausrede besiegt wurde. Überführte hingegen gehört es sich, zu verurteilen und auf dem Wege des Rechts zur Zahlung anzuhalten.

4,10,12 Die Kaiser Diokletian und Maximian und die Cäsaren an Jovinus, o. O., 20. Oktober 294

Die Rechte gestatten es nicht, daß freie Menschen wegen Schulden gezwungen werden, ihren Gläubigern als Sklaven zu dienen.

Daß nicht ein Sohn anstatt seines Vaters oder ein Vater statt seines aus der Gewalt entlassenen Sohnes oder ein Freigelassener statt eines Freilassers (oder ein Sklave statt seines Herrn) belangt werde
Ne filius pro patre vel pater pro filio emancipato vel libertus pro patrono conveniatur

4,13,4 Die Kaiser Diokletian und Maximian und die Cäsaren an Achaeus, Sirmium, 18. Februar 294

Es ist gewiß, daß der Sohn wegen des noch lebenden Vaters weder hinsichtlich bürgerlicher Dienste noch wegen Schulden persönlich belangt werden kann.

4,13,5 Die Kaiser Diokletian und Maximian und die Cäsaren an Lampetius, o. O., 11. April 294

Freigelassene oder Sklaven können aus einem Kontrakt des Freilassers oder Herrn nicht verklagt werden.

Ob ein Sklave nach der Freilassung wegen seiner eigenen (als Sklave unternommenen) Handlungen verpflichtet ist
An servus ex suo facto post manumissionem teneatur

4,14,2 Kaiser Caracalla an Baeticus, o. O., 30. August 215

Deinen Gläubigern, die dir während deines Sklavenstandes Geld geliehen haben, steht gegen dich keine Klage zu, da nach deiner Angabe dein Sondergut[59] dir nicht vermacht worden ist.

4,14,4 Kaiser Gordian III. an Heronus, o. O., 13. September 238

Wenn auch diejenige, die dem Vernehmen nach deiner Mutter Geld gestohlen hat, während ihres Sklavenstandes wegen eines solchen Vergehens nicht belangt werden konnte, so findet doch nach ihrer Freilassung die Diebstahlsklage gegen sie statt, da das Verbrechen an der Person haftet.

4,14,6 Die Kaiser Diokletian und Maximian und die Cäsaren an Felicianus, Byzanz, 12. April 293

Wenn diejenigen, die du in deiner Bittschrift erwähnst, Sklaven sind, so ziehe sie zu Hause zur Verantwortung, denn zwischen Herren und Sklaven kann ein Rechtsstreit nicht stattfinden. Sind sie auch nach ihrem Vergehen freigelassen worden, so gestatten die Rechte doch nicht, daß sie nach Erhalt ihrer Freiheit wegen des vorher Vorgefallenen von ihren Herren verklagt werden. Haben sie indessen nach ihrer Freilassung etwas Unerlaubtes begangen, so zeige dies bei dem Provinzstatthalter an, und du wirst nach dem Recht ein Urteil erhalten.

Von den Beweisen
De probationibus

4,19,1 Die Kaiser Septimius Severus und Caracalla an Faustinus, o. O., 30. Juni 196

So wie der Gläubiger, der auf bares Geld klagt, dies tun muß, so muß auch der Schuldner, der die Zahlung behauptet, den Beweis hierfür führen.

4,19,4 Kaiser Alexander Severus an Avitus, o. O., 1. November 222

Das Eigentum kann nicht nur durch die Kaufurkunde, sondern auch durch andere gesetzliche Beweismittel bewiesen werden.

4,19,8 Die Kaiser Diokletian und Maximian an Publicius und Optatus, o. O., 19. November 289

Ihr fürchtet grundlos, daß vom Beklagten der Beweis gefordert werde.

4,19,10 Die Kaiser Diokletian und Maximian und die Cäsaren an Isidorus, o. O., 14. April 293

Weder deine Geburt, wenn du auch beweisen kannst, freigeboren zu sein, noch die Ehrenstellen, die du erwähnst, verwaltet zu haben, geben einen ausreichenden Beweis für den Freigeborenenstand deiner Tochter ab, da es sehr wohl möglich ist, daß du freigeboren bist und sie eine Sklavin[60] ist.

4,19,17 Die Kaiser Diokletian und Maximian und die Cäsaren an Paulina, o. O., 9. Februar 294

Um zu beweisen, daß du freigeboren bist, muß dargelegt werden, daß deine Mutter zur Freiheit gelangt ist und du nachher geboren wurdest. Denn daß deinen Brüdern (ihre Geburt) nicht streitig gemacht wird, kann dir zu deiner Verteidigung nicht helfen.

Von Zeugen
De testibus

4,20,2 Kaiser Alexander Severus an Carpus, o. O., 22. April 223

Wenn dir dein Freigeborenenstatus streitig gemacht wird, so verteidige deine Angelegenheit mit den Urkunden und Gründen, die dir zu Gebote stehen, denn Zeugen allein genügen zum Beweis des Freigeborenenstatus nicht.

4,20,5 Die Kaiser Diokletian und Maximian an Candidus, o. O., 27. Mai 286

Zur Unterstützung der Wahrheit müssen solche Zeugen herangezogen werden, die fähig sind, der Gewissenhaftigkeit vor Gericht jeder Gunst oder Rücksicht auf Macht den Vorzug zu geben.

4,20,6 Die Kaiser Diokletian und Maximian und die Cäsaren an Tertullus, Nikomedia, 2. Dezember 294

Eltern und Kinder sind gegeneinander auch nicht einmal mit ihrem Willen zum Zeugnis zugelassen.

4,20,8 Die Kaiser Diokletian und Maximian und die Cäsaren an Derulonus, Nikomedia, 1. November 294

Es ist nicht zweifelhaft, daß Sklaven für ihren Herrn oder auch gegen ihn nicht (peinlich) verhört werden können, wohl aber wegen ihrer eigenen Handlungen.

4,20,9 (= *Cod. Theod.* 11,39,3) Kaiser Konstantin I. an den Statthalter Julianus, Naissus, 25. August 334

Wir haben schon seit langem verordnet, daß die Zeugen, ehe sie ihr Zeugnis ablegen, durch die Eidespflicht gebunden werden sollen und Zeugen von ehrbarerem Stande mehr Glauben beizumessen ist. Wir haben gleichermaßen festgesetzt, daß kein Richter das Zeugnis eines einzigen (Zeugen) in irgendeiner Sache so leicht zulasse. Wir verordnen jetzt offenkundig, daß die Aussage eines einzelnen Zeugen schlechterdings nicht gehört wird, sollte derselbe auch durch den Stand der Kurialen[61] glänzen.

4,20,10 (= *Cod. Theod.* 2,2,1) Die Kaiser Valens, Gratian und Valentinian II. an den Stadtpräfekten Gracchus, o. O., 1. Dezember 376

Die Rechte haben jedem die Erlaubnis versagt, in eigener Sache Zeugnis abzulegen.

4,20,11 (= *Cod. Theod.* 11,39,13) Die Kaiser Honorius und Theodosius II. an den Prätorianerpräfekten Caecilianus, Ravenna, 21. Januar 409

Da freie Personen als Zeugen in fremden Prozessen verlangt werden, muß der Richter darauf sehen, wenn sie nicht als Gefährten und Teilnehmer des Verbrechens genannt sind, sondern nur treue Mitteilung ihrer Kunde von ihnen gefordert wird, daß ihnen, wenn sie vor Gericht erscheinen, vom Ankläger oder demjenigen, der sie aufgefordert hat, die angemessenen Kosten entrichtet werden. Dasselbe ist auch rechtens, wenn in einem Vermögensstreit Zeugen von einem der beiden Teile vorgestellt werden sollen.

4,20,12 (= *Cod. Theod.* 9,6,4) Die Kaiser Honorius und Theodosius II. an den Senat, Ravenna, 10. August 423

Die unerlaubten und gottlosen Reden der Freigelassenen gegen ihre Freilasser schließen Wir durch die Festsetzung einer Strafe aus, so daß sie sich gegen dieselben nicht nur nicht freiwillig wagen aufzutreten, sondern auch nicht aufgefordert gezwungen werden sollen, ins Gericht zu kommen.

Von der Beweiskraft der Urkunden, von ihrem Verlust, von der Abfassung der Gegenquittungen[62] und von dem, was ohne Niederschreibung geschehen kann

De fide instrumentorum et amissione eorum et antapochis faciendis et de his quae sine scriptura fieri possunt

4,21,1 Kaiser Caracalla an Septimia Marcia, o. O., 9. September 213

Wenn du nachweist, daß deine Schuldner dir aus irgendeinem Grunde Geld schulden, so wird der von dir deshalb angegangene Statthalter der Provinz sie zur Zahlung anhalten. Es wird dir der Verlust der Urkunden nichts schaden, wenn es nur durch klare Beweise ersichtlich ist, daß sie Schuldner sind.

4,21,6 Die Kaiser Diokletian und Maximian an Luscidus, Nikomedia, 20. Januar 286

Es ist unbestreitbares Recht, daß dein persönlicher Stand durch den Verlust des Geburtsregisters nicht beeinträchtigt ist.

4,21,14 (= *Cod. Theod.* 11,39,2) Kaiser Konstantin I. und der Cäsar an Severus, Statthalter von Spanien, Konstantinopel, 4. Mai 333

Verschiedene einander widersprechende Schriften, die von ein und derselben Partei vorgebracht werden, können keine Gültigkeit haben.

4,21,15 Kaiser Konstantin I. an das Volk, Rom, 21. Juli 317

In der Prozeßführung haben glaubwürdige Urkunden dieselbe Kraft wie Zeugenaussagen.

Daß das wirklich Verhandelte vor dem zum Schein Ausgesprochenen gilt

Plus valere quod agitur quam quod simulate concipitur

4,22,1 Die Kaiser Valerian und Gallienus an Rufinus, o. O., 30. Mai 259

In Kontrakten muß man mehr auf die Wahrheit der Sache, als auf das Niedergeschriebene sehen.

Von der Pfandklage[63]

De actione pigneraticia

4,24,2 Kaiser Alexander Severus an Demetrius, o. O., 1. Oktober 222

Was aus den Arbeiten der Sklavin oder den Mieterträgen des Hauses, die deiner Angabe nach als Pfänder besessen werden, gezogen worden ist, vermindert die Summe der Schuld.

4,24,3 Kaiser Alexander Severus an Victor, o. O., 8. Dezember 222

Ein Gläubiger, der ein ihm verpfändetes Grundstück in Besitz gehabt hat, muß die Nutzungen, die er gezogen hat oder die er hätte ziehen sollen, auf die Schuld in Abrechnung bringen. Hat er das Feld verschlechtert, so ist er auch deshalb mit der Pfandkontraktklage zu belangen.

Von den Zinsen

De usuris

4,32,1 Kaiser Antoninus Pius an Aurelius, o. O., o. J.

Wenn nachgewiesen ist, daß ein gehöriges Versprechen der Zinsen, nach voraufgegangener Frage, erfolgt ist, so können dieselben doch vollkommen rechtmäßig gefordert werden, wenn auch darüber nichts in der Urkunde niedergeschrieben ist.

4,32,7 Kaiser Caracalla an Domitius Aristaeus, Rom, 4. Oktober 215

Der Gläubiger muß, wenn er kann, durch seine Urkunden beweisen, was er behauptet und daß er sich Zinsen hat versprechen lassen. Denn es entsteht keine Verbindlichkeit daraus, daß einmal dergleichen (Zinsen) durch Übereinkunft geleistet worden sind.

4,32,11 Kaiser Alexander Severus an Aurelius Tyrannus, o. O., 1. Mai 223

Es ist unbestreitbar, daß Früchte, die der Gläubiger nach gebührend erfolgter Anerbietung des Geldes, das er nicht angenommen hat, aus dem verpfändeten Grundstück gezogen hat, die Kapitalschuld vermindern.

4,32,23 Die Kaiser Diokletian und Maximian und die Cäsaren an Jasonus, Viminacium, 29. September 294

Bei Darlehen von Öl und Früchten aller Art hat man sich durch die Ungewißheit der Preise bewogen gefunden, Zinsen in demselben Stoffe zuzulassen.

Von den Klagen und Rückansprüchen aus dem Auftragskontrakte
Mandati

4,35,9 Die Kaiser Diokletian und Maximian an Marcellus, o. O., o. J.

Da nach deiner Angabe dir von deinem Bevollmächtigten in deiner Angelegenheit Schaden zugefügt worden ist, so steht dir die Auftragsklage[64] gegen ihn zu.

4,35,13 Die Kaiser Diokletian und Maximian und die Cäsaren an Zosimus, Sirmium, 1. Februar 294

Die Rechte sprechen deutlich aus, daß der Bevollmächtigte für Unredlichkeit und jedes Versehen, nicht aber für Zufälle haften muß.

4,35,15 Die Kaiser Diokletian und Maximian und die Cäsaren an Aurelius Precarius Athenaeus, o. O., 15. April 294

Ein Auftrag wird vor begonnener Ausführung durch den Tod des Auftraggebers beendet.

Welche Sachen nicht ausgeführt werden dürfen
Quae res exportari non debeant

4,41,1 Die Kaiser Valentinian I., Valens und Gratian an Theodotus, *Magister militum*, o. O., zwischen 370 und 374

Niemand soll befugt sein, Wein, Öl und Fischbrühe ins feindliche Ausland zu transportieren, auch nicht des Genusses oder des Handels wegen.

4,41,2 Kaiser Marcian an den Prätorianerpräfekten Constantinus, o. O., zwischen 455 und 457

Niemand soll es wagen, an die ausländischen Barbaren[65] irgendeines Volkes, die unter dem Scheine einer Gesandtschaft oder irgendeines anderen Vorwandes in diese kaiserliche Stadt kommen, oder in anderen Städten und Orten Panzer, Schilde, Bogen, Pfeile, Degen, Schwerter oder sonst Waffen irgendeiner Art anzubieten. Keine Waffen, auch kein Eisen, ob schon verarbeitet oder rohes, soll ihnen von irgend jemandem verkauft werden. Denn es ist für das Römische Reich gefährlich und grenzt an Verrat, die Barbaren mit Waffen, deren Mangel daran uns heilsam ist, auszurüsten, wodurch sie mächtiger werden. Wenn aber jemand gegen das Verbot Unserer väterlichen Huld an Barbaren irgendeines Volkes, an irgendeinem Orte etwas an Waffen verkauft, den wollen Wir am Leben gestraft wissen.

Von den Kastraten
De eunuchis

4,42,1 Kaiser Konstantin I. an Ursinus, *Dux* von Mesopotamien, o. O., 24. Februar o. J.

Wenn jemand nach dieser Verordnung im Römischen Reich (Personen zu) Kastraten macht, so soll er am Leben gestraft werden. Ein solcher Sklave soll auch und ebenfalls der Ort, wo solches mit Wissen und Verheimlichung des Eigentümers erfolgt ist, konfisziert werden.

4,42,2 Kaiser Leo I. an den Prätorianerpräfekten Vivianus, o. O., zwischen 457 und 465

Wir befehlen, daß Menschen des Römischen Volkes, die im Ausland oder auf römischem Boden zu Kastraten gemacht wurden, auf keine Weise in das Eigentum von irgend jemand übergehen sollen. Dabei soll über diejenigen, die sich gewagt haben, solches zu verüben, die härteste Strafe verhängt werden. Auch der Notar, der über einen solchen Kauf oder sonstige Veräußerung irgendeiner Art eine Urkunde abgefaßt, und derjenige, der die *Octava*[66] oder etwas an Abgaben davon erhoben haben sollte, soll die nämliche Strafe erleiden. Kastraten hingegen aus einem ausländischen Volk, die in außerhalb Unserer Herrschaft stehenden Gegenden verschnitten worden sind, erlauben Wir allen Kaufleuten und allen anderen im Handel zu kaufen und zu verkaufen, wo sie wollen.

Von Vätern, die ihre Kinder verkauft haben
De patribus qui filios distraxerunt

4,43,1 Die Kaiser Diokletian und Maximian und die Cäsaren an Aurelia Papiniana, Nikomedia, 16. November 294

Daß Kinder von ihren Eltern weder durch Verkauf noch durch Schenkung, noch als Unterpfänder, noch auf irgendeine andere Art, auch nicht unter dem Vorwand der Unwissenheit des Empfängers, auf einen anderen übertragen werden können, ist feststehendes Recht.

4,43,2 (= *Cod. Theod.* 5,8,1) Kaiser Konstantin I. an die Provinzbewohner, Serdica, 18. August 329

Wenn jemand aus großer Armut und Dürftigkeit des Hungers wegen einen Sohn oder eine Tochter, solange sie noch neugeboren sind, verkauft, so soll, bloß in diesem Falle, der Verkauf gelten und der Käufer befugt sein, diesen Sklaven zu behalten. Es soll aber derjenige, der ihn verkauft hat oder jeder andere, berechtigt sein, ihn wieder zu dem ihm eigenen Freigeborenenstatus zu bringen, sobald er nur den Wert, den derselbe gelten mag, anbietet oder einen anderen Sklaven dafür gibt.

Von der Aufhebung des Vertrags
De rescindenda venditione

4,44,1 Kaiser Alexander Severus an den Soldaten Aurelius Maronus, o. O., 19. Februar 222

Wenn dein Vater, durch Gewalt gezwungen, sein Haus verkauft hat, so kann nicht gelten, was nicht redlicherweise verhandelt worden ist, denn ein unredlicher Kauf ist ungültig. Der Statthalter der Provinz wird also, wenn du dich an ihn wendest, seine amtliche Macht gebrauchen, zumal du dich dazu bereit erklärst, dem Käufer zurückzuzahlen, was als Kaufpreis entrichtet worden ist.

4,44,9 Die Kaiser Diokletian und Maximian und die Cäsaren an Domitius Civalensus, Sirmium, 18. Dezember 293

Dadurch, daß des Preises wegen nicht Bargeld gezahlt, sondern dafür mit Einwilligung des Verkäufers Vieh an Zahlungsstatt gegeben worden ist, wird der Kontrakt nicht ungültig.

4,44,17 (= *Cod. Theod.* 3,1,8) Die Kaiser Arcadius und Honorius an den Prätorianerpräfekten Messala, o. O., 21. August 399

Diejenigen, die es für gut gehalten haben, sich dem ihnen auferlegten städtischen Dienst durch Flucht zu entziehen oder heimliche Verträge einzugehen (zum Verkauf ihres in der Stadt befindlichen Vermögens), sollen wissen, daß ihnen diese Erfindungen nichts nützen und der von der Flucht wissende Käufer um den Preis, den er gezahlt hat, bestraft wird.

4,44,18 Die Kaiser Arcadius, Honorius und Theodosius II. an den *Comes rerum privatarum* Nestorius, o. O., 30. Dezember 402

Die Hofleute sollen wissen, daß es ihnen nicht gestattet ist, Gewänder, Gold- und Silberzeug oder Sklaven, die etwa aus Unserem Privatvermögen verkauft werden, für sich zu kaufen. Sie sollen (in diesem Falle) mit dem Verlust des Kaufpreises bestraft werden.

Von den Kaufs- und Verkaufsklagen
De actionibus empti et venditi

4,49,11 Die Kaiser Diokletian und Maximian und die Cäsaren an Flavia Eucarpia, o. O., 23. Dezember 293

Wenn der Verkäufer einer Sklavin, nachdem sie dir infolge des Verkaufs übergeben wurde, dieselbe freigelassen hat, so hat er ihr die Freiheit nicht geben können, da sie in fremdes Eigentum übergegangen ist. Hat er sie jedoch nach dem Verkauf, jedoch vor der Übergabe freigelassen, so hat ihn als vollberechtigten Eigentümer nichts daran gehindert, sie zur römischen Bürgerin zu machen. Dir steht aber wegen des gebrochenen Vertrags die persönliche Klage gegen den Verkäufer zu.

4,49,14 Die Kaiser Diokletian und Maximian und die Cäsaren an Aurelius Rusonus, o. O., 27. November 294

Der Käufer von Sklaven verlangt gewiß mit Recht, daß ihm bei Übergabe derselben Gewähr geleistet werde, daß sie weder entlaufen, krank oder Landstreicher sind, noch für gemachten Schaden haften.

Wenn eine Sklavin mit der Bedingung, nicht öffentlich preisgegeben zu werden, verkauft worden ist

Si mancipium ita venierit, ne prostituatur

4,56,1 Kaiser Alexander Severus an Socrates, o. O., 30. Oktober 223

Der Präfekt der Stadt wird, wenn eine Sklavin mit der Bedingung, falls sie zur Wollust preisgegeben würde, wegholen zu dürfen, verkauft worden ist, demjenigen gestatten, sie wegzuholen, dem dies nach der Verordnung des Kaisers Hadrian zusteht. Erkennt der Richter, daß derselbe entgegen der Bedingung, die er selbst ausgemacht hat, geduldig zugesehen hat, daß die Frau zu schändlichem Gewinn benutzt wurde, so kommt ihr nach Auslegung desselben Kaisers die Freiheit zu. Er wird sie also vor den Prätor bringen lassen, der in Freiheitsangelegenheiten die Gerichtsbarkeit hat, damit der Prozeß dort verhandelt werde. Denn der Inhalt der einmal ausgemachten Kaufbedingung wird dadurch nicht geändert, weil das Eigentum durch mehrere Käufer an den ersten, der die Frau preisgegeben hat, ohne dieselbe Bedingung übergegangen ist.

4,56,3 Kaiser Alexander Severus an Aurelius Aelius, o. O., 13. Januar 225

Eine Frau, die unter der Bedingung verkauft worden ist, nicht für Geld zur Wollust gebraucht zu werden, darf auch nicht in einer Schenke unter dem Vorwande des Bedienens preisgegeben werden, damit nicht die ausgemachte Bedingung umgangen wird.

Wenn ein Sklave unter der Bedingung veräußert worden ist, daß er freigelassen werde, oder umgekehrt

Si mancipium ita fuerit alienatum, ut manumittatur vel contra

4,57,1 Kaiser Alexander Severus an Patricensis, o. O., 8. November 222

Wenn Patroclius dich der Hermia unter der Bedingung geschenkt hat, daß du nach fünfzehnjährigem ununterbrochenem Sklavendienst die Freiheit erhalten sollst, so daß du nach Ablauf dieser Zeit römischer Bürger wärest, und nicht etwa seine Meinung geändert hat, oder auch (dies gelten soll), wenn er schon gestorben ist, so bist du zur Freiheit gelangt. Es wird nämlich angenommen, daß nicht nur bei verkauften, sondern auch bei verschenkten (Sklaven) die Bedingung, sie freizulassen, stattfindet. Es konnte auch Patroclius, nachdem er das Eigentum an dir einmal auf Hermia übertragen hatte, dich nachher nicht an einen anderen verkaufen, und so brauchst du also nicht auf die Freilassung, die du nach Verabredung bereits erlangt hast, klagen, sondern mußt die erhaltene Freiheit verteidigen.

4,57,2 Kaiser Alexander Severus an Eutychianus, o. O., 5. Dezember 222

Wenn Chrestes seinen Sklaven, der sein natürlicher Sohn ist, unter der Bedingung verkauft hat, daß der Käufer ihn freilassen solle, so ist er, auch wenn er nicht gleich freigelassen worden ist, nach der Verordnung der Kaiser Mark Aurel und Commodus an Aufidius Victorinus dennoch frei.

4,57,4 Kaiser Gordian III. an Cornelia Jucunda, o. O., 26. April 240

Wenn derjenige, der für dich den Kaufpreis empfangen hat, um dir zu einer bestimmten Zeit die Freiheit zu geben, die versprochene Freilassung verzögert, so bist du offenbar von der Zeit an frei geworden, wo dir die Freiheit gegeben werden konnte und nicht gegeben worden ist. Daher ist es ganz und gar nicht ungewiß, daß die von dir geborenen Kinder als Freigeborene erzeugt wurden.

4,57,5 Kaiser Gordian III. an Aurelius Marinus, o. O., 17. August 240

Sklaven, die unter der Bedingung verkauft worden sind, daß sie nicht freigelassen werden sollten, können auch durch Freilassung die Freiheit nicht erlangen. Denn die auf der Person haftende Bedingung kann durch den, der dieselbe beim Kauf eingegangen ist, nicht geändert werden …

Von den Klagen aus dem Edikt der Ädilen[67]
De aediliciis actionibus

4,58,1 Kaiser Caracalla an Decentius Veromilius, o. O., 29. Mai 214

Wenn jemand nicht aufrichtig, sondern in der Absicht des Betrugs dir ohne dein Wissen einen entflohenen oder sonst mit irgendeinem Mangel behafteten Sklaven verkauft hat und derselbe wieder geflohen und abwesend ist, so wird der zuständige Richter nach längst angenommenen Rechtsgrundsätzen den Verkäufer des Sklaven nicht nur auf den Kaufpreis zu belangen gestatten, sondern auch die Vergütung des Schadens anordnen, den du durch ihn erlitten hast.

Von Zöllen und Zollkonfiskationen
De vectigalibus et commissis

4,61,4 Kaiser Konstantin I. an Junius Rufus, o. O., 1. Juli 321

Derjenige muß die Zölle bekommen, der das höchste Gebot getan hat, so daß die Pacht[68] sich auf nicht weniger als auf drei Jahre erstreckt und die zur Einziehung der Zölle bestimmte Zeit auf keine Weise unterbrochen wird. Nach Ablauf dieser Zeit müssen die Rechtsverhältnisse der Pachtungen erneuert und dieselben gleichermaßen an andere verpachtet werden.

4,61,8 (= *Cod. Theod.* 4,12,8) Die Kaiser Gratian, Valentinian II. und Theodosius I. an Palladius, *Comes sacrarum largitionum*[69], Konstantinopel, 6. Juli 381

Von den Gesandten der untergebenen Völker sollen die Achtteilseinnehmer[70] nur wegen der Waren, die sie aus ihren eigenen Orten, woher sie kommen, nach hier bringen, Zölle erheben. Was sie aber aus dem römischen Gebiet in ihre Heimat mitnehmen und (dessen Ausfuhr) gesetzlich erlaubt ist, soll von Abgaben frei und ledig sein.

4,61,10 Die Kaiser Arcadius und Honorius an den Prätorianerpräfekten Anthemius, o. O., o. J.

Alle Zölle, die von irgendeiner Gemeinde zur Erleichterung ihrer Not für sich und ihren Stadtrat eingeführt worden sind, mögen sie nun zur Verwaltung der Stadträte dienen oder zu irgendeinem Gebrauch für die Stadt bestimmt sein, sollen derselben (Gemeinde), wie Wir hiermit befehlen, fest und immerwährend zur Erhebung verbleiben. Die Zudringlichkeit derjenigen, die dagegen den Kaiser angehen, soll von den Städten nicht gefürchtet werden.

Daß keine neuen Zölle eingeführt werden dürfen
Vectigalia nova institui non posse

4,62,2 Die Kaiser Septimius Severus und Caracalla an Ventilius Callistianus, o. O., o. J.

Neue Zölle können auch nicht durch Beschlüsse der Städte eingeführt werden.

4,62,4 Kaiser Konstantin I. an den Prätorianerpräfekten Felix, Karthago, 9. März 336

Wenn die Bewohner Unserer Provinzen sich über die Habgier der (Zoll-) Pächter beschweren und erwiesen ist, daß sie über das alte Herkommen und Unsere Befehle etwas erpreßt haben, so sollen die eines solchen Verbrechens Schuldigen mit ewiger Verbannung bestraft werden. Die Verpachtung aber soll unter deinen und deiner Nachfolger Augen geschehen.

Vom Handel und von Kaufleuten
De commerciis et mercatoribus

4,63,2 Die Kaiser Valentinian I., Valens und Gratian an den *Comes sacrarum largitionum* Tatianus, o. O., 374 (?)

Gold soll man den Barbaren nicht nur nicht zugehen lassen, sondern auch, wenn sich dergleichen bei ihnen findet, dies durch feine List entziehen. Sollte von Kaufleuten für Sklaven oder Waren irgendeiner Art Gold ins feindliche Ausland ausgeführt werden, so sollen dieselben nicht mehr an Geld, sondern am Leben gestraft werden. Wenn ein Richter dies befindet und nicht ahndet, so strebt er danach, dies als Mitwisser der Verbrechen zu verhehlen.

4,63,3 Die Kaiser Honorius und Theodosius II. an den Prätorianerpräfekten Theodorus, o. O., 408 oder 409

Wir verbieten den Vornehmen, die durch Geburt und Glanz von Ehrenstellen ausgezeichnet und an Vermögen reicher sind, einen den Städten verderblichen Handel zu treiben, damit der Verkehr in Kauf und Verkauf zwischen dem Volk und den Kaufleuten leichter ist.

Vom Pacht- oder Mietkontrakt
De locato et conducto

4,65,3 Kaiser Caracalla an Flavius Callimorphus, o. O., 6. Januar 214

Wenn du für das Haus, das du gemietet zu haben angibst, den ganzen Mietzins bezahlt hast, so darfst du nicht gegen deinen Willen herausgetrieben werden, außer wenn der Eigentümer beweist, daß dasselbe ihm zum eigenen Gebrauch nötig sei oder wenn er sein Haus ausbessern will oder du das Vermietete schlecht gehalten hast.

4,65,6 Kaiser Alexander Severus an Lucilius Victorinus, o. O., 25. Februar 224

Es ist niemandem verboten, eine gepachtete Sache einem anderen zur Benutzung (weiter) zu verpachten, wenn nicht etwas anderes ausgemacht worden ist.

4,65,11 Kaiser Philippus Arabs an Aurelius Theodorus, o. O., 8. August 244

Daß Pächter oder ihre Erben nach Ablauf der Pachtzeit nicht gegen Willen dabei gehalten werden sollen, ist oft verordnet worden.

4,65,12 Kaiser Philippus Arabs und Cäsar Philippus an Aurelius Nica, o. O., 29. Oktober 245

Du verlangst ohne alles Recht, daß der Schaden, den du nach deiner Angabe durch einen räuberischen Überfall auf dem gepachteten Grundstück an deinem Vermögen erlitten hast, von der Eigentümerin des Grundstücks ersetzt wird, die du selbst keines Vergehens beschuldigst.

4,65,17 Die Kaiser Diokletian und Maximian an Hostilius Hectarius, o. O., 18. März 290

Der Statthalter der Provinz wird darauf achten, daß die Pachtrückstände unverzüglich gezahlt werden, wohl wissend, daß die Pachtklage, da sie guten Glaubens ist, gesetzliche Zinsen bei eingetretenem Verzug zuläßt.

BUCH 5

Vom 5. Buch sind aus seinen 75 Titeln mit den 457 Konstitutionen, die vor allem dem Privatrecht zuzuordnen sind, im Zusammenhang mit der Ehe stehende Fragen ausgewählt worden. Nach dem römischen Recht war die Ehe die rechtlich anerkannte Verbindung von Mann und Frau zu dauernder und ungeteilter Lebensgemeinschaft. Dabei haben die Römer am Grundsatz der Einehe, der Monogamie, stets gewohnheitsrechtlich festgehalten. Die Frau konnte entweder in die Gewalt, lat. *manus*, des Mannes kommen, aber es war auch möglich und wurde eigentlich ab dem 2./3. Jh. u. Z. die Regel, daß sich die Frau nicht in die *manus* des Mannes begab, um vor allem vermögensrechtlich unabhängig zu bleiben. Allerdings gab es auch Ehehindernisse, die folgenden Personen eine rechtlich gültige Ehe verwehrten: 1. Sklaven, 2. bereits Verheirateten, 3. Unmündigen, 4. Kastraten, 5. Geisteskranken und 6. Blutsverwandten. Die Ehe wurde entweder durch den Tod oder die Scheidung aufgelöst. Meist pflegte der Ehe ein Verlöbnisverspruch voranzugehen.

In der vorliegenden Auswahl werden Fragen des Verlöbnisses und der dabei gegebenen Geschenke erörtert, danach spezielle Fragen der Ehe behandelt. So stellt Kaiser Diokletian u. a. fest, daß niemand gegen seinen Willen gezwungen werden kann, eine neue Ehe einzugehen oder eine aufgelöste zu erneuern. Justinian verordnet, daß in dem Fall, wenn jemand seine von ihm großgezogene Sklavin freigelassen und geheiratet hat, diese eheliche Verbindung als nicht verboten gilt. Verschiedene kaiserliche Entscheidungen beziehen sich auf blutschänderische und ungültige Ehen. So wurde z. B. Senatoren verboten, „niedrige und verworfene“ Frauen zu heiraten – die Konstitution zählt auf, welche Frauen darunter zu verstehen sind. Des weiteren geht es um die Mitgift und um Verordnungen, die auf die Aufkündigung des Verlöbnisses und auf die Scheidung eingehen. Ein abschließender Komplex unserer Auswahl befaßt sich mit Vormündern oder Kuratoren und nennt Beispiele, wer zu diesem Amt bestellt oder nicht bestellt werden kann, demonstriert deren Verantwortlichkeit und erwähnt mögliche Entschuldigungsgründe für die Nichtübernahme der Vormundschaft.

Vom Verlöbnis, von den bei Verlöbnissen gegebenen Geldern[71] und dem, was an die Vermittler von Heiraten entrichtet wird

De sponsalibus et arris sponsaliciis et proxeneticis

5,1,1, Die Kaiser Diokletian und Maximian und die Cäsaren an Bianor, o. O., 14. April 293

Den Frauen, die sich mit jemand verlobt haben, steht es frei, von diesem Verhältnis zurückzutreten und einen anderen zu heiraten.

5,1,2 (= *Cod. Theod.* 3,5,4) Kaiser Konstantin I. und Cäsar Constantius II. an den Prätorianerpräfekten Pacatianus, Marcianopolis, 12. April 332

Wenn jemand, der sich mit einer Frau verlobt hat und mit ihr in derselben Provinz wohnt, es unterlassen hat, binnen zweier Jahre die Ehe zu vollziehen, und nach Ablauf dieser Frist diese Frau später mit einem anderen eine Verbindung eingegangen ist, so soll es ihr nicht zum Nachteil gereichen, daß sie, indem sie sich anderweitig verheiratet, eine längere Verzögerung der Hochzeit nicht geduldet hat.

5,1,4 (= *Cod. Theod.* 3,5,12) Die Kaiser Honorius und Theodosius II. an den Prätorianerpräfekten Marinianus, Ravenna, 2. November 422

Wenn ein Vater über die Verheiratung seiner Tochter einen Vertrag eingegangen ist und, vom Tode dahingerafft, die Hochzeit nicht erlebt hat, so soll es zwischen dem Verlobten und der Verlobten fest und unverbrüchlich bei dem verbleiben, was nachweislich vom Vater bestimmt ist. Es darf auf dasjenige keine Rücksicht genommen werden, was mit dem Vertreter, dem die Wahrnehmung des Nutzens der minderjährigen Tochter oblag, im Wege des Vergleichs nachweisbar (anders) ausgemacht ist. Denn es ist sehr unbillig, ein mit dem väterlichen Willen im Widerspruch stehendes Befinden eines vielleicht erkauften Vormundes oder Kurators zuzulassen, zumal es sehr häufig vorkommt, daß der Entschluß der Frauen selbst ihren eigenen Vorteilen zuwiderläuft.

Von den Schenkungen vor der Hochzeit oder wegen der Hochzeit und von den Brautgeschenken

De donationibus ante nuptias vel propter nuptias et sponsaliciis

5,3,2 Kaiser Alexander Severus an Attalus, o. O., o. J.
Hast du dem Provinzstatthalter nachgewiesen, daß du in der Absicht, Euclia zur Frau zu bekommen, ihren Eltern Geschenke gegeben hast, so wird er, falls Euclia dich nicht heiratet, befehlen, daß dir das zurückerstattet werde, was du gegeben hast.

5,3,4 Kaiser Gordian III. an Marcus, o. O., 24. November 239

Was einer Verlobten unter der Bedingung geschenkt wird, daß jene erst dann das Eigentum daran erlangen soll, wenn die Hochzeit erfolgt sein wird, ist ohne Wirkung.

5,3,5 Die Kaiser Valerian und Gallienus an Theodora, Antiochia, 1. Mai 258

Was dir als seiner Verlobten derjenige zu geben versprochen hat, der unter Vorspiegelung seines ledigen Standes, obwohl er daheim eine Ehefrau zurückgelassen, dich zur Heirat bewogen hat, kannst du mit Wirkung nicht fordern, da du, da er zu Hause eine Ehefrau hatte, nie seine Verlobte gewesen bist.

5,3,17 (=*Cod. Theod.* 3,5,13) Die Kaiser Theodosius II. und Valentinian III. an den Prätorianerpräfekten Hierius, Konstantinopel, 20. Februar 428

Für minderjährige Frauen, die es versäumt haben, wenn sie vom Beistand ihres Vaters verlassen sind, bei der Schenkung vor der Hochzeit eine gerichtliche Urkunde aufzusetzen, wird mit Recht derart gesorgt, daß die Schenkung für rechtsgültig erklärt wird.

Von der Ehe

De nuptiis

5,4,1 Die Kaiser Septimius Severus und Caracalla an Potitus, o. O., 7. Mai 199

Handelt es sich um die Verheiratung eines Mädchens und kommt zwischen dem Vormund, der Mutter und den Verwandten über die Wahl des künftigen Ehegatten keine Einigung zustande, so ist die Entscheidung des Provinzstatthalters notwendig.

5,4,3 Die Kaiser Septimius Severus und Caracalla an Valeria, o. O., 13. November 196

Einen Freigelassenen, der gewagt hat, seine Patronin oder seines Patrons Tochter oder Gattin oder Enkelin oder Urenkelin zu heiraten, wirst du bei dem betreffenden Richter anklagen können. Dieser wird ein den Sitten unserer Zeit entsprechendes Urteil fällen, die Verbindungen dieser Art verdientermaßen für ein öffentliches Ärgernis halten.

5,4,4 Kaiser Alexander Severus an Perpetuus, o. O., 11. April 228

Kinder können die Konkubinen ihrer Väter nicht heiraten, da sie sich dadurch zweifelsohne einer gottlosen und mißfälligen Handlung schuldig machen. Wer gegen diese Vorschrift handelt, verübt das Verbrechen der Unzucht.

5,4,11 Die Kaiser Diokletian und Maximian an Alexander, o. O., o. J.

Wenn deine Ehefrau gegen ihren Willen von ihren Eltern zurückgehalten wird, so wird der Statthalter der Provinz, Unser Freund, auf dein Verlangen hin die Frau, ihrem Willen gemäß, dir wieder zurückgeben lassen und deinem Wunsche entsprechen.

5,4,12 Die Kaiser Diokletian und Maximian an Sabinus, o. O., 5. November 285

Nicht einmal ein Haussohn kann nach Anordnung der Gesetze gegen seinen Willen zu einer Heirat gezwungen werden. Daher wird der Hochzeit mit der von dir erwählten Frau, wenn sie unter Beachtung der gesetzlichen Vorschriften erfolgt, deiner Bitte entsprechend, kein Hindernis entgegenstehen. Allerdings muß zum Abschluß der Heirat die Einwilligung deines Vaters hinzukommen.

5,4,14 Die Kaiser Diokletian und Maximian und die Cäsaren an Titius, o. O., o. J.

Es kann niemand gegen seinen Willen angehalten werden, eine neue Ehe einzugehen oder eine aufgelöste zu erneuern. Du siehst daher ein, daß die freie Befugnis, eine Ehe abzuschließen oder aufzuheben, nicht dem Zwange unterworfen werden darf.

5,4,15 Die Kaiser Diokletian und Maximian und die Cäsaren an Titianus, o. O., o. J.

Einem Freilasser ist es nicht untersagt, seine Freigelassene zu heiraten, sofern er nicht zu den Personen gehört, denen dies ausdrücklich verboten ist. Es ist ganz gewiß, daß aus einer solchen Ehe dem Vater rechtmäßige Söhne geboren werden.

5,4,17 Die Kaiser Diokletian und Maximian und die Cäsaren, Damaskus, 1. Mai 295

Niemand soll es erlaubt sein, eine Ehe einzugehen mit seiner Tochter, Enkelin oder Urenkelin, desgleichen mit seiner Mutter, Großmutter oder Urgroßmutter und in der Seitenlinie mit seines Vaters oder seiner Mutter Schwester, seiner Schwester, der Tochter seiner Schwester und der von dieser geborenen Enkelin (seiner Schwester), ferner mit der Tochter seines Bruders und der von dieser geborenen Enkelin (seines Bruders); desgleichen von den Verschwägerten mit seiner Stieftochter, Stiefmutter, Schwiegertochter und den übrigen, die nach dem alten Rechte verboten sind und welcher nach Unserem Willen sich alle enthalten sollen.

5,4,19 Die Kaiser Arcadius und Honorius an den Prätorianerpräfekten Eutychianus, Nicäa, 11. Juni 405

Zur Vollziehung von Ehen zwischen Geschwisterkindern ist durch gegenwärtiges heilsames Gesetz die Erlaubnis bewilligt dergestalt, daß unter Wiederherstellung des Ansehens des alten Rechts und Unterdrückung hinterlistiger Anklagen eine Ehe zwischen Geschwisterkindern für rechtmäßig zu erachten ist, es mögen dieselben von zwei Brüdern, oder von zwei Schwestern, oder von einem Bruder und einer Schwester entsprossen sein. Die aus einer solchen Ehe Geborenen sollen als rechtmäßige Kinder und Erben ihrer Väter erachtet werden.

5,4,21 Die Kaiser Theodosius II. und Valentinian III. an den Prätorianerpräfekten Bassus, o. O., 426

Den Soldaten, und zwar vom gemeinen Soldaten bis hinauf zum Leibgardisten, erteilen Wir die freie Befugnis, ohne irgendeine (sonst) bei Hochzeiten übliche Feierlichkeit die Ehe, jedoch nur mit freigeborenen Frauen, einzugehen.

5,4,26 Kaiser Justinian I. an den Prätorianerpräfekten Julianus, Konstantinopel, 1. Oktober 530

Wenn jemand seine von ihm großgezogene Sklavin mit der Freiheit beschenkt und geheiratet hat, so bestanden bei den alten Juristen Zweifel darüber, ob eine Ehe dieser Art rechtsgültig erscheine oder nicht. Wir erachten eine solche eheliche Verbindung nicht für verboten und entscheiden damit diese alte Ungewißheit …

5,4,27 Kaiser Justinian I. an den Prätorianerpräfekten Johannes, o. O., entweder 531 oder 532

Wir verordnen, daß Ehen, die zwischen Männern und Frauen, die älter oder jünger als 60 oder 50 Jahre sind und durch das Julische oder Papische Gesetz[72] verboten wurden, wenn beide Teile einwilligen, abgeschlossen und aus keinem Grund von keiner Seite her verhindert werden können.

Von blutschänderischen und ungültigen Ehen
De incestis et inutilibus nuptiis

5,5,1 Kaiser Alexander Severus an Amphigenus, o. O., o. J.

Wenn sich deine Freigelassene, die auch deine Ehefrau ist, gegen deinen Willen von dir entfernt hat, so darf sie sich nicht mit einem anderen verheiraten, wenn du sie als Ehefrau behalten willst.

5,5,2 Die Kaiser Diokletian und Maximian an Sebastiana, o. O., 11. Dezember 285

Daß niemand, der unter der römischen Herrschaft lebt, zwei Frauen (gleichzeitig) haben kann, ist allgemein bekannt, da auch im Edikt des Prätors[73] diejenigen Männer mit der Infamie[74] bezeichnet sind. Eine solche Handlung darf der betreffende Richter nicht ungestraft dulden.

5,5,7 (= *Nov. Marc.* 4,1) Die Kaiser Valentinian III. und Marcian an den Prätorianerpräfekten Palladius, Konstantinopel, 4. April 454

Unter einer niedrigen und verworfenen Frau wollen Wir keineswegs eine solche verstanden wissen, die, obwohl sie arm ist, doch von freigeborenen Eltern stammt. Demnach bestimmen Wir, daß es den Senatoren und allen mit den höchsten Staatswürden bekleideten Männern freisteht, die Töchter freigeborener Eltern, wenn sie auch arm sind, zur Ehe zu nehmen, und daß zwischen freigeborenen Frauen und solchen Frauen, die durch Reichtum und Glück zu größerem Ansehen gelangt sind, kein Unterschied bestehen soll. Für niedrige und verworfene Personen erachten Wir nur folgende Frauen: eine Sklavin, eine Tochter einer Sklavin, eine Freigelassene, eine Tochter einer Freigelassenen, eine Schauspielerin, eine Tochter einer Schauspielerin, eine Krämerin, eine Tochter einer Krämerin oder eines Hurenwirts oder eines Kämpfers (bei den öffentlichen Kampfspielen) oder eine solche, die öffentlich Waren feilgehalten hat. Es ist daher billig, den Senatoren die Ehe mit solchen Frauen, die Wir oben aufgezählt haben, zu verbieten.

5,5,9 Kaiser Zenon an den Prätorianerpräfekten Sebastianus, o. O., zwischen 476 und 484

Allen Unseren Untertanen geben Wir bekannt, daß sie sich blutschänderischer Ehen enthalten sollen. Denn alle gottlosen Reskripte[75], Rechtsverordnungen oder Konstitutionen, die zur Zeit der Gewaltherrschaft einigen Personen erlaubt haben, einem frevelhaften Zusammenleben den Namen der Ehe beizulegen, so daß es erlaubt war, des Bruders oder der Schwester Tochter oder die vormalige gesetzmäßige Ehefrau des Bruders als rechtmäßige Ehefrau in schändlicher Beiwohnung zu umarmen oder andere dergleichen Schandtaten zu begehen, heben Wir hierdurch ausdrücklich auf, damit nicht durch sträfliche Verhehlung jene scheußliche Zügellosigkeit bestärkt werde.

Von der nachfolgenden Ehe
De secundis nuptiis

5,9,2 (= *Cod. Theod.* 3,8,1) Die Kaiser Gratian, Valentinian II. und Theodosius I. an den Prätorianerpräfekten Eutropius, Konstantinopel, 30. Mai 381

Eine Frau, die sich beeilt hat, nach dem Tod ihres Ehemannes innerhalb der Frist eines Jahres einen anderen zu heiraten – denn Wir fügen den zehn Monaten noch einen kurzen zu beobachtenden Zeitraum hinzu, obwohl Wir auch diese Frist für klein erachten –, soll, als mit Schmach behaftet, der Vorzüge und Befugnisse ihres edlen und hohen Standes beraubt werden. Alles dessen, was sie vom Vermögen ihres vorigen Ehemannes entweder aufgrund des Verlöbnisses oder durch den (Letzten) Willen des verstorbenen Gatten erlangt hat, soll sie verlustig gehen.

Von dem betreffs der Mitgift geltenden Recht
De iure dotium

5,12,4 Kaiser Alexander Severus an Valens, o. O., 12. Juli 223

Es ist der Frau durch kein Gesetz verboten, ihr gesamtes Vermögen ihrem Ehemann zur Mitgift zu geben.

5,12,9 Kaiser Decius und der Cäsar Decius an Urbicana, o. O., 8. Juni 250

Es ist unbezweifelbar, daß du wegen deiner Mitgift ein Vorzugsrecht vor dem Staat hast, dessen Schuldner dein Ehemann später geworden ist.

5,12,14 Die Kaiser Diokletian und Maximian und die Cäsaren an Basilissa, Philippopolis, 2. November 293

Die Mutter ist weder verpflichtet, für ihre Tochter eine Mitgift zu geben, außer wenn ein erheblicher und triftiger oder speziell durch ein Gesetz ausgedrückter Grund vorhanden ist, noch hat der Vater die freie Befugnis, aus dem Vermögen der Ehefrau wider deren Willen (der Tochter eine Mitgift) zu geben.

Von den Aufkündigungen des Verlöbnisses oder der Ehe und von der Aufhebung des Rechtsverfahrens wegen schlechten Verhaltens
De repudiis et iudicio de moribus sublato

5,17,2 Die Kaiser Valerian und Gallienus und der Cäsar Valerian an Paulina, o. O., 26. März 259

Es steht deiner Tochter frei, wenn sie auf ihren Bräutigam nach dreijähriger Abwesenheit desselben wegen (seiner) Reisen nicht länger warten will, die Hoffnung auf diese Verbindung aufzugeben und eine (anderweitige) Ehe einzugehen, damit sie den passenden Zeitpunkt zur Heirat nicht verliert, da es ihr freigestanden hätte, das Verhältnis aufzusagen, wenn sie während seiner Anwesenheit ihre Gesinnung hätte ändern wollen.

5,17,4 Die Kaiser Diokletian und Maximian und die Cäsaren an Piso, Sirmium, 30. Dezember 294

Die Ehescheidung der Tochter steht nicht in der Macht der Mutter.

5,17,6 Die Kaiser Diokletian und Maximian und die Cäsaren an Phoebus, Nikomedia, 15. Dezember 294

Wenn auch der Scheidungsbrief dem Ehemann nicht übergeben oder bekannt gemacht worden ist, so wird doch die Ehe getrennt.

5,17,7 Kaiser Konstantin I. an Delmatius, Naissus, 337

Eine Ehefrau, die, nachdem ihr Ehemann ins Feld gezogen ist, nach Ablauf von vier Jahren keine Nachricht von seinem Leben hat erhalten können und auf eine anderweitige Verheiratung bedacht gewesen ist, sich jedoch nicht eher wieder verheiratet hat, als bis sie dem Anführer (ihres Ehemanns) brieflich mit diesem ihren Wunsch bekannt gemacht hat, ist keine heimliche Ehe eingegangen. Sie hat nicht den Verlust des Heiratsgutes verschuldet noch die Todesstrafe verwirkt, da sie nachweisbar nach Ablauf einer so langen Zeit nicht unbedacht oder heimlich, sondern öffentlich, nachdem sie ihre Absicht bekanntgegeben hat, geheiratet hat. Deshalb ist zu bemerken, daß sie, wenn weder Verdacht des Ehebruchs vorhanden ist noch eine heimliche Verbindung entdeckt wird, keine Gefahr seitens derjenigen Männer, mit denen sie verbunden gewesen ist, zu befürchten hat, da nur dann, wenn mit Vorsatz das Ehebett entehrt worden wäre, die Sittenzucht eine passende Strafe fordern würde.

5,17,9 Kaiser Anastasius an Theodorus, o. O., 15. Februar 497

Wenn während der Ehe mit gemeinschaftlicher Übereinkunft sowohl des Mannes als auch der Frau ein Scheidebrief geschickt wurde, in dem keiner der Gründe angegeben ist, die in der sehr nützlichen Konstitution[76] der verstorbenen Kaiser Theodosius und Valentinian enthalten sind, so wird es der Ehefrau freistehen, nicht einen fünfjährigen Zeitraum abzuwarten, sondern schon nach einem Jahr zum zweiten Male zu heiraten.

5,17,10 Kaiser Justinian I. an den Prätorianerpräfekten Mena, o. O., 11. Dezember 528

Den schon früher speziell bestimmten Gründen, derentwegen rechtmäßig eine Ehe getrennt wird, fügen Wir den hinzu, daß, wenn der Ehemann seiner Ehegattin innerhalb von zwei Jahren, vom Anfang der Ehe ab gerechnet, wegen natürlichen Unvermögens nicht beizuwohnen vermag, die Frau oder deren Eltern dem Ehemann den Scheidebrief schicken können, ohne Gefahr, das Heiratsgut zu verlieren, allerdings so, daß die Schenkung vor der Hochzeit dem Ehemanne erhalten wird.

Über die Ernährung der Kinder und Eltern
De alendis liberis ac parentibus

5,25,1 Kaiser Antoninus Pius an Bassus, o. O., o. J.

Daß der Not der Eltern die Kinder zu Hilfe kommen, ist gerecht.

5,25,3 Die kaiserlichen Brüder (Mark Aurel und Verus) an Tatiana, Rom, 17. Februar 162

Wenn du dem kompetenten Richter bewiesen haben wirst, daß der Knabe, den du von Claudius geboren haben willst, dessen Kind sei, wird er demselben befehlen, nach Maßgabe seines Vermögens jenem (d. h. dem Kinde) Alimente zu gewähren. Er wird auch entscheiden, ob es bei demselben (Claudius) erzogen werden soll.

Von den Konkubinen
De concubinis

5,26,1 Kaiser Konstantin I. an das Volk, Caesarea, 14. Juni 326

Niemandem soll es erlaubt sein, während seiner Ehe eine Konkubine bei sich zu haben.

Von denen, die um Vormünder oder Kuratoren nachsuchen müssen
Qui petant tutores vel curatores

5,31,1 Kaiser Caracalla an Chrysantha, o. O., 4. Februar 214

Ermahne den Jüngling, gegen den du einen Rechtsstreit führen willst, daß er sich Kuratoren bestellen lasse, mit denen du nach der Form rechtmäßig den Rechtsstreit führen kannst. Sollte er in Nachsuchung um dieselben zögern, so kannst du den betreffenden Richter darum angehen, deiner Pflicht gemäß Kuratoren zu bestellen.

5,31,4 Kaiser Caracalla an Domninus, o. O., 13. Juli 215

Wenn die Kinder deines Schuldners keine Angehörigen haben, die um Vormünder (für sie) nachsuchen können, so kannst du auch selbst dafür sorgen, daß sie welche erhalten, um von denselben gesetzmäßig vertreten zu werden.

5,31,5 Kaiser Alexander Severus an Fusciana, o. O., 27. Juni 223

Des Vaters Schwester ist es nicht verwehrt, um Vormünder für die Kinder ihres Bruders nachzusuchen.

5,31,10 Die Kaiser Diokletian und Maximian und die Cäsaren an Priscus, Sirmium, 30. April 294

Für die Enkel deines Bruders kannst du, wenn ihre Mutter in der Suche um Vormünder ihre schuldige Pflicht nicht erfüllt, förmlich um Vormünder nachsuchen.

Wer zum Vormund oder Kurator bestellt und wer (dazu) nicht bestellt werden kann

Qui dare tutores vel curatores et qui dari possunt

5,34,2 Kaiser Alexander Severus an Artemisia, o. O., 1. Juli 225

Der Ehemann kann, obwohl er den Angelegenheiten seiner Ehefrau Aufmerksamkeit widmen muß, doch für sie nicht zum Kurator gewählt werden.

5,34,3 Kaiser Philippus Arabs an Dolens, o. O., 20. Juli 244

Daß ein des Augenlichts Beraubter zum Kurator bestellt werden dürfe, ist eine dir beigebrachte falsche Ansicht.

5,34,7 Die Kaiser Diokletian und Maximian und die Cäsaren an Rufus, Philippopolis, 6. Juli 293

Daß ein im Sklavenstand Befindlicher vom Statthalter nicht zum Vormund oder Kurator bestellt werden kann, unterliegt keinem rechtlichen Bedenken.

5,34,13 Die Kaiser Honorius und Theodosius II. an den Stadtpräfekten Monaxius, o. O., 409

Damit die Befugnis der Obrigkeiten nicht zu weit gehe, bestimmen Wir genau, daß weder ein Kolone der kaiserlichen Besitzungen noch ein anderer, der durch ein Privileg von dieser Ernennung befreit ist, mit dem Amt eines Vormundes belästigt werden darf.

Von der Verantwortlichkeit der Vormünder und Kuratoren

De periculo tutorum et curatorum

5,38,3 Kaiser Philippus Arabs und Cäsar Philippus an Gratianus, o. O., 30. März 245

Wenn Sachen deines Pflegebefohlenen, die du im Speicher hättest aufbewahren oder auch verkaufen müssen, in deiner Wohnung, wie du versicherst, durch Feuer verbrannt sind, so verlangst du ohne Grund, daß deine Fahrlässigkeit oder Trägheit nicht dir zum Schaden, sondern deinem Pflegebefohlenen zum Verlust gereichen soll.

5,38,4 Kaiser Philippus Arabs und Cäsar Philippus an Florus, o. O., 21. August 245

Es ist oft reskribiert worden, daß den Vormündern oder Kuratoren zufällige Ereignisse, die nicht abgewendet werden konnten, nicht angerechnet werden müssen.

Von den Zinsen, die Mündeln zu entrichten sind
De usuris pupillaribus

5,56,1 Kaiser Caracalla an Praesentinus, o. O., 5. Juni 213

Daß ein Vormund oder Kurator für Geld, das er in seinem Nutzen verwendet hat, die gesetzlichen Zinsen entrichten muß, ist längst bestimmt worden.

5,56,3 Kaiser Alexander Severus an Vitalius, o. O., 13. April 228

Wenn du Mündelgeld weder an sichere Menschen hast ausleihen noch zum Ankauf von Besitzungen hast verwenden können, so wird der Richter wohl wissen, daß dir für dasselbe keine Zinsen abgefordert werden müssen.

Von den Entschuldigungen der Vormünder oder Kuratoren und von den Fristen (zur Anbringung) derselben
De excusationibus et temporibus earum

5,62,1 Die Kaiser Septimius Severus und Caracalla an Aviola, o. O., 1. Mai 204

Du glaubst in falscher Überzeugung, daß dir, weil du zeugungsunfähig bist, Befreiung von Vormundschaften zugute komme.

5,62,2 Die Kaiser Septimius Severus und Caracalla an Aventianus und Cosconius, o. O., 25. August 204

Wenn ihr im allgemeinen zu Kuratoren bestellt seid und im Dekret nicht ausgedrückt ist, daß das Amt euch nur hinsichtlich der in Italien befindlichen Vermögensgegenstände übertragen wurde, so müßt ihr den kompetenten Richter anrufen, daß er euch von der Verwaltung in der Provinz befreie. Ist dies erfolgt, so müssen die minderjährigen Jünglinge für sich in der Provinz um Kuratoren nachsuchen.

5,62,8 Kaiser Alexander Severus an Maximus, o. O., 29. Januar 225

Kolonen, d. h. Pächter von Gütern, die dem Fiskus gehören, erhalten aus diesem Grunde keine Befreiung von bürgerlichen Ämtern und müssen deshalb das Amt einer übertragenen Vormundschaft verwalten.

5,62,9 Kaiser Alexander Severus an Romanus, o. O., 1. Februar 228

Dein Bruder darf, weil er ein Auge verloren hat, deshalb eine Vormundschaft[77] oder *cura* nicht ablehnen. Daher siehst du ein, daß er das übernommene Amt nicht niederlegen kann.

5,62,24 (= *Cod. Theod.* 3,31,1) Die Kaiser Arcadius und Honorius an den Prätorianerpräfekten Flavianus[78], Mailand, 5. März 400

Den Schiffsherren bewilligen Wir insoweit Befreiung von der Vormundschaft oder *cura*, daß sie zu diesen Ämtern nur für die Minderjährigen ihrer Zunft verbunden sein sollen.

Von denen, die sich wegen der Anzahl ihrer Kinder entschuldigen
Qui numero liberorum se excusant

5,66,1 Die Kaiser Septimius Severus und Caracalla an Claudius Herodianus, o. O., 5. April 203

Diejenigen, die zu einer Vormundschaft oder *cura* berufen werden, haben, in Rom bei drei lebenden Kindern, über deren echte Abkunft kein Zweifel besteht, in Italien bei vier und in den Provinzen bei fünf, einen Entschuldigungsgrund.

Von denen, die sich wegen des Alters (entschuldigen)
Qui aetate

5,67,1 Kaiser Philippus Arabs und Cäsar Philippus an Severus, o. O., 20. März 246

Dein Vater kann, wenn er älter als 70 Jahre ist und zu einer Vormundschaft oder *cura* berufen wird, sich auf förmliche Weise entschuldigen.

Von denen, die sich wegen Krankheit (entschuldigen)

Qui morbo

5,68,1 Die Kaiser Septimius Severus und Caracalla an Sabinus, o. O., 9. September 204

Ein des Augenlichts Beraubter oder ein Tauber oder ein Stummer oder ein von einer fortwährenden Krankheit Heimgesuchter hat wegen einer Vormundschaft oder *cura* eine Entschuldigung.

Vom Kurator eines Wahnsinnigen oder eines Verschwenders

De curatore furiosi vel prodigi

5,70,1 Kaiser Caracalla an Mariniana, o. O., 29. Juli 214

Verschwendern oder Wahnsinnigen pflegt man nach erreichter Volljährigkeit Kuratoren beizugeben.

5,70,3 Kaiser Gordian III. an Aurelianus, o. O., 7. April 239

Wenn dein Vater seines Verstandes nicht mächtig ist, so suche für ihn um Kuratoren nach, durch welche ein Geschäft, das widerrufen werden muß, nach untersuchter Sache wieder in den vorigen Stand gebracht werden kann.

BUCH 6

Aus dem 6. Buch, das 62 Titel mit insgesamt 461 Konstitutionen umfaßt, werden Beispiele vorgestellt, die weitgehend wieder privatrechtliche Fragen berühren und um deren Entscheidung die Kaiser ersucht wurden.

So handeln Konstitutionen zunächst von entlaufenen Sklaven und deren Bestrafung. Die Sklavenflucht hatte zur Zeit dieser Konstitutionen ein großes Ausmaß angenommen, da viele Sklaven darin den einzigen Ausweg sahen, aus ihrer oft menschenunwürdigen Lage zu entkommen. Kaiser Konstantin I. trat mit besonders harten Verfügungen gegen flüchtige Sklaven auf, die aber dieses Problem nur begrenzt zu lösen imstande waren. Ausführlich werden die Dienste der Freigelassenen betont, die ihren Freilassern zu leisten sind, und der Gehorsam hervorgehoben, der außer den Freilassern auch deren Nachkommen zu gelten hat. Bei frechem oder trotzigem Verhalten des Freigelassenen gegenüber seinem Freilasser war es durchaus durch Gerichtsentscheid möglich, den Freigelassenen wieder zum Sklaven seines ehemaligen Herrn zu machen, was sogar dann erfolgen konnte, wenn Freigelassene oder deren Kinder als Soldaten dienten.

Eine Reihe von Konstitutionen schließt sich an, die den Fragen der Testamente und damit zusammenhängender Probleme gewidmet sind. So werden die Fristen bezüglich des Erhalts des Nachlaßbesitzes angeführt, generell auf die Testamente und auch auf die Testamente der Soldaten eingegangen und entschieden, wer nach römischem Recht nicht in der Lage war, ein Testament zu errichten. Bei den Erbeseinsetzungen geht es um die gesetzlichen Erben, des weiteren auch mit darum, welche Personen nicht zu Erben eingesetzt, welche Personen enterbt und welche übergangen werden können. Fragen der Vermächtnisse und Fideikommisse werden abschließend vorgestellt.

Von entlaufenen Sklaven und denjenigen Freigelassenen und Sklaven der Städte, die als Handwerker zu verschiedenen Arbeiten angewiesen sind und zum Privat- oder Staatsvermögen gehören

De fugitivis servis et libertis mancipiisque civitatum artificibus et ad diversa opera deputatis et ad rem privatam vel dominicam pertinentibus

6,1,1 Die Kaiser Diokletian und Maximian an Aemilia, o. O., 9. Dezember 286

Es ist klar, daß ein entlaufener Sklave an sich selbst einen Diebstahl begeht und daher weder Ersitzung[79] noch ordentliche Verjährung[80] stattfindet, da die Flucht der Sklaven den Herren auf keine Weise zum Nachteil gereichen darf.

6,1,2 Die Kaiser Diokletian und Maximian und die Cäsaren an Pompeianus, o. O., 29. April 294

Der Provinzstatthalter muß dem Herrn die Erlaubnis erteilen, seinen entlaufenen Sklaven wieder aufzusuchen.

6,1,3 Kaiser Konstantin I. und Cäsar Licinius an den Prätorianerpräfekten Probus, o. O., 1. April 314

Wenn entlaufene Sklaven auf der Flucht ins feindliche Ausland ergriffen werden, so sollen sie entweder durch Abhauen eines Fußes verstümmelt oder in die Bergwerke abgegeben oder mit irgendeiner anderen Strafe belegt werden.

6,1,4 Kaiser Konstantin I. an Valerianus, Thessalonike, 27. Juni 317

Wer einen entlaufenen Sklaven, ohne daß der Herr desselben unterrichtet ist, in seinem Haus oder auf seinem Landgute aufnimmt, soll denselben entweder mit einem anderen von gleicher Beschaffenheit zurückgeben oder dafür 20 Goldstücke entrichten. Hat er denselben zum zweiten oder dritten Male bei sich aufgenommen, so soll er außer dem Sklaven selbst dem Herrn zwei oder drei Sklaven zurückgeben oder ihm die oben genannte Geldstrafe für jeden Sklaven bezahlen. Statt der Minderjährigen werden die Vormünder oder Kuratoren mit dieser Strafe belegt. Kann derjenige, der den entlaufenen Sklaven bei sich aufgenommen hat, die oben genannte Geldstrafe nicht bezahlen, so soll gegen ihn eine andere Strafe nach dem Ermessen des zuständigen Richters verhängt werden. Hat sich ein entlaufener Sklave fälschlich für einen freien Menschen ausgegeben und sich bei jemandem gegen Lohn verdingt, so kann demjenigen, der ihn bis dahin im Besitz gehabt hat, deshalb nichts zur Last gelegt werden. Der Sklave aber muß der Folter unterworfen werden, um darüber zur Gewißheit zu gelangen, ob er etwa aus Arglist von seinem Herrn, um daraus Gewinn zu erzielen, in das Haus oder Landgut von demjenigen geschickt worden ist, der ihn aufgenommen hat. Sollte sich bei der peinlichen Befragung des Sklaven ergeben, daß eine solche Bosheit hier verübt wurde, so wird der Täter nicht nur seines Sklaven beraubt, sondern der Sklave fällt auch dem Fiskus anheim.

6,1,5 Kaiser Konstantin I. an Januarinus, *Comes rerum privatarum,* o. O., 14. Februar 319

Man hat angenommen, daß Sklaven, die einer Stadt gehören und die verschiedene Handwerke erlernt haben, in dieser Stadt verbleiben müssen. Sollte daher jemand einen solchen Sklaven zum Entlaufen verlockt oder woanders hingeschafft haben, so soll er den Verlockten zusammen mit einem anderen Sklaven zurückgeben und der öffentlichen Kasse derjenigen Stadt, deren Sklaven er verführt hat, eine Summe von zwölf Goldstücken bezahlen. Auch die Freigelassenen, die eines Handwerks kundig sind, sollen, wenn sie zum Fortlaufen verführt wurden, der Stadt in derselben Art zurückgegeben werden. Demgemäß muß für einen entlaufenen Sklaven, wenn er nach der dem Defensor der Stadt[81] obliegenden Amtspflicht nicht wieder aufgesucht und zurückgeholt wurde, derselbe (also der Defensor) angehalten werden, wieder zwei zu stellen, und es kann für ihn weder eine kaiserliche Gnade noch ein Verkauf gelten.

6,1,7 Die Kaiser Valentinian I., Valens und Gratian an den Konsular[82] Felix, o. O., 12. April 366

Sollte jemand einen dem Fiskus gehörenden Sklaven verheimlicht haben, so soll derselbe dazu angehalten werden, denselben nicht nur zurückzugeben, sondern auch als Strafe dem Fiskus 12 Pfund Silber zu entrichten.

6,1,8 Die Kaiser Valentinian II., Theodosius I. und Arcadius an den Stadtpräfekten Roms, Albinus, o. O., 25. Juli 389

Wenn öffentliche, in Waffenschmieden oder bei anderen öffentlichen Arbeiten beschäftigte Sklaven sich uneingedenk dieses Verhältnisses in Privathäuser begeben und sich mit im Privateigentum befindlichen Sklavinnen verheiratet haben, so sollen sie und ihre Frauen und Kinder sofort in ihr früheres Verhältnis und zu ihren früheren Arbeiten zurückgebracht werden.

Vom Diebstahl und von der Verführung der Sklaven
De furtis et de servo corrupto

6,2,4 Kaiser Alexander Severus an Aurelius Herodes, o. O., 13. September 222

Du kannst denjenigen, der nach deiner Behauptung deinen Sklaven verführt hat, wenn er seinen Charakter verdorben hat, allerdings wegen Verführung eines Sklaven belangen. Hatte er den Verführten versteckt, so steht dir die Diebstahlsklage gegen denselben zu. Auch ist dir unverwehrt, diese Klagen durch einen Geschäftsführer zu verfolgen.

6,2,9 Die Kaiser Diokletian und Maximian und die Cäsaren an Aedesius, Sirmium, 7. Februar 293

Ist dir dein Sklave durch Diebstahl entwendet oder mit Gewalt geraubt worden, so tragen sowohl der Räuber als auch der Dieb die Gefahr, auch wenn der Sklave, bevor er dir angeboten wurde, gestorben ist. Beide (Räuber als auch Dieb) unterliegen den gesetzlichen Strafen.

6,2,16 Die Kaiser Diokletian und Maximian und die Cäsaren an Artemidorus und andere, Viminacium, 1. Oktober 294

Derjenige, der euren Sklaven zur Verpflegung übernommen und denselben verkauft hat, hat einen Diebstahl begangen.

Vom Dienste der Freigelassenen
De operis libertorum

6,3,1 Die Kaiser Septimius Severus und Caracalla an Romanus, o. O., 30. Dezember 204

Wenn dir zur Zeit der Freilassung Dienste auferlegt wurden, so bist du zur Leistung derselben verpflichtet. Zwar pflegt zwischen dem Freilasser und dem Freigelassenen eine Übereinkunft über ein statt der Dienste zu zahlendes Geldäquivalent getroffen zu werden, aber der Freilasser kann ein solches Äquivalent nicht fordern, wenn er nicht darlegt, daß dasselbe nur außer der Reihe wegen Dürftigkeit statt der Nahrungsmittel gefordert werde. Sind aber auch keine Dienste auferlegt worden, so bist du doch, wenn der Freilasser verarmt, zu dessen Ernährung verbunden.

6,3,2 Die Kaiser Septimius Severus und Caracalla an Eutyches, o. O., 26. April 205

Der jemandem zur Freilassung übergebene Sklave kann vom Freilasser weder in die Sklaverei zurückgeführt noch gezwungen werden, die auferlegten Dienste zu leisten.

6,3,8 Kaiser Alexander Severus an Augustinus, o. O., 11. September 224

Bist du demjenigen, der dich freigelassen hat, mit deinem Geld abgekauft worden, so bist du ihm keine Dienste schuldig und kannst von ihm auch nicht wegen Undankbarkeit bestraft werden. Du darfst jedoch nicht in Abrede stellen, daß er dein Freilasser ist.

6,3,9 Kaiser Alexander Severus an Laetorius, o. O., 20. Februar 225

Durch die Verheiratung mit deiner Freigelassenen hast du den Stand derselben erhöht, und sie kann deshalb nicht gezwungen werden, dir Dienste zu leisten, da du dich mit der Wohltat des Gesetzes begnügen kannst, daß sie gegen deinen Willen mit einem anderen keine Ehe eingehen kann.

6,3,11 Kaiser Gordian III. an Africanus, o. O., 3. August 238

Das Kind einer Freigelassenen ist freigeboren ...

6,3,12 Die Kaiser Diokletian und Maximian und die Cäsaren an Veneria, o. O., 24. Mai 293

Freigelassenen steht die freie Wahl ihres Aufenthaltes zu. Sie können auch nicht von den Kindern ihres Freilassers, denen sie allein Ehrfurcht schuldig sind, wieder zu Sklaven gemacht werden, insofern sie sich nicht undankbar zeigen,[83] da die Gesetze den Freigelassenen nicht die Verbindlichkeit auferlegen, mit dem Freilasser zu wohnen.

6,3,13 Die Kaiser Valentinian I., Valens und Gratian an den Prätorianerpräfekten Probus, o. O., 13. Juli 371

Derjenige, der einen fremden Freigelassenen bei sich aufgenommen hat, ist verpflichtet, zur Strafe für die Dienste desselben einzustehen.

Von dem ehrerbietigen Gehorsam, der den Freilassern zu erweisen ist
De obsequiis patronis praestandis

6,6,1 Kaiser Alexander Severus an Zoticus, o. O., 14. Mai 223

Gegen deinen Freilasser kannst du keine ehrenrührige Klage anstellen.

6,6,2 Kaiser Alexander Severus an Leontogonus, o. O., 16. Juli 223

Freigelassene weiblichen Geschlechts, die mit Einwilligung ihres Freilassers oder den Gesetzen gemäß geheiratet haben, sind nicht verpflichtet, ihren Freilassern Dienste zu erweisen.

6,6,6 Kaiser Gordian III. an Cornelius, o. O., 30. März 242

Es bestehen darüber durchaus keine verschiedenen Rechtsansichten, daß sowohl männliche als auch weibliche Freigelassene, besonders diejenigen, denen keine Dienste auferlegt wurden, den Freilassern mehr den üblichen Gehorsam und Achtung als Sklavendienste zu leisten haben und auch nicht gefesselt werden dürfen.

6,6,7 Die Kaiser Diokletian und Maximian an Metrodorus, o. O., 11. Mai 286

Den Freigelassenen der Stiefmutter ist es nicht erlaubt, deren Stiefkinder zu beleidigen. Es darf auch nicht geduldet werden, daß, wie du vorträgst, die Freigelassenen deines Vaters dich beleidigen. Der Provinzstatthalter darf daher nicht zweifeln, dir eine den Verhältnissen der Personen angemessene Strafe zu gestatten.

6,6,8 Die Kaiser Diokletian und Maximian an Hermia, o. O., 21. Januar 287

Auch den Verpflichtungen der Ehrfurcht und des Gehorsams gegen deine Freilasserin darfst du dich nicht entziehen.

Von den Freigelassenen und deren Kindern
De libertis et eorum liberis

6,7,2 Kaiser Konstantin I. an den Stadtpräfekten Maximus, Rom, 30. Januar 320

Sollte ein Freigelassener gegen seinen Freilasser undankbar gewesen sein, sich frech und trotzig gegen ihn aufgelehnt oder sich einer leichten Verletzung desselben schuldig gemacht haben, so soll er wieder unter die Herrschaft und Gewalt des Freilassers zurückfallen, wenn die vor dem ordentlichen Richter oder dem vom Magistrat gestellten Richter vorgebrachte Beschwerde denselben als undankbar darstellt. Auch die nachher geborenen Kinder fallen in die Sklaverei zurück. Denjenigen hingegen, die geboren wurden, als sich die Eltern im Zustand der Freiheit befanden, sollen die Verbrechen der Eltern nicht zum Nachteil gereichen. Sollte dann derjenige, der in Unserem Rate durch den Stab freigelassen[84] worden ist, nach dem Rückfall in die Sklaverei sich durch Reue würdig gezeigt haben, wieder in den Römischen Staat aufgenommen zu werden, so soll ihm die Wohltat der Freiheit nicht eher zuteil werden, bis sich sein Freilasser durch eine Bittschrift damit einverstanden erklärt hat.

6,7,3 (= *Cod. Theod.* 4,10,2) Die Kaiser Honorius und Theodosius II. an den Senat, Ravenna, 6. August 423

Die Freigelassenen sollen gegen ihre Freilasser nicht allein nicht gehört werden, sondern sie sollen auch den Erben ihrer Freilasser dieselbe Ehrerbietung wie dem Freilasser selbst beweisen. Denselben soll die Klage wegen Undankbarkeit ebenso wie den Freilassern selbst zustehen, wenn jene, uneingedenk der ihnen erteilten Freiheit, wieder in die Verdorbenheit sklavischer Gesinnung zurückfallen.

6,7,4 (= *Cod. Theod.* 4,10,3) Die Kaiser Theodosius II. und Valentinian III. an den Prätorianerpräfekten Bassus, Ravenna, 30. März 426

Freigelassene oder deren Kinder, die der Undankbarkeit überführt werden, fallen, auch wenn sie als Soldaten dienen, unzweifelhaft wieder in die Sklaverei zurück.

Wer zum Nachlaßbesitz zugelassen und in welcher Zeit solches geschehen kann

Qui admitti ad bonorum possessionem possunt et intra quod tempus

6,9,2 Die Kaiser Septimius Severus und Caracalla an Crispinus, o. O., 3. November 205

Wenn dir der Nachlaßbesitz nur wegen der Nähe der Verwandtschaft zusteht, so hast du zur Nachsuchung desselben einen Zeitraum von 100 Rechtstagen[85], von dem Tage an, wo dir der Tod des Verstorbenen bekannt geworden ist.

6,9,3 Die Kaiser Diokletian und Maximian an Crescentinus, o. O., 28. Dezember 286

Es unterliegt keinem Zweifel, daß ein im Namen eines Kindes geforderter Nachlaßbesitz rechtmäßig zusteht, auch wenn das Kind gestorben ist, ehe es sprechen konnte.

6,9,8 Kaiser Konstantin I. an Dionysius, Heliopolis, 14. März 320 oder 326

Es wird einem jeden, der aus dem Nachlaß seiner Eltern oder Verwandten eine Sache mit Recht verlangen zu können glaubt, hiermit bekanntgegeben, daß es ihm keinen

Nachteil bringen soll, wenn erwiesen ist, daß er aus Einfältigkeit oder Unkenntnis der Tatsachen oder Abwesenheit oder aus irgendeinem anderen Grunde es innerhalb der bestimmten Zeit unterlassen hat, den Nachlaßbesitz zu erbitten, indem Wir durch gegenwärtiges Gesetz die Härte des alten Gewohnheitsrechtes mildern wollen.

Vom Nachlaßbesitz gegen den Inhalt des Testaments, das der Prätor den Kindern verspricht

De bonorum possessione contra tabulas quam praetor liberis pollicetur

6,12,1 Kaiser Alexander Severus an Rufus, o. O., 12. Oktober 223

Kinder, die gegen den Inhalt des Testaments ihrer Eltern zum Nachlaßbesitz zugelassen wurden, haben nach dem Edikt allein die den Eltern und Kindern ausgesetzten Vermächtnisse zu entrichten.

6,12,2 Kaiser Alexander Severus an Hilara, o. O., 1. März 224

Das Testament wird durch ein nach dem Tode des Vaters geborenes Kind, das weder vom Vater zum Erben eingesetzt noch namentlich enterbt wurde, umgestoßen. Ist daher vom Vormund für das Kind der Nachlaßbesitz entgegen dem Inhalt des Testaments gefordert worden, so kann der Nachlaßbesitz nach dem Testament nicht mehr stattfinden.

Wonach Mann und Frau

Unde vir et uxor

6,18,1 (= *Cod. Theod.* 5,1,9) Die Kaiser Theodosius II. und Valentinian III. an den Prätorianerpräfekten Hierius, Konstantinopel, 20. Februar 428

Eheleute, die ohne Testament sterben, erben nach dem alten Recht gegenseitig den ganzen Nachlaß, sofern weder aus gesetzmäßigen oder nur natürlichen Verbindungen zur Erbfolge berechtigte Eltern, Kinder oder andere Verwandte vorhanden sind, mit Ausnahme des Fiskus.

Vom Testament eines Soldaten

De testamento militis

6,21,2 Kaiser Caracalla an den Soldaten Septimus, o. O., 19. Februar 213

Wenn ein Soldat seinen Kameraden nur für sein im Felde befindliches Vermögen zum Erben eingesetzt hat,[86] so besitzt seine Mutter mit Recht sein übriges Vermögen als eines ohne Testament Verstorbenen. Hat er ausdrücklich einen anderen zum Erben eingesetzt und dieser die Erbschaft angetreten, so verlangst du zu Unrecht, daß das Vermögen auf dich übertragen werde.

6,21,5 Kaiser Alexander Severus an Sozomenus, o. O., 16. Januar 224

Aus dem Testament eines Soldaten, der entweder noch im Kriegsdienst oder ein Jahr nach erhaltenem ehrenvollen Abschied gestorben ist, gehören die Erbschaft und die Vermächtnisse allen, denen sie hinterlassen worden sind, da außer den übrigen den Soldaten bewilligten Vergünstigungen ihnen auch zugestanden worden ist, in ihren letztwilligen Verfügungen ihr Vermögen ganz nach ihrem Willen, wie sie es wollen, zu hinterlassen, insofern ein besonderes Gesetz es nicht verbietet.

6,21,17 Kaiser Justinian I. an den Prätorianerpräfekten Mena, Konstantinopel, 10. April 529

Damit man nicht glauben dürfe, daß den Soldaten erlaubt sei, ihr Testament auf jede beliebige Weise zu errichten, so bestimmen Wir hiermit, daß nur bei den im Felde befindlichen Soldaten das erwähnte Vorrecht bei Errichtung ihrer letztwilligen Verfügung gelten soll.

Welche ein Testament errichten oder nicht errichten können

Qui facere testamentum possunt vel non possunt

6,22,2 Die Kaiser Diokletian und Maximian und die Cäsaren an Viator und Pontia, o. O., 1. Dezember 290

Wenn derjenige, der dich und deine Gattin zu Erben eingesetzt hat, sich zur Zeit der Errichtung des Testaments bei völligen Geisteskräften befand und auch danach nicht wegen eines begangenen Verbrechens, sondern seiner Schmerzen überdrüssig oder in irgendeinem Anfall der Raserei sich selbst den Tod gegeben hat und dessen Unschuld sofort von dir nachgewiesen werden kann, dann darf wegen des Selbstmordes sein Testament nicht umgestoßen werden. Ist er jedoch aus Furcht vor der ihn erwartenden Strafe der Vollstreckung durch einen freiwilligen Tod zuvorgekommen, so verbieten die Gesetze die Aufrechterhaltung seines Letzten Willens.

6,22,3 Die Kaiser Diokletian und Maximian und die Cäsaren an Licinius, Sirmium, 2. April 294

Personen im hohen Alter oder Gebrechliche, die ihres Verstandes völlig mächtig sind, ist es unbenommen, ein Testament zu errichten. Dagegen ist es unzweifelhaft rechtens, daß ein noch in väterlicher Gewalt befindlicher Sohn nicht testieren kann.[87]

6,22,5 Kaiser Constantius II. an den Prätorianerpräfekten Rufinus, Sirmium, 26. Februar 352

Auch Eunuchen können unter Beachtung der gesetzlichen Formen wie jeder andere ein Testament machen, letztwillige Verfügungen errichten und mittels Kodizillen[88] verfügen.

6,22,6 Kaiser Constantius II. an den Prätorianerpräfekten Volusianus, Mailand, 18. Februar 355

Hätte auch jemand den Kaiser zu seinem Erben eingesetzt, so hat er doch das Recht, seinen Willen zu ändern und unter Beachtung der Gesetze beliebig jeden zu seinen Erben zu ernennen.

6,22,7 Die Kaiser Valentinian I., Valens und Gratian an den Prätorianerpräfekten Maximinus, Contionacum, 7. August 371

Wenn der Kaiser oder die Kaiserin zu Erben eingesetzt wurden, sind sie dem den übrigen gemeinsamen Recht unterworfen. Und diese Regel findet eben auch bei rechtsbeständig errichteten Kodizillen und fideikommissarischen[89] Briefen Anwendung. Und sowohl dem Kaiser als auch der

Kaiserin steht das Recht zu, wie es in den älteren Gesetzen angeordnet worden ist, ein Testament zu errichten und wieder abzuändern.

6,22,8 Kaiser Justin I. an den Prätorianerpräfekten Demosthenes, Konstantinopel, 1. Juni 521

Nach reiflicher Überlegung bestimmen Wir hiermit, daß Blinde, mögen sie es nun infolge einer Krankheit oder Verletzung geworden oder blind geboren worden sein, ihren Letzten Willen nur mündlich errichten können, und zwar in Gegenwart von sieben Zeugen, die auch bei anderen Testamenten gesetzlich vorhanden sein müssen, und eines Notars. Sind diese Zeugen sämtlich versammelt, so muß der Blinde denselben zuerst bekanntmachen, daß sie zu ihm gerufen worden sind, weil er mündlich testieren will. Hierauf muß derselbe die Namen der Erben speziell angeben und auch den Stand derselben, damit nicht durch die Erwähnung allein der Namen Zweifel entstehen. Dann muß derselbe den Anteil oder die Anteile, zu welchen dieselben erben sollen, dergleichen, was jeder Legatar[90] oder Fideikommissar[91] haben soll, und alles das, was die Gesetze zu letztwilligen Verfügungen erfordern, deutlich und bestimmt aussprechen. Ist dies alles an ein und demselben Ort und zu ein und derselben Zeit gehörig erörtert und danach vom Notar eigenhändig im Angesicht der sieben bereits erwähnten Zeugen niedergeschrieben, von den Zeugen eigenhändig unterzeichnet, sowohl von ihnen als auch vom Notar untersiegelt worden, so soll ein solcher Letzter Wille völlig zu Recht bestehen …

6,22,9 Kaiser Justinian I. an den Prätorianerpräfekten Julianus, Konstantinopel, 1. September 530

Wenn auch von den älteren Juristen bezweifelt wurde, ob ein Wahnsinniger in lichten Augenblicken seinen Letzten Willen errichten könne, so haben doch sowohl Unsere kaiserlichen Vorfahren als auch Wir solches angenommen. Nur für den Fall, welcher auch bereits die älteren Juristen beschäftigt hat, bedarf es noch einer Entscheidung, wenn der Rasende während der Testamentserrichtung von der Raserei befallen wird. Wir verordnen daher hiermit, daß das Testament eines solchen Kranken, der während des Aktes der Testamentserrichtung selbst von der Krankheit befallen wird, als ungültig erachtet werden soll. Hat er jedoch in lichten Augenblicken sich entschlossen, sein Testament oder seinen Letzten Willen zu errichten, hat er dasselbe zunächst bei ungetrübtem Verstande begonnen und ohne Eintreten der Krankheit vollendet, so soll ein solches Testament völlig zu Recht bestehen, wenn zugleich alles andere beachtet worden ist, was die Gesetze bei Verhandlungen dieser Art erfordern.

6,22,10 Kaiser Justinian I. an den Prätorianerpräfekten Julianus, Konstantinopel, 20. Februar 531

Da taub und stumm voneinander unterschieden ist, indem nicht immer beide Gebrechen miteinander verbunden sind, so verordnen Wir hiermit, daß demjenigen, der an beiden Übeln zugleich leidet und so geboren ist, nicht das Recht zusteht, ein Testament oder ein Kodizill zu errichten, ein Fideikommiß zu hinterlassen, eine Schenkung von Todes wegen[92] vorzunehmen oder jemandem die Freiheit zu erteilen, weder durch den Stab noch auf andere Weise, und es sind diesem Gesetz sowohl Männer als auch Frauen unterworfen. Sind jedoch ein Mann oder eine Frau mit dem Unglück dieses Gebrechens nicht geboren worden, sondern haben sie die Sprache und das Gehör durch eine spätere Krankheit verloren, so gestatten Wir ihnen für den Fall, daß sie des Schreibens kundig sind, dasjenige vorzunehmen, was Wir soeben verboten haben, insofern sie es eigenhändig schreiben können. Sind aber beide Übel voneinander getrennt, was jedoch so selten der Fall ist, so wollen Wir den Tauben hiermit gestatten, wenn auch von Natur aus mehrere Abstufungen vorhanden sind, sowohl Testamente als Kodizille, Schenkungen von Todes wegen, Freilassungen und andere Geschäfte vorzunehmen. Denn ist dem Tauben nur von Natur aus eine artikulierte Stimme verliehen, so steht ihm kein Hindernis entgegen, alles nach seinem Gefallen vorzunehmen. Es ist Uns nämlich wohlbekannt, wie einige Rechtsgelehrte sehr scharfsinnig durch Nachdenken herausgebracht und dargelegt haben, und wie auch Iuventius Celsus[93] angenommen hat, daß es durchaus niemanden gibt, der gar nichts hören sollte, wenn ihm nach oben, wo das Gehirn liegt, ins Ohr gesprochen wird. Bei demjenigen aber, dem nur eine spätere Krankheit das Gehör geraubt hat, kann man die Fähigkeit, alle Geschäfte ohne irgendein Hindernis vorzunehmen, ebenfalls nicht bezweifeln. Vermag er aber mit den Ohren zu hören und Worte aufzufassen und ist ihm nur die Sprache versagt, so steht ihm ebenfalls kein Hindernis entgegen, obgleich die älteren Juristen hierüber sehr abweichender Meinung sind, wenn er des Schreibens mächtig ist, alle diese Geschäfte wahrzunehmen, mag das Unglück ihn nun von Geburt oder infolge einer Krankheit betroffen haben. Auch soll bei dieser gesamten Konstitution kein Unterschied zwischen Männern und Frauen gemacht werden.

Von Testamenten und wie Testamente errichtet werden müssen

De testamentis et quemadmodum testamenta ordinantur

6,23,1 Kaiser Hadrian an Catonius Verus, o. O., o. J.

Ob die Zeugen freie Leute oder Sklaven gewesen sind, darüber darf in gegenwärtiger Sache nicht mehr verhandelt werden, da sie zu der Zeit, als das Testament unterzeichnet wurde, mit Einwilligung sämtlicher Kinder hinzugezogen worden sind und niemand bis jetzt über ihren Rechtszustand Klage erhoben hat.

6,23,2 Kaiser Alexander Severus an Expeditus, o. O., 1. Juni 225

Ein einmal publiziertes Testament bleibt nichtsdestoweniger gültig, wenngleich der Stoff, auf dem es zuerst geschrieben vom Testator[94] hinterlassen wurde, durch einen erwiesenen Zufall vernichtet worden ist.

6,23,3 Kaiser Alexander Severus an Antigonus, o. O., 22. Dezember 232

Es ist schon oft verordnet worden, daß aus einem unvollkommenen Testament auch der Kaiser keine Erbschaft in Anspruch nehmen kann. Denn obwohl das Gesetz des Reiches *(lex imperii)* den Kaiser von den Förmlichkeiten des Rechts befreit, so ist doch nichts der Herrschaft so gemäß, als nach den Gesetzen zu leben.

6,23,4 Kaiser Gordian III. an Rufinus, o. O., 21. Juli 239

Wenn sich auch der Testator im Namen, Vornamen, Zunamen oder Beinamen geirrt hätte und es übrigens feststeht, wen er gemeint hat, so schadet ein solcher Irrtum der Wahrheit nicht.

6,23,10 Die Kaiser Diokletian und Maximian und die Cäsaren an Menophilianus, o. O., 18. Juli 293

Ist das Testament den Gesetzen gemäß errichtet worden und ist der Erbe erbfähig[95], so kann es durch ein kaiserliches Reskript nicht für ungültig erklärt werden.

6,23,11 Die Kaiser Diokletian und Maximian und die Cäsaren an Zethus, o. O., 6. Juli 293

Ein rechtsgültig errichtetes Testament verliert nicht dadurch seine Gültigkeit, daß es nach dem Tode des Testators nachweisbar unterschlagen worden ist.

6,23,12 Die Kaiser Diokletian und Maximian und die Cäsaren an Matronia, Philippopolis, 6. Juli 293

Hat einer an den sieben Zeugen gefehlt oder haben nicht alle Zeugen an demselben Orte in Gegenwart des Testators mit ihrem oder einem anderen Petschaft untersiegelt, so ist das Testament nicht rechtsgültig. Was du aber von Rasuren und darüber geschriebenen Stellen anführst, so bezieht sich diese Frage nicht auf die gesetzlichen Förmlichkeiten, sondern auf den Glauben des Testaments selbst, um festzustellen, ob eine Verbesserung mit Einwilligung des Testators vorgenommen oder ob unbedachtsam von einem anderen etwas weggestrichen wurde oder ob solches von irgend jemand betrügerischerweise vorgenommen worden ist.

6,23,13 Die Kaiser Diokletian und Maximian und die Cäsaren an Euripides, o. O., 26. November 294

Obgleich jedermann berechtigt ist, nach bestimmten Gesetzen über sein Vermögen zu testieren, so ist es doch niemandem erlaubt, die Form der Gerichtsbarkeit zu verändern oder vom öffentlichen Recht etwas zu streichen.

6,23,17 (= *Cod. Theod.* 4,4,3) Die Kaiser Arcadius und Honorius an Aeternalis, Prokonsul von Asien, o. O., 21. März 402

Ein Testament darf deshalb nicht für ungültig erachtet werden, das der Verstorbene mit verschiedenen Bezeichnungen benannt hat, da Überflüssiges nicht zum Nachteil gereichen darf. Denn nur die Nichtbeachtung verschiedener Erfordernisse entkräftet einen Vertrag und gereicht dem Willen des Testators zum Nachteil, nicht ein Überfluß von Vorsichtsmaßregeln.

6,23,22 Kaiser Zenon an den Prätorianerpräfekten Sebastianus, Konstantinopel, 1. Mai 480

Es ist durchaus unzweifelhaft, daß auch denen, die Testamente oder letztwillige Verfügungen schreiben, ein Vermächtnis, Fideikommiß oder irgend etwas anderes unter jedem gesetzlichen Titel vom Testator hinterlassen werden kann. Es ist dem Testator auch unverwehrt, den bei der Aufsetzung des Letzten Willens zugezogenen Zeugen ganz nach seiner Willkür, was ihm beliebt, zu hinterlassen.

6,23,26 Kaiser Justinian I. an den Prätorianerpräfekten Mena, Konstantinopel, 10. Dezember 528

Die Errichtung mündlicher Testamente wollen Wir hiermit von jeder feierlichen Vorschrift gänzlich befreien, so daß es, wenn die sieben Zeugen versammelt sind, ausreichend sein soll, um den Willen des Testators oder der Testamentserrichterin allen zugleich zu offenbaren, wenn sie erklären, an wen ihr Vermögen gelangen soll, wem sie Vermächtnisse und Fideikommisse aussetzen und wem sie die Freiheit schenken wollen, auch wenn der Testator oder die Testamentserrichterin vorher nicht jene feierlichen Worte gesprochen hätte: Deshalb seien die Zeugen von ihnen zusammengerufen worden, weil sie beschlossen hätten, ihren Letzten Willen oder Testament mündlich zu errichten.

6,23,31 Kaiser Justinian I. an den Prätorianerpräfekten Johannes, Konstantinopel, 5. Juli 534

Sowohl in der älteren Gesetzgebung als auch von verschiedenen Unserer Vorfahren ist dem Bauernstand immer besonders entgegengekommen und sind demselben die genaue Befolgung vieler gesetzlicher Feinheiten erlassen worden, was Wir aus den für sich selbst sprechenden Verhältnissen wahrnehmen. Denn indem die Errichtung der Testamente unter ganz bestimmten gesetzlichen Vorschriften eingeführt worden ist, wie können Bauern und andere der Schrift Unkundige sich bei den letztwilligen Verfügungen an so viele gesetzliche Feinheiten binden? Im Hinblick auf die göttliche Milde haben Wir es deshalb für nötig erachtet, durch gegenwärtiges Gesetz ihrer Einfalt zu Hilfe zu kommen. Wir verordnen daher, daß in allen Städten und den aus Lagern entstandenen Orten des Römischen Reiches, wo sowohl Unsere Gesetze hinlänglich bekannt sind als auch die Kenntnis der Schreibkunst blüht, alles, was in Unseren Büchern der Pandekten[96] oder Institutionen[97], in den kaiserlichen Verordnungen und Unseren Konstitutionen über die Errichtung der Testamente vorgeschrieben worden ist, genau beachtet und darin durch gegenwärtiges Gesetz nichts geändert werden soll. In denjenigen Ortschaften aber, in denen selten des Schreibens kundige Personen aufzufinden sind, wollen Wir durch vorliegendes Gesetz den Landleuten gestatten, ihre alte Gewohnheit statt des Gesetzes beizubehalten, jedoch in der Art, daß, wo des Schreibens Kundige aufgefunden werden können, sieben Zeugen, die notwendigerweise zum Zeugnis berufen worden sein müssen, zuzuziehen sind und ein jeder für sich selbst die Unterschrift verrichten muß. Sollten aber des Schreibens Kundige nicht zu haben sein, sollte gestattet werden, sieben Zeugen auch ohne Unterschrift als Zeugen hinzuzuziehen. Sollten jedoch in einem solchen Ort sieben Zeugen nicht aufgefunden werden können, so wollen Wir gestatten, zu allem Erforderlichen auch nur fünf Zeugen hinzuzuziehen, aber weniger durchaus nicht zuzulassen. Sollten von den Zeugen nur einer, zwei oder mehrere schreiben können, so soll diesen erlaubt sein, die Unterschrift für die des Schreibens Unkundigen, jedoch in deren Gegenwart, zu verrichten. Die Zeugen müssen aber den Willen des Testators selbst kennenlernen und besonders, wen oder welche Personen er zu seinen Erben hinterlassen will, und dies nach dem Tode des Testators eidlich bekräftigen. Alles, was ein Bauer auf diese Weise über sein Vermögen angeordnet hat, soll auf alle Fälle unter Erlassung der strengeren gesetzlichen Formen rechtsbeständig und gültig bleiben.

Von Erbeneinsetzungen und welche Personen nicht zu Erben eingesetzt werden können

De heredibus instituendis et quae personae heredes institui non possunt

6,24,1 Kaiser Antoninus Pius an Antestianus, o. O., o. J.

Deportierte können, wenn sie zu Erben eingesetzt worden sind, als Ausländer die Erbschaft nicht antreten. Vielmehr bleibt die Erbschaft in derselben Lage, in der sie sein würde, wenn sie nicht zu Erben eingesetzt worden wären.

6,24,5 Kaiser Gordian III. an Cassianus, o. O., 27. September 241

Deine Gattin muß nichtsdestoweniger als eingesetzte Erbin betrachtet werden, wenn sie im Testament nicht Gattin, sondern Verwandte genannt wurde.

6,24,8 Die Kaiser Diokletian und Maximian an Hadrianus, o. O., 23. Mai 290

Es besteht kein Zweifel darüber, daß eine Genossenschaft, insofern sie nicht dafür mit einem besonderen Privileg versehen ist, keine Erbschaften erwerben kann.

6,24,11 (= *Cod. Theod.* 5,1,9) Die Kaiser Theodosius II. und Valentinian III. an den Prätorianerpräfekten Hierius, Konstantinopel, 20. Februar 428

Auch einen ganz unbekannten Fremden kann jemand zum Erben einsetzen.

Von der Einsetzung oder Substitution der Sklaven als Zwangserben

De necessariis et servis heredibus instituendis vel substituendis

6,27,1 Kaiser Pertinax an Lucretius, o. O., 22. März 193

Seid ihr, obgleich Sklaven, unter der Bezeichnung von Freigelassenen zu Erben eingesetzt worden, so muß diese Bestimmung infolge einer milden Auslegung ebenso angesehen werden, als wenn ihr als Freie zu Erben eingesetzt worden wärt. Bei einem Vermächtnis findet dies aber nicht statt.

6,27,3 Die Kaiser Diokletian und Maximian und die Cäsaren an Felix, Sirmium, 17. Dezember 293

Wenn sich dein Vormund mit deiner Sklavin in einem Kontubernium[98] befunden und sie danach zur Erbin eingesetzt hat, so hat er dir dadurch das Eigentum an derselben nicht entziehen können. Du hast rechtlich völlig die Befugnis, ihr den Antritt des Erbes zu befehlen, um dadurch zur Erbfolge desselben zu gelangen.

Von der Erbeneinsetzung, Enterbung oder Übergehung der nachgeborenen Erben
De postumis heredibus instituendis vel exheredandis vel praeteritis

6,29,1 Kaiser Caracalla an Brittianus, o. O., 28. Juni 213

Wenn dem Testator nach Errichtung seines Testaments, in dem er den Nachgeborenen nicht erwähnt hat, noch ein Sohn oder eine Tochter geboren wird, so ist er ohne Testament gestorben, da durch die Geburt eines oder einer Nachgeborenen, die er nicht bedacht hat, das Testament umgestoßen wird. Es steht rechtlich völlig fest, daß aus einem umgestoßenen Testament weder etwas geschuldet wird noch gefordert werden kann.

6,29,2 Die Kaiser Diokletian und Maximian und die Cäsaren an Soterichus, Sirmium, 18. Februar 294

Durch eine Fehlgeburt der Ehegattin wird das Testament des Ehemannes nicht umgestoßen. Dagegen unterliegt es rechtlich auch nicht dem geringsten Zweifel, daß bei Übergehung des Nachgeborenen, wenn auch dieser gleich nach der Geburt gestorben ist, das umgestoßene Testament nicht wiederhergestellt wird.

Von der Art und Weise, wie Testamente eröffnet, eingesehen und Abschriften davon genommen werden
Quemadmodum aperiantur testamenta et inspiciantur et describantur

6,32,1 Kaiser Alexander Severus an Procula, o. O., 31. März 223

Der zuständige Richter muß die Verfügung treffen, daß das Testament, dessen Errichtung du behauptest, vorgelegt und öffentlich verlesen werde.

6,32,4 Die Kaiser Gratian, Valentinian II. und Theodosius I. an den Prätorianerpräfekten Hesperius, Mailand, 30. Juli 379

Ein Kodizill[99] muß, so wie jede Schrift gleichen Inhalts, mit denselben Förmlichkeiten wie Testamente eröffnet werden.

Wenn jemand einen anderen an der Errichtung des Testaments gehindert oder dazu gezwungen hätte
Si quis aliquem testari prohibuerit vel coegerit

6,34,1 Kaiser Alexander Severus an Severa, o. O., 18. Dezember 229

Zum Zivilprozeß tritt noch ein Verbrechen hinzu, wenn nämlich der Testator nicht freiwillig sein Testament errichtet hat, sondern entweder vom eingesetzten Erben oder irgendeinem anderen gezwungen worden ist, Personen zu Erben einzusetzen, die er nicht einsetzen wollte.

6,34,2 Die Kaiser Diokletian und Maximian an Nicagora, o. O., 1. Januar 285

Es ist sehr wohl begründetes Recht, daß diejenigen, die überführt wurden, die Errichtung des Testaments verhindert zu haben, als unwürdige Personen der Erbfolge verlustig gehen.

6,34,3 Die Kaiser Diokletian und Maximian und die Cäsaren an Eutychides, o. O., 28. Dezember 294

Es ist kein Verbrechen, den Letzten Willen der Ehegattin durch eheliches Zureden für sich zu lenken.

Von denen, welchen als Unwürdigen die Erbschaften wieder entzogen werden, und zum Silanianischen Senatsbeschluß[100]

De his quibus ut indignis auferuntur et ad senatus consultum Silanianum

6,35,5 Kaiser Alexander Severus an Tyrannus, o. O., 9. März 224

Unter dem Vorwande, daß bezüglich des Begräbnisses dem Testament oder den Willensbestimmungen des Verstorbenen nicht genügt worden ist, darf den Erben die Erbschaft als Unwürdigen nicht entzogen werden.

6,35,7 Kaiser Alexander Severus an Vitalia, o. O., 15. März 232

Wenn die Rächung des Todes des Testators deshalb nicht verlangt worden ist, weil die Mörder nicht haben aufgefunden werden können, so darf dies den Erben, gegen die in dieser Hinsicht keine Schuld festgestellt wird, nicht zum Nachteil gereichen.

6,35,12 Kaiser Justinian I. an den Prätorianerpräfekten Johannes, Konstantinopel, 18. Oktober 532

Unserer Majestät sind die Zweifel der älteren Gesetzgebung über den Silanianischen Senatsbeschluß und wegen der Sklaven vorgetragen worden, die mit der Todesstrafe belegt werden, wenn sie, mit ihrem durch einen mörderischen Überfall getöteten Herrn unter einem Dache wohnend, diesem nicht zu Hilfe geeilt sind. Die alten Juristen sprachen sich nämlich nicht mit Bestimmtheit aus, welcher Sinn den Worten „unter demselben Dache" beizumessen ist, ob man diese Bezeichnung von demselben Schlafzimmer, demselben Speisezimmer, Säulengang oder Gesellschaftsraum zu verstehen habe, indem sie hinzufügten, daß in dem Fall, wenn der Herr auf der Straße oder auf dem Felde getötet wurde, diejenigen Sklaven bestraft werden müßten, die dabeigewesen waren und zur Abwendung der Gefahr keine Hilfe geleistet hätten, ohne daß sie über die Art der Anwesenheit etwas bestimmten. Um daher den Sklaven jede Gelegenheit zu entziehen, die Todesstrafe wegen Vernachlässigung des Wohles ihres Herrn von sich abzuwenden, bestimmen Wir hiermit, daß alle Sklaven desselben, die von irgendeinem Orte, mag es nun im Hause, auf der Straße oder im Freien sein, das Hilfegeschrei hören und die den Angriff sehen können, aber nicht zu Hilfe eilen, mit der im Senatsbeschluß angedrohten Todesstrafe belegt werden sollen. Denn es ist ihre Schuldigkeit, überall, wo sie den Herrn in Gefahr erblicken, zur Abwendung des Angriffs herbeizueilen.

Von Vermächtnissen
De legatis

6,37,1 Kaiser Antoninus Pius an die Freigelassenen der Sextia Basilia, o. O., o. J.

Wenn euch Unterhalt und Kleidung mit den Worten „daß ihr mit dem Claudius Justus zusammen wohnen werdet" vermacht worden sind, so ist es, wie ich die Worte auslege, die Absicht des Verstorbenen gewesen, daß euch solche auch nach dem Tode des Justus gewährt werden sollen.

6,37,4 Kaiser Caracalla an Sulpicius, o. O., 27. Juni 213

Wenn den Sklaven im Testament ihrer Herren nicht die Freiheit erteilt worden ist, so ist das denselben hinterlassene Vermächtnis und der Fideikommiß ungültig. Es kann auch nicht zur Gültigkeit gelangen, wenn sie gleich nach dem Tode des Testators die Freiheit aus irgendeinem anderen Grunde erlangt hätten.

6,37,13 Die Kaiser Diokletian und Maximian an Severa, o. O., 17. April 286

Es steht fest, daß deine eigenen Sachen dir weder vermacht noch als Fideikommiß haben hinterlassen werden können.

6,37,14 Die Kaiser Diokletian und Maximian an Tatianus, o. O., 31. August 286

Grabmäler können zwar nicht vermacht werden, aber es ist jedoch jedermann überlassen, einem anderen das Recht zu vermachen, nach seinem Tode darin beigesetzt zu werden.

6,37,15 Die Kaiser Diokletian und Maximian an Terentius, o. O., 29. September 290

Wenn das ganze von eurem Vater hinterlassene Vermögen durch fiskalische oder Privatschulden absorbiert wird, so können allerdings keine im Testament ausgesetzten Vermächtnisse gelten. Bleibt jedoch nach Abzug der Schulden vom Vermögen etwas übrig, so gestatten Rechtsgründe nicht, den Freilassungen Hindernisse in den Weg zu legen, da ja auch Vermächtnisse und Fideikommisse, allerdings unter Vorbehalt des Falcidischen Gesetzes[101], gewährt werden müssen.

6,37,19 Die Kaiser Diokletian und Maximian und die Cäsaren an Nicon, Nikomedia, 9. Dezember 294

Nicht allein ein Ehemann, der nur zwei Monate, sondern der noch weniger lang verheiratet gewesen ist, beerbt seine Ehegattin, wenn er von derselben in ihrem Testament zum Erben eingesetzt worden ist. Die Kürze der Zeit steht auch weder dem Empfang von Vermächtnissen noch von Fideikommissen, noch von Schenkungen entgegen.

6,37,20 Die Kaiser Diokletian und Maximian und die Cäsaren an Eutychianus, o. O., 26. Dezember 294

Wenn die Gattin deines Onkels mit Hinterlassung eines Testaments gestorben ist, so hat sie darin deine Sachen, an denen ihr nur der Nießbrauch zustand, nicht vermachen können.

6,37,21 Kaiser Constantius II. an das Volk, o. O., 1. Februar 339

Bei Vermächtnissen und Fideikommissen bedarf es nicht notwendigerweise der herkömmlichen Worte, zudem kommt es auch nicht darauf an, welchen Grund jemand zu einer solchen Willensbestimmung für seine Worte gebraucht oder in welcher Art und Weise er sich darüber ausgesprochen hat.

6,37,22 Kaiser Justinian I. an den Prätorianerpräfekten Mena, Konstantinopel, 11. Dezember 528

Wir bestimmen hiermit, daß bei jährlichen Vermächtnissen oder Fideikommissen, die nach dem Willen des Testators nicht bloß einer bestimmten Person, sondern auch den Erben derselben haben gewährt werden sollen, das Recht, dieselben zu fordern, allen Erben und den Erben der Erben, gemäß dem Willen des Testators, zustehen soll.

Von Fideikommissen
De fideicommissis

6,42,1 Kaiser Caracalla an Demetrius, o. O., 16. August 212

Wenn du zu beweisen imstande bist, daß Demetrius seiner Mutter und Erbin bittweise auferlegt hat, dir monatlich Alimente und Kleidung zu gewähren, und sie dieser Verfügung ihres Sohnes viele Jahre, in diesem Falle wenigstens drei Jahre hindurch, nachgekommen ist, so bist du berechtigt, die Entrichtung derselben für die Zukunft und die Nachzahlung dessen, was du für die Vergangenheit nicht erhalten hast, zu fordern.

6,42,7 Kaiser Alexander Severus an Septimus, o. O., 15. Februar 225

Die Frage, was der Verstorbene gewollt habe, gehört zur Beurteilung des Richters.

6,42,8 Kaiser Alexander Severus an Mascellus, o. O., 18. Mai 225

Wer die Freiheit durch ein Fideikommiß erhalten hat, kann die ihm vom Testator ausgesetzten Vermächtnisse oder Fideikommisse aus eigenem Recht verfolgen.

6,42,9 Kaiser Gordian III. an Paulina, o. O., 15. September 238

Derjenige, der weder ein Vermächtnis noch eine Erbschaft oder Schenkung von Todes wegen empfangen hat, kann mit keinem Fideikommiß beauftragt werden.

6,42,20 Die Kaiser Diokletian und Maximian an Julianus, o. O., 3. Dezember 290

Auch die den Vormündern der Unmündigen auferlegten Fideikommisse müssen so entrichtet werden, als wenn sie den Unmündigen selbst auferlegt worden sind.

6,42,22 Die Kaiser Diokletian und Maximian und die Cäsaren an Plancianus, Byzanz, 13. April 293

Es unterliegt keinem Zweifel, daß ein Fideikommiß unter Hinzuziehung von Zeugen durch einen Brief, Zettel oder mündlich, ja selbst auch durch bloßes Zuwinken verfügt werden kann.

6,42,27 Die Kaiser Diokletian und Maximian und die Cäsaren an Olympias, Viminacium, 27. September 294

Die Erben können niemals gezwungen werden, ein Fideikommiß desjenigen zu gewähren, der nachweisbar seinen Willen geändert hat.

6,42,28 Die Kaiser Diokletian und Maximian und die Cäsaren an Gaius, Transmarisca, 18. Oktober 294

Aus einem Fideikommiß, der unter einer Bedingung den eigenen Sklaven, ohne ihnen zugleich die Freiheit zu erteilen, ungültig hinterlassen worden ist, kann die Freiheit nicht in Anspruch genommen werden.

Von den gesetzlichen Erben
De legitimis heredibus

6,58,7 Die Kaiser Diokletian und Maximian und die Cäsaren an Ammianus, Sirmium, 13. Februar 294 (?)

Dem Onkel und der Tante, beide im dritten Verwandtschaftsgrade stehend, kommen betreffs der Intestaterbfolge[102] nicht die gleichen Rechte zu. Der Onkel geht vielmehr nach dem Rechte der Agnatschaft[103] der Tante vor.

6,58,12 Kaiser Justinian I. an den Prätorianerpräfekten Johannes, Konstantinopel, 24. Oktober 532

Vom Kollegium der kaiserlichen Rechtsgelehrten ist bei Uns angefragt worden, ob in dem Fall, wenn eine Frau, die älter als 50 Jahre ist, ein Kind geboren hat, eine solche Nachkommenschaft zur Erbfolge seines Vaters gelangen und dessen Erbschaft erwerben kann. Wir verordnen daher, daß eine solche Leibesfrucht, die nachweisbar als ein Erzeugnis der Natur anerkannt werden muß, wenn man eine solche wundersame Leibesfrucht wirklich finden sollte, was sich selten zutragen dürfte, nicht verstoßen, sondern derselben alle Rechte, die die Gesetze den Kindern gewähren, auch Söhnen oder Töchtern dieser Art bei allen Erbfällen, sowohl aus einem Testament als auch bei der gesetzlichen Erbfolge rein und unverletzt erhalten werden sollen. Kurzum, es sollen diejenigen, die die Natur gleich geschaffen hat, den übrigen nicht ungleich erachtet werden, besonders da Wir in einem früheren Gesetz Ehen dieser Art gestattet und ausdrücklich untersagt haben, sie als ungleiche Ehen anzusehen.

Gemeinschaftliche Regeln über Erbfälle
Communia de successionibus

6,59,3 Die Kaiser Diokletian und Maximian und die Cäsaren an Ulpiana, Sirmium, 15. Februar 294

Es steht rechtlich völlig fest, daß dem Stiefvater in den Nachlaß seines Stiefsohnes keine Intestaterbfolge weder nach dem Zivilrecht noch nach dem prätorischen Recht[104] gebührt.

6,59,4 Die Kaiser Diokletian und Maximian und die Cäsaren an Aurelius Asterius, o. O., 5. April 294

Ein Sklave kann keine Erben haben.

6,59,6 Die Kaiser Diokletian und Maximian und die Cäsaren an Publicianus, o. O., 1. Oktober 294

Es steht rechtlich völlig fest, daß der Onkel von der Mutterseite, der im dritten Verwandtschaftsgrade steht, dem Neffen, der erst dem folgenden Verwandtschaftsgrade angehört, bei der Intestaterbfolge vorangeht.

6,59,9 Die Kaiser Diokletian und Maximian und die Cäsaren an Sopatrus, Nikomedia, 18. Dezember 294

Der Herr einer Sklavin kann die Erbfolge in den Nachlaß eines freien Mannes, der mit derselben (Sklavin) eine Verbindung hatte, aufgrund dieser Verbindung nicht in Anspruch nehmen.

BUCH 7

Buch 7 umfaßt das Freilassungsrecht, sachenrechtliche Fragen sowie das Prozeßrecht, vor allem die Urteilslehre. Das Freilassungsrecht wird sehr ausführlich gebracht. Ihm sind allein etwa $^1/_3$ der 438 Konstitutionen, die in 75 Titeln zusammengefaßt sind, gewidmet. Es begegnen die verschiedenen Arten der Freilassung, wie beispielsweise die Freilassung durch den Stab (vgl. auch Anm. 105) als der ältesten Form der Freiheitserteilung. Der genaue Hergang der Freilassungshandlung ist nicht bekannt. Die testamentarische Freilassung *(manumissio testamento)* erteilt dem Sklaven die Freiheit auf direktem Wege, d. h., der Testator macht den Sklaven in dem Augenblick frei, in dem das Testament wirksam wird. Der Sklave ist Freigelassener eines Verstorbenen. Trägt der Testator dem Erben im Testament auf, den Sklaven freizulassen, so liegt indirekte, fideikommissarische Freilassung vor. Der Sklave wird nicht frei bei Wirksamwerden des Testaments, sondern erst dann, wenn der Erbe die testamentarische Auflage erfüllt. Somit wird der Sklave Freigelassener eines Lebenden, des Erben.
Unter bestimmten Umständen kann der Sklave nicht zur Freiheit gelangen: wenn er von Personen freigelassen wird, denen er nicht gehört; ist er verpfändet, kann ihn der Schuldner (sein Herr) nicht freilassen, bevor er dem Gläubiger nicht Genüge getan hat; wird der Sklave während der Verbüßung einer Haftstrafe vom Herrn freigelassen, erlangt er erst nach Beendigung der Strafzeit die Freiheit. Die Freiheit wird jenen als Belohnung verheißen, die etwa einen Falschmünzer angezeigt oder einen Deserteur verraten haben.
Die das Sachenrecht betreffenden Konstitutionen beschäftigen sich hauptsächlich mit der Ersitzung *(usucapio)* – d. h. dem an bestimmte Bedingungen geknüpften Erwerb einer fremden Sache durch fortgesetzten Besitz (vgl. Anm. 112) – von Mobilien und Immobilien sowie mit den Ersitzungsfristen.
Prozeßrechtlichen Fragen wird gleichfalls breiter Raum gegeben. Entscheidung eines inkompetenten Richters, Bestechung des Richters, Prozeßkosten, Urteilsfindung aufgrund gefälschter Urkunden, Appellation sind nur einige Stichworte dazu.

Von der Freilassung durch den Stab[105] und der Freilassung vor dem Konzil

De vindicta libertate et apud consilium manumissione

7,1,4 Kaiser Konstantin I. an den Stadtpräfekten Maximus, o. O., zwischen 319 und 323

Gehorsame Sklaven können nach dem Willen ihrer Herren die Freiheit vor Unserem Rat oder von den Konsuln, den Prätoren, den Statthaltern und Magistraten der Städte erlangen, die dieses Recht (der Freiheitserteilung) haben.

Von der testamentarischen Freilassung

De testamentaria manumissione

7,2,7 Kaiser Gordian III. an Justa, o. O., 23. Januar 240

Um die Gesetze der kindlichen Treue nicht zu verletzen, darfst du gegen den Willen deiner Mutter demjenigen nicht die Freiheit geben, den freizulassen sie verboten hat.

7,2,8 Kaiser Philippus Arabs und Cäsar Philippus an Gemellus, o. O., o. J.

Wenn der Testator angeordnet hat, daß zur Zeit der Hochzeit seines Sohnes oder seiner Tochter der Sklave freigelassen wird, so hat er damit keinen genauen Termin der Freiheitserteilung bestimmt, sondern eine Bedingung (für die Freilassung) aufgestellt, so daß, wenn keine Heirat stattfindet, die Freiheit zu Recht nicht gefordert werden kann.

Von der fideikommissarischen[106] Erteilung der Freiheit

De fideicommissariis libertatibus

7,4,8 Kaiser Alexander Severus an Eutyches, o. O., 18. August 225

Da du angibst, dir sei die fideikommissarische Freiheit unter der Bedingung erteilt worden, daß die Frau des Testators dagegen nichts einzuwenden habe, so kannst du, auch wenn diese die Erbschaft nicht angetreten hat, sondern diese ganz an den Sohn gefallen ist, die Freiheit dennoch in Anspruch nehmen, sobald sich die Frau des Testators nicht widersetzt.

7,4,9 Kaiser Alexander Severus an Mercurialis, o. O., 1. April 231

Die dir durch ein Fideikommiß hinterlassene Freiheit mit der Bedingung, wenn der Sohn des Testators das 25. Lebensjahr erreicht hat, geht nicht verloren, wenn auch der Erbe noch vor Erreichen dieses Alters verstorben ist. Denn in der Zeit, binnen derer er, wäre er am Leben geblieben, das bestimmte Alter erreicht hätte, soll die Hoffnung auf die Freiheit nicht erlöschen.

7,4,10 Die Kaiser Valerian und Gallienus an Daphnus, o. O., 27. Februar 260

Wenn der Testator seinen Sklaven zum Vormund seiner Söhne bestimmt hat, ohne ihm die Freiheit erteilt zu haben, so wird dennoch zur Begünstigung der Freiheit und der Unmündigen angenommen, daß er durch ein Fideikommiß freigelassen worden ist. Wenn der Testator nicht seinen eigenen, sondern einen fremden Sklaven zum Vormund ernannt hat und dessen Stand kannte, so haben die Rechtsgelehrten entschieden, daß ebenfalls fideikommissarisch die Freiheit erteilt worden ist, es sei denn, daß der Testator eindeutig anderer Meinung gewesen ist.

7,4,14 Kaiser Justinian I. an den Prätorianerpräfekten Julianus, Konstantinopel, 1. Oktober 530

Die Alten bezweifelten, daß die fideikommissarische Freiheit einem Sklaven gegeben werden könne, der sich noch im Mutterleib befindet und von dem man erst hofft, daß er ein Mensch wird. Wir wollten den alten Streit entscheiden und meinen zur Begünstigung der Freiheit, daß sowohl die fideikommissarische als auch die unmittelbar erteilte Freiheit Gültigkeit haben soll, so daß das Kind mit der Freiheit das Licht der Welt erblickt, wenn seine Mutter auch noch eine Sklavin ist. Wurden aber mehrere Knaben oder Mädchen geboren, so sollen alle, möge der Testator von der Ein- oder Mehrzahl gesprochen haben, trotzdem bei ihrem Eintritt in die Welt zur Freiheit gelangen, da es bei Doppelsinnigkeiten besser ist – und zumal in bezug auf die Freiheit –, sich für die menschlichere Variante zu entscheiden.

Von der Aufhebung der untertänigen Freiheit
De deditícia libertate[107] *tollenda*

7,5,1 Kaiser Justinian I. an den Prätorianerpräfekten Julianus, o. O., 530

Das Untertänigkeitsverhältnis Freigelassener soll Unseren Staat in Zukunft nicht mehr belästigen dürfen, sondern soll völlig aufgehoben sein, weil Wir finden, daß es nicht mehr in Gebrauch ist und nur noch der leere Name dieser Art von Freiheit besteht. Da Wir die Wahrheit verehren, soll in Unseren Gesetzen auch nur das Vorhandene existieren.

Von der Freilassung eines verpfändeten Sklaven
De servo pignori dato manumisso

7,8,5 Kaiser Alexander Severus an Extricatianus, o. O., 30. Mai 223

Wenn den Gläubigern Genüge geleistet wurde, werden die verpfändeten und vom Schuldner freigelassenen Sklavinnen frei. Auch wenn der Freilasser zu behaupten wagt, daß er es nur zum Schaden der Gläubiger getan hat, und er nun die Freiheitserteilung widerrufen will, dürfen weder er noch seine Erben gehört werden.

Von Sklaven, die von Personen freigelassen worden sind, die nicht deren Herren sind
De his qui a non domino manumissi sunt

7,10,3 Kaiser Alexander Severus an Pompejus, o. O., 27. Juli 230[108]

Wer dir eine Erbschaft verkauft hat, bleibt bis zur Übergabe der zur Erbschaft gehörenden Stücke deren Eigentümer. Er hat deshalb auch einem Sklaven (der Bestandteil der Erbschaft war) die Freiheit geben können.

7,10,5 Die Kaiser Diokletian und Maximian an Marcellina, o. O., 27. April 286

Wenn Sklaven durch eine Schenkung übergeben worden sind, hat die Schenkerin später kein Recht mehr auf Freilassung derselben.

Von denen, die nicht freilassen können, und daß nicht zum Schaden der Gläubiger freigelassen werden darf
Qui manumittere non possunt et ne in fraudem creditorum manumittatur

7,11,2 Kaiser Alexander Severus an Natalianus, o. O., o. J.

In den kaiserlichen Mandaten ist festgelegt worden, daß Meine Sklaven auch nicht durch Zwischenpersonen Sklaven, die zu ihrem Pekulium[109] gehören, freilassen können.

7,11,3 Kaiser Alexander Severus an Justina, o. O., o. J.
Auf Veranlassung des verewigten Kaisers Mark Aurel hat der Senat entschieden, daß niemand einen eigenen oder fremden Sklaven bei einem Schauspiel auf Drängen des Volkes freilassen[110] darf. Wenn es trotzdem geschehen ist, so soll es als ungeschehen betrachtet werden.

Wer nicht zur Freiheit gelangen kann
Qui non possunt ad libertatem pervenire

7,12,1 Die Kaiser Mark Aurel und Verus an Torquatus, o. O., 16. Juni 161 (?)

Da Mein verewigter Vater angeordnet hat, daß die von den Provinzialpräsidenten oder anderen, die die Macht zur Verurteilung von Verbrechern haben, zu lebenslänglichem Gefängnis Bestraften nicht zur Freiheit gelangen können, so können auch diejenigen (Sklaven), die während ihrer Strafzeit (von ihren Herren) freigelassen wurden und Erben geworden sind oder ein Vermächtnis oder ein Fideikommiß empfangen haben, weder die Freiheit erhalten noch etwas von dem ihnen Hinterlassenen erwerben. Wenn sie aber die Strafe verbüßt haben, dann können sie – nun befreit von allen Banden und quasi in das frühere Sklavenverhältnis zurückgekehrt – sowohl die Freiheit als auch das erhalten, was ihnen in den Testamenten ihrer verstorbenen Herren vermacht worden ist, ohne daß die vorherige Bestrafung einen Einfluß darauf hat.

Aus welchen Gründen Sklaven zur Belohnung die Freiheit erhalten

Pro quibus causis servi praemium accipiunt libertatem

7,13,2 (= *Cod. Theod.* 9,21,2) Kaiser Konstantin I. an Januarinus, Vikar der Stadt Rom, Rom, 20. November 318

Sklaven, die Falschmünzer angezeigt haben, werden mit dem Römischen Bürgerrecht beschenkt. Ihren Wert sollen die Herren vom Fiskus ausgezahlt bekommen.

7,13,3 (= *Cod. Theod.* 9,22,4) Kaiser Konstantin I. an das Volk, Aquileia, 31. März 320

Wenn ein Sklave die bisher mit Erfolg verheimlichte oder durch spätere Vereinbarung vertuschte Schandtat eines Jungfrauenraubes bekanntgemacht hat, wird er mit der Freiheit beschenkt.

7,13,4 (= *Cod. Theod.* 7,18,4,1) Die Kaiser Gratian, Valentinian II. und Theodosius I. an den Prätorianerpräfekten Syagrius, Rom, 15. Juli 380

Wenn ein Sklave einen Deserteur verraten hat, wird ihm die Freiheit geschenkt.

Von freigelassenen Freigeborenen

De ingenuis manumissis

7,14,3 Kaiser Philippus Arabs an Felicissimus, o. O., o. J.

Wenn sich später mit vollen rechtlichen Beweisen herausstellt, daß deine Großmutter, die wie eine Sklavin freigelassen wurde, eine Freigeborene ist, und wenn ein gerechtes Urteil deren Standesrecht (als einer Freigeborenen) schützt, so hättest du leicht erfahren können, daß auch deren noch vor dem Urteil geborene Kinder zu Recht die Freiheit von Freigeborenen in Anspruch nehmen können.

Allgemeine Regeln über die Freilassungen
Communia de manumissionibus

7,15,3 Kaiser Justinian I. an den Prätorianerpräfekten Johannes, Konstantinopel, 1. November 531

Wenn ein Unverheirateter seine Sklavin als Konkubine bei sich hat, dieses Verhältnis bis zu seinem Tode fortdauerte und er mit ihr vielleicht Kinder gezeugt hat, so befehlen Wir hiermit, daß es den Erben des Verstorbenen nicht gestattet ist, dieselbe oder ihre Kinder in die Sklaverei zu führen, sondern sie soll nach dem Tode des Herrn mit ihren Kindern die Freiheit erhalten. Dem Herrn geben Wir zu seinen Lebzeiten freie Macht und Gewalt über die Sklavin und die mit ihr gezeugten Kinder, er kann auch in seinem Letzten Willen nach Belieben über sie verfügen, d. h. sie als Sklaven anderen Personen vermachen. Hat er sie aber (in seinem Testament) mit Stillschweigen übergangen, so sollen sie nach seinem Tod frei werden, so daß der Tod des Herrn für sie gleichsam der Beginn der Freiheit ist. Allen verheirateten Männern aber erlauben weder die alten noch Unsere Gesetze, Freie oder Sklavinnen zu Konkubinen zu haben.

Von Freiheitsangelegenheiten
De liberali causa

7,16,3 Kaiser Alexander Severus an Quirinus, o. O., 5. Februar 225

Wenn ein freier Mann mit einer fremden Sklavin ein *Contubernium*[111] eingeht, so wird er auch dann nicht Sklave des Herrn dieser Sklavin, wenn dieser ihn auffordert, von dieser Verbindung abzulassen (der Freie aber der Aufforderung nicht nachkommt).

7,16,11 Die Kaiser Diokletian und Maximian und die Cäsaren an Faustinus, o. O., 293

Sklaven verändern ihren Stand nicht, wenn sie in unerlaubter und unrechtlicher Weise nach städtischen Ehrenämtern gestrebt haben. Wenn daher die Frage nach dem Standesrecht entsteht, so müßt ihr einsehen, daß es euch nichts nützen kann, daß euer Vater ein städtisches Ehrenamt innegehabt hat. Deshalb wird nach Anordnung der erforderlichen Förmlichkeiten vor dem Provinzstatthalter über euren Stand verhandelt werden.

Wem es nicht erlaubt ist, auf die Freiheit Anspruch zu haben, und vom Vermögen derer, denen es verboten ist, die Freiheit zu beanspruchen

Quibus ad libertatem proclamare non licet et de rebus eorum, qui ad libertatem proclamare non prohibentur

7,18,2 Die Kaiser Diokletian und Maximian und die Cäsaren an Melana, o. O., o. J.

Straßenräubern, die durch kaiserlichen Befehl oder durch den Fiskus zu Sklaven gemacht wurden, soll, wie es die früheren Kaiser verordnet haben, die Freiheit verweigert werden.

Vom Pekulium dessen, der die Freiheit verdient hat

De peculio eius qui libertatem meruit

7,23,1 Die Kaiser Diokletian und Maximian und die Cäsaren an Rufinus, o. O., 3. Oktober 294

Die Lage derer, die von noch Lebenden freigelassen werden, unterscheidet sich völlig von der Lage derer, denen in einem Testament die Freiheit hinterlassen worden ist. Im ersten Fall wird (den Freigelassenen) das Pekulium stillschweigend zugestanden, sobald es ihnen nicht genommen wird, im letzteren aber verbleibt es den Nachfolgern, wenn es nicht ausdrücklich erteilt wurde.

Von der Ersitzung[112] als Käufer oder durch Vergleich[113]

De usucapione pro emptore vel transactione

7,26,1 Kaiser Caracalla an Flavianus, o. O., 13. August 213

Wenn deine Sklaven von denen, die kein Recht dazu hatten, verkauft worden sind, so kannst du sie mit Eigentumsklage zurückfordern. Denn die Sklaven konnten von den Käufern nicht ersessen werden, weil durch den unerlaubten Verkauf ein Diebstahl geschehen ist.

7,26,2 Kaiser Alexander Severus an Marcellinus, o. O., 3. März 224

Wenn die Vormünder entgegen dem Willen des Erblassers Sklaven verkauft haben, die der Erblasser wegen ihrer besonderen Fertigkeiten den Erben zu behalten befohlen hat, so konnten (die Sklaven) nicht ersessen werden.

Von der Ersitzung durch Aufnahme in die Mitgift
De usucapione pro dote

7,28,1 Kaiser Alexander Severus an Taurinus, o. O., o. J.

Bewegliche Gegenstände, die als Mitgift gegeben worden sind, obwohl es fremde sind, können als Mitgift ersessen werden, wenn sie vom Empfänger im guten Glauben angenommen worden sind.

Von der zehn- und zwanzigjährigen Verjährung
De praescriptione longi temporis decem vel viginti annorum

7,33,2 Die Kaiser Diokletian und Maximian, ohne Adressaten, o. O., 27. November 286

Die ordentliche Verjährung[114] pflegt diejenigen zu schützen, die den im guten Glauben erhaltenen und fortgesetzten Besitz behalten haben, ohne daß (der Besitz) durch einen Rechtsstreit (innerhalb der Verjährungsfrist) angefochten wurde.

7,33,3 Die Kaiser Diokletian und Maximian und die Cäsaren an Antonius, o. O., 293

Wenn die Weinberge, die deine Mutter deinem Stiefvater als Heiratsgut gegeben hat, dein Eigentum sind und durch den bisher verstrichenen Zeitraum keine Verjährung stattgefunden hat, so wird sich der Provinzstatthalter darum kümmern, daß sie an dich zurückgegeben werden.

7,33,6 Teil eines Briefes der Kaiser Diokletian und Maximian und der Cäsaren an Primosus, Statthalter der Provinz Syria, o. O., 293

Wenn mit Betrug und List zwischen Personen, die über 25 Jahre[115] alt sind, ein Verkauf stattgefunden hat, so hat diesen die Zeit nicht bestätigen können, weil ordentliche Verjährung bei Verträgen, die im schlechten Glauben abgeschlossen werden, nicht statthaft ist.

In welchen Fällen die ordentliche Verjährung wegfällt
In quibus causis cessat longi temporis praescriptio

7,34,1 Die Kaiser Diokletian und Maximian an Marcellina, o. O., o. J.

Wenn jemand, dem du ein Landgut zur Bewirtschaftung verpachtet hast, dir die Urkunde, die dich als Eigentümer ausweist, durch deine Stiefmutter heimlich hat entwenden lassen, so kann er die ordentliche Verjährung nicht in Anspruch nehmen.

7,34,5 Die Kaiser Diokletian und Maximian und die Cäsaren an Zosimus, o. O., o. J.

Wenn du einen vom Feind verwundeten (Sklaven-) Knaben, dessen Herr das Eigentumsrecht über ihn nicht aufgegeben hat, auf deine Kosten und in der Annahme, daß er ein Freier sei, gesundgepflegt hast, so kannst du dich nicht auf die ordentliche Verjährung berufen. Sein Herr kann ihn nach Rückerstattung der dir entstandenen Kosten wieder in Besitz nehmen.

Was der Wirkung der ordentlichen Verjährung entgegensteht
Quibus non obiciatur longi temporis praescriptio

7,35,2 Die Kaiser Diokletian und Maximian an den Oberarzt Aurelius, Nikomedia, 18. Februar 286

Da während deiner Abwesenheit diejenigen, gegen die du klagst, dir gehörende Gegenstände gewaltsam in ihren Besitz gebracht haben, du dich aber wegen deiner Amtspflichten von Unserem Hof nicht entfernen kannst, so wird Unser Prätorianerpräfekt unter Hinzuziehung derer, die diese Sache angeht, zwischen euch entscheiden. Ordentliche Verjährung kann dir hierbei (von der anderen Partei) aufgrund rechtmäßiger Abwesenheit und Erfüllung einer Amtspflicht nicht entgegengehalten werden.

Daß die Rückforderung von Sachen, die dem Kaiser oder den Tempeln gehören, keiner Verjährung unterliegen soll
Ne rei dominicae vel templorum vindicatio temporis exceptione submoveatur

7,38,1 Die Kaiser Valentinian I. und Valens an Probus, Prätorianerpräfekt von Gallien, 13. Oktober 367

Oftmals ist schon angeordnet worden, daß aus Unseren Besitzungen entflohene Sklaven, Freigelassene[116] und Kolonen sowie deren Kinder und Enkel, wenn sie diverse Dienste übernommen haben, des erschlichenen Ranges entkleidet und zu Uns zurückgebracht werden sollen, wobei hierbei jede Verjährung wegfällt.

7,38,2 Die Kaiser Valentinian II., Theodosius I. und Arcadius an Dexter, *Comes rerum privatarum*, Konstantinopel, 3. Juli 387

Alle Ländereien, die von Kolonen des Kaisers, der Städte oder der Tempel in irgendeiner Provinz verkauft oder anderweitig veräußert worden sind, sollen von denen, die sie den Gesetzen zuwider besitzen, zurückgegeben werden, ohne daß ordentliche Verjährung stattfinden kann. Die unredlichen Käufer dürfen nicht einmal den Preis zurückfordern.

Von Anschwemmungen und fruchtbar gemachten Sümpfen und Weiden
De alluvionibus et paludibus et pascuis ad alium statum translatis

7,41,3 Die Kaiser Theodosius II. und Valentinian III. an den Prätorianerpräfekten Cyrus, Konstantinopel, 21. September 440

Das von den Grundeigentümern durch Anschwemmung Erworbene – in Ägypten durch den Nil, in anderen Provinzen durch andere Flüsse – soll durch dieses für alle Zeiten gültige Gesetz weder von der Schatzkammer verkauft (als Gut des Fiskus) noch von jemandem (z. B. im Namen des Fiskus) gefordert noch besonders besteuert oder Abgaben davon erhoben werden. Es soll nicht den Anschein haben, als wüßten Wir nicht um die Mängel des Steuerwesens bei Anschwemmungen oder wollten etwas für Grundbesitzer Nachteiliges einführen. Ebenso sollen Sümpfe und Wiesen, wenn sie durch die Mühe der Besitzer ur- und fruchtbar gemacht wurden, weder vom Fiskus gefordert oder als fruchttragend besonders besteuert oder Abgaben dafür erhoben werden, damit die fleißigen Landwirte keinen Schaden von der Arbeit haben, die sie für die Kultivierung ihrer Ländereien aufgewendet haben, und ihren Fleiß nicht als Nachteil empfinden. Wir ordnen an, Zuwiderhandlungen gegen dieses Gesetz mit 50 Pfund Gold zu bestrafen ...

Wie und wann der Richter bei Anwesenheit beider Parteien oder bei Abwesenheit einer Partei ein Urteil fällen kann

Quomodo et quando iudex sententiam proferre debet praesentibus partibus vel una absente

7,43,4 Kaiser Philippus Arabs an Domitius, o. O., 11. Oktober 244

Wenn dein Gegner (vor Gericht), nachdem der Richter in deiner Abwesenheit und ohne dein Wissen einen Termin (zur Verhandlung) anberaumt hat, einen Urteilsspruch zu seinen Gunsten erwirkt hat, als ob du absichtlich (der Verhandlung) ferngeblieben bist, so hat der Statthalter mit vollem Recht die (erneute) gerichtliche Untersuchung durch einen anderen Richter angeordnet.

7,43,7 Die Kaiser Diokletian und Maximian an Marinus, o. O., 30. März 290

Gegen Abwesende ergangene Urteile haben keine Rechtskraft, wenn sie nicht aus Ungehorsam ferngeblieben sind, sondern deshalb, weil ihnen keine Vorladungen zugestellt wurden.

Von der Verlesung des Urteils aus dem Protokoll
De sententiis ex periculo recitandis

7,44,2 Die Kaiser Valentinian I., Valens und Gratian an den Prätorianerpräfekten Probus, o. O., 21. Januar 371

Durch dieses Gesetz ordnen Wir für alle Zeiten an, daß die Richter, die die Notwendigkeit der richterlichen Erörterung und Entscheidung bindet, ihre Urteile nicht aus dem Stegreif hersagen, sondern nach reiflicher Überlegung mit Beendigung der Verhandlung abfassen, sodann nach Verbesserungen getreulich in ihr Protokoll eintragen und aus demselben den Parteien das Urteil verlesen sollen. Hinterher etwas zu verbessern oder zu verändern, ist ihnen nicht gestattet. Ausgenommen davon sind die erlauchtesten Männer, der Prätorianerpräfekt, andere ein hohes Staatsamt innehabende Beamte und die höchsten Richter, denen erlaubt wird, auch durch ihre Kanzlei und ihre subalternen Beamten Endurteile verlesen zu lassen.

7,44,3 (= *Cod. Theod.* 4,17,1) Die Kaiser Valentinian I., Valens und Gratian an den Prätorianerpräfekten Probus, Trier, 3. Dezember 374

Wir haben in einer allgemeinen Verordnung befohlen, daß alle Richter, denen Wir die Befugnis erteilt haben, in den Provinzen Recht zu sprechen, nach Schluß der Verhandlung die schriftlich abgefaßten Endurteile verlesen sollen. Diesem Befehl fügen Wir hinzu, daß das Urteil, welches hergesagt wurde, ohne schriftlich abgefaßt worden zu sein, nicht den Namen eines Urteils verdient und zur Aufhebung eines solchen fehlerhaften Dekrets keine Förmlichkeit der Appellation[117] notwendig ist.

Von Urteilen und Zwischenbescheiden aller Richter
De sententiis et interlocutionibus omnium iudicum

7,45,2 Kaiser Caracalla an Sextilius, o. O., o. J.

Wenn ein von Staatsbeamten bestellter Richter in Freiheit war, als er das Urteil sprach, so hat es richterliche Autorität, auch wenn der Richter später in Sklaverei geraten ist.

7,45,11 Die Kaiser Diokletian und Maximian und die Cäsaren an Titianus, o. O., o. J.

Wenn der Richter in einem Endurteil nur eine Eidesleistung verfügt hat, ohne zu erwähnen, was aus der Leistung oder Verweigerung des Eides erfolgen soll, so ist klar, daß ein solches Urteil keine Wirkung hat.

7,45,12 Die Kaiser Arcadius und Honorius an Julianus, Prokonsul von Asien, Mailand, 9. Januar 397

Die Richter können die Urteile sowohl in lateinischer als auch in griechischer Sprache verkünden.

7,45,13 Kaiser Justinian I. an den Prätorianerpräfekten Demosthenes, o. O., 30. Oktober 529

Kein Richter soll glauben, daß er Entscheidungen, die er für unrichtig hält, oder die Meinungen der erhabensten Präfekten und anderer hoher Staatsbeamten befolgen muß. Wenn etwas nicht gut entschieden wurde, muß der Fehler nicht auch noch von anderen Richtern übernommen werden, denn nicht nach Beispielen, sondern nach Gesetzen soll gerichtet werden. Auch wenn von der höchsten Präfektur oder von irgendeinem der obersten Staatsbeamten entscheidende Urteile gefällt worden sind, (sollen sich die Richter nicht von diesen Beispielen leiten lassen,) sondern stets den Weg der Gesetze und der Gerechtigkeit befolgen.

Wenn ein nicht kompetenter Richter entschieden hat

Si non a competenti iudice iudicatum esse dicatur

7,48,1 Kaiser Alexander Severus an Sabinianus, o. O., 3. Januar 223

Wenn ein zu einer bestimmten Sache bestellter Richter über etwas anderes, als zur Sache gehört, ein Urteil gefällt hat, dann ist dieses ungültig.

Von der Strafe des Richters, der ungerecht entschieden hat, und von der Strafe dessen, der versucht hat, den Richter oder seinen Gegner zu bestechen
De poena iudicis, qui male iudicavit, vel eius, qui iudicem vel adversarium corrumpere curavit

7,49,1 Kaiser Caracalla an Gaudius, o. O., 19. Dezember 212

Es ist bekannt, daß derjenige sein Klagerecht in irgendeiner Angelegenheit – sei es eine private, öffentliche oder fiskalische – verliert, der aus Mißtrauen in die Gerechtigkeit seiner Sache seine Hoffnung auf Bestechung gesetzt und dem Richter oder seinem Gegner (vor Gericht) Geld gegeben hat.

7,49,2 (= *Cod. Theod.* 1,16,3) Kaiser Konstantin I. an Felix, Statthalter von Korsika, Sirmium, 25. Oktober 319

Wer durch einen Preis bestochen worden ist oder aus Parteilichkeit ungerecht entschieden hat, soll dem Geschädigten zur Strafe nicht nur für den finanziellen Aufwand, sondern auch für die für ihn entstehende Gefahr eines Prozesses aufkommen.

Daß ein Urteil nicht wiederaufgehoben werden kann
Sententiam rescindi non posse

7,50,1 Kaiser Gordian III. an Secundus, o. O., 1. März o. J.

Es gibt keinen Zweifel, daß ein Richter sein Urteil oder das seines Vorgängers nicht wiederaufheben kann. Es ist nicht nötig, gegen einen solchen Beschluß zu appellieren.

Von den Nutzungen und den Prozeßkosten
De fructibus et litis expensis

7,51,1 Die Kaiser Diokletian und Maximian und die Cäsaren an Acta, o. O., 3. April 294

Unter Nutzungen wird das verstanden, was nach Abzug der rechtmäßigen Kosten übrigbleibt.

7,51,5 Kaiser Zenon, ohne Adressat, o. O., 26. März 487

Diese Konstitution befiehlt, daß jeder Richter die unterlegene Partei anweisen soll, die Kosten des Verfahrens zu tragen. Dabei soll es dem Richter freigestellt sein, die Kosten noch um den zehnten Teil zu überschreiten, wenn die Unverschämtheit der unterlegenen Partei ihn dazu herausfordert. Dieser die wirklichen Kosten übersteigende Teil soll dem Fiskus zufallen, es sei denn, daß der Richter den Schaden der Partei, die den Prozeß gewonnen hat, ersetzen will und ihr einen Teil davon zuweist ...

Von einer rechtskräftig entschiedenen Sache
De re iudicata

7,52,3 Kaiser Caracalla an Demetrius, o. O., o. J.

Wenn euch befohlen wurde, das Geld, welches ihr unterschlagen habt, mit einer Strafe zurückzuerstatten, und ihr nach Bekanntwerden dieses Befehls des Statthalters dagegen nicht appelliert habt, so müßt ihr die ganze Summe erstatten.

7,52,4 Kaiser Gordian III. an Antoninus, o. O., 9. März o. J.

Rechtskräftig entschiedene Sachen können unter dem Vorwand neuer, später gefundener Urkunden nicht aufgehoben werden.

7,52,6 (= *Cod. Theod.* 16,5,55) Die Kaiser Honorius und Theodosius II. an Julianus, Prokonsul von Africa, Rom (Ravenna?), 30. August 414

Wir wollen, daß die in öffentlichen Akten enthaltenen Verhandlungen ewige Rechtsbeständigkeit haben. Denn durch den Tod des Richters darf die Glaubwürdigkeit nicht zugrunde gehen.

Von den Zinsen einer rechtskräftig entschiedenen Sache

De usuris rei iudicatae

7,54,2 Kaiser Justinian I. an den Prätorianerpräfekten Mena, Konstantinopel, 7. April 529

Wenn die zur Zahlung Verurteilten die Begleichung der Summe über vier Monate vom Tag des Urteils an oder bei Appellation vom Tag der Bestätigung des vorigen Urteils an hinausgezögert haben, sollen sie 12% Zinsen zahlen, ohne daß dabei die alten Gesetze, die 24% auferlegen, noch Unsere eigene Konstitution[118], die 6% vorschreibt, Anwendung finden.

Androhungen, Briefe, Ausschreiben und Unterschriften haben keine Rechtskraft

Comminationes, epistulas, programmata, subscriptiones auctoritatem rei iudicatae non habere

7,57,2 Kaiser Alexander Severus an Maximianus, o. O., 12. März 223

Es hat keine Rechtskraft, wenn euch der Provinzstatthalter per Brief auffordert, dem städtischen Gemeinwesen Geld zu zahlen.

7,57,3 Kaiser Alexander Severus an Zoticus, o. O., 8. September 227

Eine rechtlich entschiedene Sache kann nicht durch eine Unterschrift … widerrufen werden.

Wenn aus falschen Urkunden oder Zeugnissen Recht gesprochen worden ist

Si ex falsis instrumentis vel testimoniis iudicatum erit

7,58,2 Kaiser Alexander Severus an Optatus, o. O., 16. September 224

Wer beweisen kann, daß er durch falsche Urkunden besiegt wurde, über dessen Fall soll, auch wenn nicht appelliert wurde, bei Nachweis dieses Verbrechens erneut verhandelt werden.

7,58,3 Kaiser Alexander Severus an Clemens, o. O., 26. August o. J.

Du kannst, wenn sich dein Kontrahent vor Gericht eines falschen Zeugnisses bedient hat, zwar dagegen prozessieren, das Urteil bleibt aber rechtskräftig, außer wenn du beweisen kannst, daß der Richter sich bei der Urteilsfindung auf den Inhalt der gefälschten Urkunde gestützt hat.

7,58,4 Kaiser Gordian III. an Herennius, o. O., 9. September o. J.

In der Regel wird die Urteilsvollstreckung aufgeschoben und das bereits Gezahlte zurückgefordert, wenn zweifelsfrei erwiesen ist, daß der Richter durch falsche Urkunden in die Irre geleitet wurde.

Von den Geständigen
De confessis

7,59,1 Kaiser Caracalla an Julianus, o. O., 30. September 211

Geständige werden rechtlich für Verurteilte gehalten. Du verlangst daher ohne Grund, von deinem Geständnis abzugehen, weil du selbst zur Zahlung gezwungen wirst.

Von den Berichten an den Kaiser[119]
De relationibus

7,61,1 (= *Cod. Theod.* 11,29,2/11,30,1) Kaiser Konstantin I. an Profuturus, *Praefectus annonae*, Sirmium, 10. Februar 319

Wenn ein Richter (an Uns) berichten will, so darf er zwischen den Parteien nicht Recht sprechen, sondern soll vielmehr über Unklarheiten Unser Wissen konsultieren. Wenn er ein Urteil gefällt hat, soll er später die streitenden Parteien nicht von der Appellation gegen ihn abhalten, indem er einen Bericht (an Uns) androht. Er soll wissen, daß, wenn er das getan hat, die Sache nichtsdestoweniger durch das Appellationsrecht (erneut) verhandelt wird. Es soll nichts an Uns eingeschickt werden, was noch einer umfassenden Untersuchung bedarf. Sooft der Richter verspricht, einen Bericht Uns zur Kenntnis zu bringen, soll er den Parteien sofort eine Abschrift des Berichtes zukommen lassen, damit jemand, dem der Bericht unvollständig oder unrichtig erscheint, unverzüglich eine Gegendarstellung den Akten beilegen kann.

7,61,2 (= *Cod. Theod.* 11,29,3) Die Kaiser Valentinian I. und Valens an den Prätorianerpräfekten Viventius, Trier, 30. Dezember 368

Die Provinzstatthalter sollen über Verbrechen der Provinzbewohner niemals den Kaisern Bericht erstatten, ohne vorher den Parteien Abschriften zukommen zu lassen. Denn die Berichte enthalten nur dann die volle Wahrheit, wenn sie entweder widerlegt[120] oder bestätigt werden.

Von Appellationen und Anfragen
De appellationibus et consultationibus

7,62,7 Die Kaiser Diokletian und Maximian und die Cäsaren an Neon, o. O., o. J.

Wer zu städtischen Ämtern, zum Dekurionat[121] oder zu anderen Ehrenstellen berufen wird – auch wenn er von den Kaisern befreit wurde – und dagegen nicht appelliert, erklärt dadurch sein Einverständnis mit der Nominierung. Wenn du gegen deine Berufung appelliert hast, so führe vor dem Provinzstatthalter den Beweis der Rechtmäßigkeit der Appellation.

7,62,12 (= *Cod. Theod.* 11,30,2) Kaiser Konstantin I. an Catullinus, Trier, 3. November 314

Es ist das größte Unrecht, die in Zivilprozessen Appellierenden mit Gefängnis oder einer anderen Ungerechtigkeit zu bedrohen, Torturen zu unterwerfen oder zu beschimpfen. Ausgenommen sind Kriminalprozesse, in denen der Beteiligte zwar appellieren kann, aber im Gefängnis bleiben muß, wenn er keinen geeigneten Bürgen finden kann.

Wann Appellation unnötig ist
Quando provocare necesse non est

7,64,1 Kaiser Alexander Severus an Apollinarius und andere, o. O., 25. März 222

Ihr sagt, es ist ein Urteil erteilt worden, das nicht rechtmäßig ist, weil es einem früher ergangenen Urteil, wogegen nicht appelliert worden ist, widerspreche. Wenn ihr diese Sache sofort beweisen könnt, wird das Urteil, ohne daß es der Unterstützung einer Appellation bedarf, keine Rechtskraft haben.

7,64,7 Die Kaiser Diokletian und Maximian an Nicagora, o. O., 1. Januar 285

Erkaufte Urteile, die für Lohn von korrupten Richtern gefällt werden, sind, wie von den früheren Kaisern bereits angeordnet, auch ohne Appellation ungültig.

7,64,9 Die Kaiser Diokletian und Maximian und die Cäsaren an Rufinus, o. O., o. J.

Veteranen, die, in einer Legion oder einer Reiterschwadron dienend, nach zwanzigjähriger Dienstzeit in Ehren oder aus Beweggründen (z. B. Krankheit) entlassen worden sind, haben Wir Befreiung von persönlichen Lasten und Ämtern zugestanden. Indem Wir nun durch diese Unsere Gnade Treue und Ergebenheit Unserer Soldaten belohnen, haben Wir ihnen auch die Notwendigkeit der Appellation (gegen die Aufbürdung von Lasten und Ämtern) erlassen.

Wessen Appellationen nicht angenommen werden
Quorum appellationes non recipiantur

7,65,2 (= *Cod. Theod.* 11,36,7) Kaiser Constantius II.[122] an Hierocles[123], o. O., 9. Dezember 344

Du wirst darauf achten, daß kein Mörder, Giftmischer, Zauberer, Ehebrecher oder sonst jemand, der eine Gewalttat begangen und durch Argumente besiegt oder durch Zeugen überwunden sowie selbst Tat und Verbrechen gestanden hat, appellieren kann. Ebenso wie Wir dies zu beachten angeordnet haben, ist es auch billig, einem Verurteilten die

Appellation nicht zu verweigern, der nicht gestanden oder aus Furcht vor der Folter gegen sich ausgesagt hat, selbst wenn Zeugen wider ihn vorgeführt, Urkunden vorgelegt oder andere Beweise angeführt worden sind.

7,65,4 (= *Cod. Theod.* 11,36,19) Die Kaiser Valentinian I., Valens und Gratian an den Stadtpräfekten Olybrius, Rom, 18. August 370

Wir verbieten die Appellation dann, wenn Zahlungen an den Fiskus oder eine Steuerabgabe gefordert werden, oder die Begleichung einer Staats- oder Privatschuld eingeklagt wird. Bei Notwendigkeit soll die richterliche Gewalt gegen die Ungehorsamen einschreiten.

Wenn während der Zeit der Appellation der Tod eingetreten ist
Si pendente appellatione mors intervenerit

7,66,4 Kaiser Gordian III. an Alexander, o. O., 6. Oktober 238

Wenn dein Vater zum Dekurionat berufen worden ist, Appellation eingelegt hat und gestorben ist, als das Appellationsverfahren noch im Gange war, so ist die Frage der Ehrenstelle durch den Tod erledigt.

Von denen, die aus Furcht vor dem Richter nicht appelliert haben
De his qui per metum iudicis non appellaverunt

7,67,1 Die Kaiser Diokletian und Maximian und die Cäsaren an Diophanes, Philippopolis, 17. Juni 293

Wenn gegen dich ein rechtmäßiges Urteil ergangen ist und du nicht appelliert hast, so mußt du dich mit dem Urteil zufriedengeben. Denn an Unserem kaiserlichen Hof hast du nichts zu fürchten brauchen.

BUCH 8

Themen der 58 Titel, in denen 453 Konstitutionen enthalten sind, sind vor allem das Pfandrecht, aber auch väterliche Gewalt und Schenkungsrecht. Nach dem Titel *De pignoribus*, der allgemeinere Grundsätze des Pfandrechts enthält, werden kompliziertere Pfandrechtsverhältnisse erörtert: eine fremde Sache wurde verpfändet, eine Sache wurde mehrmals verpfändet, eine mehreren gehörende Sache wurde als Pfand gegeben, ein Pfand wurde verpfändet. Der Gläubiger *(creditor)* hat ein Forderungsrecht, d. h. das Recht auf Befriedigung durch den Schuldner *(debitor)*. Als dingliches Recht, sich durch eine Sache für eine Forderung zu versichern, räumt das Pfandrecht dem *creditor* die Möglichkeit ein, seinen Ansprüchen durch den Verkauf des Pfandgegenstandes nachzukommen. Zu Fragen der väterlichen Gewalt *(patria potestas)* äußern sich weitere kaiserliche Entscheidungen. Die Emanzipation des Hauskindes *(filius familias)*, d. h. die Entlassung aus der väterlichen Gewalt, macht den *filius familias* zum *pater familias*. Sie erfolgt durch einen förmlichen Akt (vgl. Anm. 133) bzw. durch den Tod des Vaters. Erweisen sich die Emanzipierten den Eltern gegenüber als undankbar, kann die Emanzipation rückgängig gemacht werden.

20 Konstitutionen befassen sich mit dem Rückkehrrecht *(ius postliminii)*, kraft dessen ein aus der Gewalt der Feinde Zurückgekehrter in seine früheren Rechte, die während der Gefangenschaft ruhten, wieder eingesetzt wird. Der früher innegehabte Status der Freiheit bzw. Unfreiheit wird ebenso wiederhergestellt (in der Gefangenschaft gilt man als Sklave der Feinde, *servus hostium*) wie die Herrschaft über das Vermögen und die väterliche Gewalt über die *familia*. Wer sich freiwillig zu den Feinden begeben hatte (Deserteure usw.), erlangte offensichtlich nur aufgrund besonderer Gnadenbeweise die alten Rechte wieder (vgl. *Cod. Just.* 12,35,1).

Titel 53 *(De donationibus)* leitet das Schenkungsrecht ein; Schenkung unter einer Auflage oder Bedingung sowie der Widerruf von Schenkungen – etwa wegen Undankbarkeit des Beschenkten – sind weitere Titel dazu.

Welchen Nachlasses
Quorum bonorum

8,2,1 Die Kaiser Septimius Severus und Caracalla an Justus, o. O., 25. Dezember 197

Willst du die Erbschaft dessen, von dem du behauptest, daß er dein Vater gewesen ist, antreten, so lege den Richtern, die in dieser Angelegenheit zu befinden haben, Beweise (für die Richtigkeit) deiner Forderung vor. Auch wenn du gleich als übergangener Sohn den Nachlaß erhalten hast, so kannst du durch das Interdikt[124] „Welchen Nachlasses" nur dann den Besitz erhalten, wenn du bewiesen hast, daß du ein Sohn des Erblassers und zu Erbschaft oder Nachlaßbesitz zugelassen bist.

Von wo mit Gewalt
Unde vi

8,4,1 Die Kaiser Diokletian und Maximian an Theodorus, o. O., 17. November 290

Es ist dem rechtlich Besitzenden gestattet, zur Verteidigung seines rechtmäßigen Besitzes Gewalttätigkeit durch Selbsthilfe abzuwehren.

8,4,3 Die Kaiser Diokletian und Maximian und die Cäsaren an Ulpia und Proclina, o. O., 6. April 294

Es ist unredlich von euch, zu verlangen, daß die Autorität Unseres Reskripts auch den – wie ihr selbst gesteht – gewaltsam erlangten Besitz sichern soll.

Von Privatgebäuden
De aedificiis privatis

8,10,2 Kaiser Alexander Severus an Diogenes, o. O., 22. Dezember 222

In einem Edikt des verewigten Kaisers Vespasian und durch Senatsbeschluß ist verboten worden, daß, um damit Handel zu treiben, Gebäude demoliert werden und der Marmor fortgeschleppt wird. Ausnahmsweise ist erlaubt, dieses und jenes von einem Haus in ein anderes zu bringen: doch es ist den Eigentümern nicht erlaubt, daß durch Abreißen unversehrter Gebäude der öffentliche Anblick verunstaltet wird.

8,10,6 Kaiser Konstantin I. an den Vikar der Stadt Rom Helpidius, Viminacium, 27. Mai 321

Wer nach Erlaß dieses Gesetzes Bauverzierungen, d. h. Marmor oder Säulen, aus einer Stadt aufs Land geschafft hat, soll des Besitztums verlustig gehen, welches er damit ausgeschmückt hat. Wollte aber jemand Marmor oder Säulen von einstürzenden Wänden aus eigenen Häusern in ihm ebenfalls gehörende Häuser schaffen, so möge er dies tun, weil dergleichen an beiden Orten ein Schmuck ist ...

8,10,7 Kaiser Julian an Avitianus, Vikar von Africa, Antiochia (?), 27. Oktober 362

Niemandem ist es gestattet, Säulen oder Statuen gleich welchen Materials aus einer Provinz fortzuschaffen.

Von öffentlichen Bauten
De operibus publicis

8,11,3 Kaiser Julian, ohne Adressat, o. O., 362

Weder ein Mönch noch irgendein anderer soll an einem öffentlichen Ort der Stadt, oder wo Schauspiele stattfinden, ein Kreuz oder heilige Reliquien aufstellen.

8,11,5 (= *Cod. Theod.* 15,1,11) Die Kaiser Valentinian I. und Valens an den Stadtpräfekten Symmachus, Philippi, 25. Mai 364

In der Alt- und Neustadt Roms darf kein Statthalter ein neues Gebäude errichten ohne Genehmigung Unserer Majestät, außer wenn er diese Bauten mit eigenem Geld finanzieren will. Zur Wiederherstellung der Gebäude, die bereits häßliche Ruinen sind, geben Wir jedem die Erlaubnis.

8,11,6 (= *Cod. Theod.* 15,1,22) Die Kaiser Gratian, Valentinian II. und Theodosius I. an Proculus, *Comes* des Orients, Konstantinopel, 11. Juni 383

Dem öffentlichen Recht dürfen keine Zeitbeschränkung noch Reskripte hinderlich sein. Deshalb soll alles niedergerissen werden, was in den Städten entweder auf dem Forum oder auf einem anderen öffentlichen Platz dem schönen und geschmackvollen Antlitz der Stadt im Wege ist.

8,11,7 (= *Cod. Theod.* 15,1,23) Die Kaiser Valentinian II., Theodosius I. und Arcadius an den Prätorianerpräfekten Cynegius, Konstantinopel, 18. Januar 384

Zur Ausbesserung bzw. Errichtung von Häfen, Wasserleitungen und Mauern müssen alle nach Kräften beisteuern, ohne von dieser gemeinschaftlichen Verpflichtung durch irgendwelche Privilegien befreit zu werden.

8,11,10 (= *Cod. Theod.* 15,1,31) Die Kaiser Theodosius I., Arcadius und Honorius an den Prätorianerpräfekten Rufinus, Konstantinopel, 5. Juli 394

Wenn ein Statthalter nach Fertigstellung eines mit öffentlichen Geldern errichteten Bauwerks seinen Namen ohne Erwähnung Unserer kaiserlichen Hoheit hat anbringen lassen, wird er des Majestätsverbrechens angeklagt.

8,11,11 (= *Cod. Theod.* 15,1,32) Die Kaiser Arcadius und Honorius an Eusebius, *Comes sacrarum largitionum*, Mailand, 21. Juni 395

Damit nicht blühende Städte mit der Zeit verfallen, weisen Wir an, vom Gewinn der Landgüter des Gemeinwesens den dritten Teil zur Ausbesserung der öffentlichen Bauten und zur Heizung der Thermen zu verwenden.

8,11,16 (= *Cod. Theod.* 15,1,44) Die Kaiser Arcadius, Honorius und Theodosius II. an den Stadtpräfekten Aemilianus, Konstantinopel, 27. Juni 406

Wenn es nötig ist, Säulengänge oder andere wegen Altersschwäche oder zufälliger Ereignisse (z. B. Erdbeben) baufällig gewordene Gebäude zu reparieren, soll es auch ohne Konsultation Unserer Majestät gestattet sein, mit gehöriger Ehrerbietung Unser Bildnis oder das der älteren Kaiser abzunehmen und nach erfolgter Ausbesserung des Gebäudes an seinen angestammten Platz wieder anzubringen.

8,11,22 Kaiser Leo I. an den Prätorianerpräfekten Erythrius, Konstantinopel, 27. Februar 472

Keinem Statthalter ist es erlaubt, in dieser berühmten Stadt oder in den Provinzen neue Bauwerke zu errichten, bevor er nicht die vom Amtsvorgänger begonnenen Bauten, die aus Altersschwäche eingestürzt oder aus Trägheit liegengelassen worden sind, mit Sorgfalt und Eifer vollendet hat. Er erwirbt sich das höchste Ansehen, wenn er alte Bauten restauriert und vollendet, was andere angefangen und unfertig liegengelassen haben.

Von Pfändern
De pignoribus

8,13,4 Die Kaiser Septimius Severus und Caracalla an Bellius, o. O., 30. Mai 208

Da du gestehst, Geld empfangen und dafür deine Äcker verpfändet zu haben, ist deine Beschwerde, du seist gewaltsam zur Stellung des Pfandes genötigt worden, grundlos. Willst du deine Sache wiederhaben, dann gib dem Gläubiger das geschuldete Geld.

8,13,9 Kaiser Gordian III. an Atticus, o. O., 29. September 239

Wenn das Eigentum an einem verpfändeten Grundstück von der Eigentümerin und Schuldnerin auf dich übertragen wurde und der Gläubiger oder seine Erben es nachher innehatten, dann reiche Eigentumsklage ein. Der Provinzstatthalter wird dafür sorgen, daß nach Abrechnung der Nutzungen[125] und Bezahlung der restlichen Schuld, wenn der Gläubiger vollständig befriedigt ist, dir das Grundstück zurückgegeben wird.

8,13,13 Die Kaiser Diokletian und Maximian und die Cäsaren an Matrona, Herakleia, 29. April 293

Wenn die über 25 Jahre alte Eigentümerin die dir verpfändeten Gegenstände anstelle einer Zahlung überlassen hat, so genügen der Kontrakt und der Wille der Eigentümerin, um die Sache rechtsbeständig zu machen.

8,13,15 Die Kaiser Diokletian und Maximian und die Cäsaren an Basilida, Herakleia, 3. Mai 293

Der Schuldner darf den Gläubiger weder durch Verkauf oder Schenkung noch durch Vermächtnis oder Fideikommiß in eine nachteilige Lage setzen. Wenn du beweisen kannst, daß dir eine Sache verpfändet ist, so kannst du das Pfand für dich geltend machen.

8,13,16 Die Kaiser Diokletian und Maximian und die Cäsaren an Herais, Hadrianopolis, 12. Mai 293

Auch wenn dein Bruder dir gehörendes Geld auf seinen Namen verliehen und dafür ein Pfand erhalten hat, konnte er für dich dennoch keine Pfandverbindlichkeit erwerben.

8,13,24 Die Kaiser Diokletian und Maximian und die Cäsaren an Marcus, Nikomedia, 18. Dezember 294

Der Gläubiger kann nicht genötigt werden, von der Verfolgung eines Pfandes abzustehen und die Schuldner mit Personalklage zu belangen.

8,13,25 Die Kaiser Diokletian und Maximian und die Cäsaren an Dracontius, Nikomedia, 26. Dezember 294

Wenn ein als Pfand gegebener Sklave gestorben ist, besteht die Schuld unverändert fort.

Wenn eine fremde Sache als Pfand gegeben worden ist

Si aliena res pignori data sit

8,15,2 Die Kaiser Septimius Severus und Caracalla an Latina, o. O., 14. Oktober 205

Dir gehörende Grundstücke oder Gärten konnten von einem anderen dem Gläubiger nicht verpfändet werden, es sei denn, du hast, damit es geschehe, zum Schaden des Gläubigers (der die Besitzverhältnisse nicht kannte) Unwissenheit geheuchelt.

8,15,3 Kaiser Caracalla an Marcia, o. O., 27. Januar 212

Der Vormund eines Minderjährigen oder eines Unmündigen[126], dessen Geschäfte er verwaltet, kann eine diesem gehörende mobile Sache nicht als Pfand geben, außer wenn er zu dessen Nutzen ein Darlehen[127] empfängt.

8,15,8 (= *Cod. Theod.* 2,30,2) Die Kaiser Honorius und Theodosius II. an den Prätorianerpräfekten Johannes, Ravenna, 15. Juli 422

Grundstücke als Verbindlichkeit können nur Personen hinterlegen, die rechtlich verpfänden können. Das alte Recht als auch die Gesetze lehren, daß weder durch einen Sklaven, einen Prokurator[128], einen Kolonen, einen Verwalter oder einen Mieter einem Besitz wider Willen und Wissen des Eigentümers Schaden zugefügt werden darf.

Welche Gegenstände verpfändet werden können und welche nicht, und auf welche Weise ein Pfand kontrahiert wird

Quae res pignori obligari possunt vel non et qualiter pignus contrahatur

8,16,3 Kaiser Caracalla an Restitutus, o. O., 30. März 215

Wenn du die Leiche deiner Tochter in einem Monument beigesetzt hast, so hast du es geweiht. Die Ehrfurcht vor dem Gesetz verbietet, daß es danach von jemandem verpfändet wird.

8,16,5 Kaiser Alexander Severus an Septimius, o. O., 29. April 233

In Hoffnung auf Prämien, die den Athleten für Siege zu zahlen sind, diese (bereits vorher) durch Privatabkommen zu verpfänden, ist nicht zulässig. Dies gilt auch dann, wenn ein allgemeiner Vertrag über die Verpfändung des gesamten Vermögens abgeschlossen wurde.

8,16,8 Die Kaiser Honorius und Theodosius II. an Probus, *Comes sacrarum largitionum,* o. O., 10. Januar 414

Was zum Ackerbau gehört, darf nicht als Pfand genommen werden.

Wer als Pfandgläubiger vor anderen Pfandgläubigern bevorzugt wird

Qui potiores in pignore habeantur

8,17,3 Kaiser Caracalla an Varus, o. O., 11. Oktober 213

Wenn du ein Landgut als Pfand erhalten hast, bevor es dem Gemeinwesen verpfändet wurde, so bist du als älterer Gläubiger auch rechtlich bevorzugt.

8,17,8 Die Kaiser Diokletian und Maximian und die Cäsaren an Fabricius, Herakleia, 30. April 293

Wenn dieselbe Sache zwei Personen zu verschiedenen Zeiten verpflichtet wurde, so ist derjenige bevorzugt, der zuerst gegen Zahlung eines Darlehens das Pfand erhalten hat. Der zweite Gläubiger erlangt nicht eher das Recht zum Verkauf des Pfandes, bevor der erste Gläubiger nicht die ihm geschuldete Summe erhalten hat.

Wenn ein älterer Gläubiger ein Pfand verkauft hat

Si antiquior creditor pignus vendiderit

8,19,2 Die Kaiser Diokletian und Maximian und die Cäsaren an Endemia, o. O., 17. Dezember 293

Wenn der Gläubiger die Pfänder rechtmäßig verkauft hat, kann der Schuldner, wenn er später dem Käufer den Preis oder dem Gläubiger die Schuldsumme anbietet, die Pfandgegenstände dem Käufer nicht entziehen.

8,19,3 Die Kaiser Diokletian und Maximian und die Cäsaren an Theophilus, o. O., 27. März 294

Von einem Gläubiger, der ein Pfand früher erhielt, kann ein zweiter Gläubiger nicht verlangen, daß er das Pfand nicht verkauft, wenn er dessen Forderung nicht befriedigt.

Wenn eine gemeinschaftliche Sache verpfändet worden ist
Si communis res pignorata sit

8,20,1 Kaiser Caracalla an Venustus, o. O., 18. November 214

Auch wenn dein Bruder den dir gehörenden Anteil nicht verpfänden konnte, so hat er sich doch durch die Übergabe seines Anteils dem Gläubiger verbindlich gemacht. Deinem Eigentum konnte durch diesen Kontrakt kein Nachteil erwachsen.

Wenn ein Pfand als Pfand gegeben worden ist
Si pignus pignori datum sit

8,23,2 Die Kaiser Diokletian und Maximian an Gemellus, o. O., 20. Dezember 290

Wenn der Gläubiger eine von deinen Eltern verpfändete Besitzung nicht verkauft, sondern einem anderen Gläubiger als Pfand gegeben hat, so wirst du nach Erforschung des Sachverhaltes und Zahlung der dem Gläubiger geschuldeten Summe mit Hilfe des Provinzstatthalters die Besitzung zurückfordern.

Vom Erlaß des Pfandes
De remissione pignoris

8,25,1 Die Kaiser Septimius Severus und Caracalla an Proculus, o. O., 20. April 205

Wenn du dem Statthalter bewiesen hast, daß du freigelassen worden bist und mit Wissen der Gläubigerin, der du verpfändet wurdest, in Freiheit gelebt hast, so erhellt daraus, daß mit Einverständnis der Gläubigerin die Pfandverbindlichkeit erlassen wurde und du zu Recht frei bist. Es ist gewiß, daß du vom Erben der Gläubigerin nicht in die Sklaverei zurückgefordert werden kannst.

Vom Verkauf des Pfandes
De distractione pignorum

8,27,1 Kaiser Alexander Severus an Pacata, o. O., 13. Januar 223

Ein verpfändetes Landgut kann nicht mehr verkauft werden, wenn der Gläubiger aus den Nutzungen seine Forderung befriedigt hat, weil das Landgut damit rechtmäßig von der Verbindlichkeit befreit worden ist.

8,27,6 Kaiser Gordian III. an Rogatus, o. O., 20. August 238

Solange dem Gläubiger nicht die gesamte Schuldsumme erlegt worden ist, verliert er sein Verkaufsrecht an der verpfändeten Sache nicht, auch wenn ihm bereits der größere Teil der Summe gezahlt wurde.

8,27,19 Die Kaiser Diokletian und Maximian und die Cäsaren an Livia, Herakleia, 8. November 294

Wenn dein Ehemann dir gehörendes Geld verliehen hat, so kannst du, wenn du ihn nicht beerbt hast, das dafür empfangene Pfand in deinem Namen nicht veräußern.

Der Schuldner kann den Verkauf des Pfandes nicht verhindern
Debitorem venditionem pignorum impedire non posse

8,28,1 Die Kaiser Septimius Severus und Caracalla an Marcellus, o. O., 26. April 207

Wenn irgendwelche Personen die dir verpfändeten Grundstücke kaufen wollen, so werden sie nicht durch das Testament des Schuldners behindert, in dem er verfügt hat, daß der Gläubiger die Grundstücke nicht verkaufen soll, und hinzugefügt hat, daß sie dann dem Fiskus zufallen sollen. Denn es ist klar, daß er durch eine derartige Verfügung das Recht des Gläubigers nicht beeinträchtigen konnte.

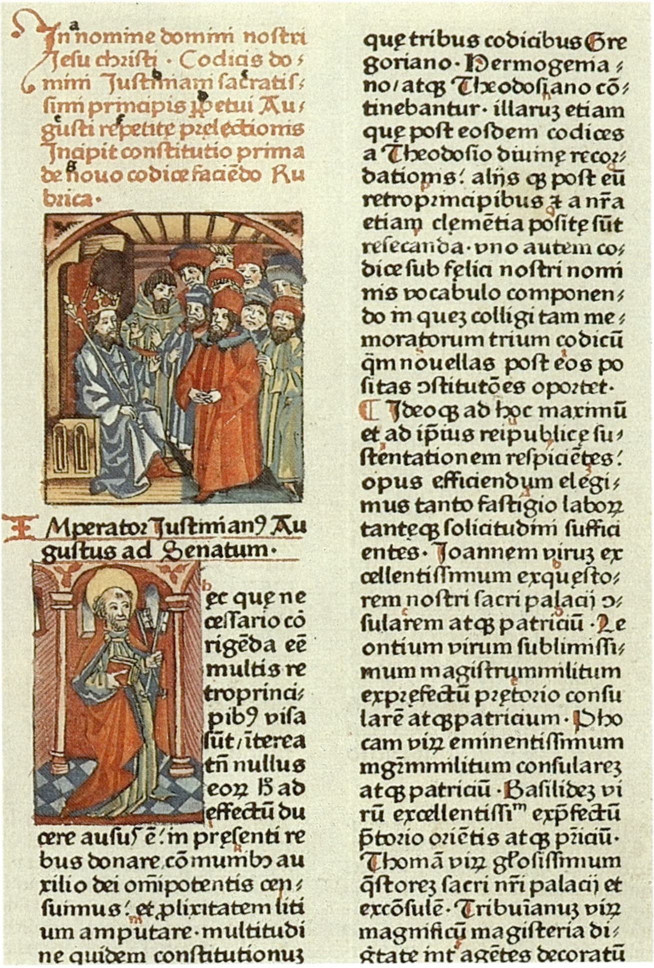

In nomine domini nostri Iesu christi. Codicis domini Iustiniani sacratissimi principis perpetui Augusti repetite prelectionis Incipit constitutio prima de nouo codice faciendo Rubrica.

Imperator Iustinianus Augustus ad Senatum.

Hec que necessario corrigenda esse multis retro principibus visa sunt, interea tamen nullus eorum hoc ad effectum ducere ausus est: in presenti rebus donare communibus auxilio dei omnipotentis censuimus: et prolixitatem litium amputare multitudine quidem constitutionum que tribus codicibus Gregoriano. Hermogeniano, atque Theodosiano continebantur. illarum etiam que post eosdem codices a Theodosio diuine recordationis: aliis quoque post eum retro principibus et a nostra etiam clementia posite sunt resecanda. vno autem codice sub felici nostri nominis vocabulo componendo in quem colligi tam memoratorum trium codicum quam nouellas post eos positas constitutiones oportet.

Ideoque ad hoc maximum et ad ipsius reipublice sustentationem respicientes: opus efficiendum elegimus tanto fastigio laborantemque sollicitudini sufficientes. Ioannem virum excellentissimum exquestorem nostri sacri palacii consularem atque patricium. Leontium virum sublimissimum magistrum militum exprefectum pretorio consularem atque patricium. Phocam virum eminentissimum magistrum militum consularem atque patricium. Basilidem virum excellentissimum exprefectum pretorio orientis atque patricium. Thomam virum gloriosissimum questorem sacri nostri palacii et exconsulem. Tribunianum virum magnificum magisteria dignitate inter agentes decoratum

Constitutio *Haec* Kaiser Justinians, Blatt 1r (Ausschnitt)

Miniatur zu Buch 1, Blatt 4r

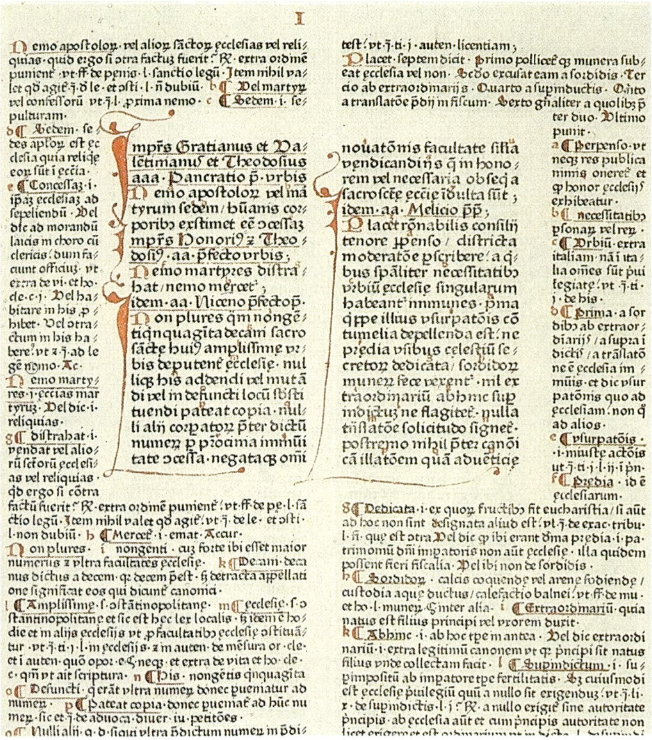

I

Impr̃s Gratianus et Va
lētinianus et Theodosius
aaa. Pancratio p. vrbis
Nemo apostolorum vel mar
tyrum sedem / humanis cor
poribus existimet ee concessam
Impr̃s Honorius et Theo
dosius aa. pfecto vrbis
Nemo martyres distra
hat / nemo mercetur
Idem aa. Niceno pfecto p.
Non plures quam nongē
ti quinquaginta decani sacro
sancte huius amplissime vr
bis deputentur ecclesie. nul
lique his addendi vel mutā
di vel in defuncti locū substi
tuendi pateat copia. nul
li alii corporatorum pter dictū
numerum pro proxima immūi
tate concessa. negataque omni
nouationis facultate sibi a
vendicandi nisi quem in hono
rem vel necessaria obsequia
sacrosancte ecclesie indulta sunt;
Idem aa. Melicio pp.
Placet rationabilis consilii
tenore perpenso / districta
moderatione pscribere / a qui
bus specialiter necessitatibus
vrbium ecclesie singularum
habeantur immunes. prima
quippe illius vsurpationis cō
tumelia depellenda est / ne
predia vsibus celestium se
cretorum dedicata / sordidorum
munerum fasce vexentur. nil ex
traordinarium ab hinc sup
inductum ne flagitetur. nulla
translatione sollicitudo ingeratur.
postremo nihil pter canoni
cam illationem quam aduentitie

Seite aus Buch 1, Blatt 7r

Miniatur zu Buch 2, Blatt 43r

Miniatur zu Buch 4, Blatt 125v

Miniatur zu Buch 5, Blatt 179v

Miniatur zu Buch 8, Blatt 336v

Miniatur zu Buch 9, Blatt 375 v

Von der Einlösung des Pfandes
De luitione pignoris

8,30,1 Die Kaiser Septimius Severus und Caracalla an Antiochia, o. O., 30. März 206

Wer als Teilerbe auftritt, kann ohne Bezahlung der ganzen Schuld seinen Anteil an den Pfandgegenständen nicht zurückfordern.

Von ungültigen Stipulationen[129]
De inutilibus stipulationibus

8,38,1 Kaiser Caracalla an Paulinus, Rom, 1. Juli 215

Aus der Stipulation, in der du als Unmündiger ohne Ermächtigung deines Vormundes etwas gelobt hast, bist du nicht verbindlich.

8,38,2 Kaiser Alexander Severus an Menophilus, o. O., 3. Februar 223

Es ist ein althergebrachter Grundsatz, daß die Ehen zwanglos sind. Deshalb sind Verträge, wonach keinem Ehepartner die Scheidung erlaubt ist, und Stipulationen, in denen demjenigen Strafen auferlegt werden, der sich scheiden lassen will, ungültig.

Von Bürgen und Auftraggebern[130]
De fideiussoribus et mandatoribus

8,40,8 Kaiser Alexander Severus an Longus, o. O., 14. Oktober 223

Der Haussohn, der für den Vater beim Verkauf des Landgutes bürgte, haftet.

8,40,10 Kaiser Alexander Severus an Vitalis, o. O., o. J.

Ist der Bürge oder Auftraggeber auch für die Zinsen verbindlich, hat er keinen rechtlichen Grund, die Zahlung zu verweigern. Daß aber, wer mit einem anderen zusammen gebürgt hat, (derjenige) nicht allein belangt, sondern daß die Klage zwischen ihnen geteilt wird, wenn sie zahlungsfähig sind, wird gewöhnlich vor der Verurteilung gefordert.

8,40,18 Kaiser Philippus Arabs und Cäsar Philippus an Smyrna, o. O., 28. Juli 244

Wenn du das dir wegen einer Schuld verpfändete Landgut nicht zum richtigen Preis verkauft hast, so forderst du zu Unrecht vom Bürgen die Zahlung der restlichen Summe, die du ja aus dem Preis für das Landgut hättest erlangen können.

8,40,20 Die Kaiser Diokletian und Maximian und die Cäsaren an Aurelius, o. O., 293

Ein Urteil über die Einziehung des ganzen Vermögens eines verurteilten Hauptschuldners beraubt den Gläubiger nicht der Befugnis, die Bürgen zu belangen.

Von Zahlungen (d. h. Lösung des Schuldverhältnisses durch Befriedigung der Gläubiger) und Befreiungen (von einer Pfandverbindlichkeit)
De solutionibus et liberationibus

8,42,3 Kaiser Gordian III. an Apollonius, o. O., 27. September 238

Wenn du von einem Sklaven, der die freie Verwaltung über sein Pekulium hatte, Geld geliehen hast, und du ihn vor Entzug des Pekuliums oder bevor du davon erfuhrst, ausgezahlt hast, bist du befreit.

8,42,11 Die Kaiser Diokletian und Maximian und die Cäsaren an Capitolina, Herakleia, 27. April 293

Da du sagst, daß dein Ehemann ohne deine Einwilligung von deinen Schuldnern Geld in Empfang genommen hat, so, als ob es auf deine Veranlassung hin geschehen wäre, und du noch keine 25 Jahre alt warst, kann dir daraus kein Nachteil entstehen, es sei denn, du hast die Zahlung nach erlangter Volljährigkeit anerkannt.

8,42,16 Die Kaiser Diokletian und Maximian und die Cäsaren an Charidemos, o. O., 18. Oktober 293

Es ist rechtlich unzulässig, wenn du deinen Gläubiger wider seinen Willen nötigst, die Forderung an deinen Schuldner anstelle einer Zahlung anzunehmen.

Von der väterlichen Gewalt[131]
De patria potestate

8,46,2 Kaiser Caracalla an Maronia, o. O., 17. Februar 215

Was du, in der väterlichen Gewalt stehend, besessen hast, war Eigentum des Vaters, mit Ausnahme dessen, was für ihn nicht erworben wird.

8,46,3 Kaiser Alexander Severus an Artemidorus, o. O., 9. Dezember 227

Der in deiner Gewalt stehende Sohn hat die dir erworbenen Sachen nicht verkaufen können. Wenn er dir die dem Vater geschuldete Achtung nicht erweisen will, wirst du nicht daran gehindert, ihn nach dem Recht der väterlichen Gewalt körperlich zu züchtigen. Auch kannst du zu härteren Maßnahmen greifen, wenn er weiterhin ungehorsam bleibt, und ihn dem Provinzstatthalter übergeben, damit dieser ein auch von dir gewünschtes Urteil spricht.

8,46,5 Die Kaiser Diokletian und Maximian an Donatius, o. O., 1. März 287

Deine Tochter wird durch den Befehl des Provinzstatthalters nicht nur zur Achtung dir gegenüber angehalten, sondern auch für deinen Lebensunterhalt aufkommen.

8,46,8 Die Kaiser Diokletian und Maximian und die Cäsaren an Aemiliana, Sirmium, 16. April 294

Die Freigelassenen haben wie Freigeborene die nach erfolgter Freilassung in legitimer Ehe gezeugten Kinder in ihrer Gewalt …

8,46,10 (= *Cod. Theod.* 4,8,6) Kaiser Konstantin I. an den Stadtpräfekten Maximus, Thessalonike, 18. Mai 323

Die Vorfahren legten der Freiheit solch großen Wert bei, daß die Väter, denen ehemals das Recht über Leben und Tod ihrer Kinder zustand, ihnen nicht die Freiheit nehmen konnten.

Von Adoptionen
De adoptionibus

8,47,2 Die Kaiser Diokletian und Maximian an Timotheus, o. O., 11. März 286

Wenn die Blutsverwandten des Unmündigen, den du anstelle leiblicher Kinder arrogieren[132] willst, vor dem Provinzstatthalter erklärt haben, daß ihm dies von Nutzen ist, wirst du ihn zum Sohn bekommen. Der vierte Teil deines Vermögens soll in deinem Letzten Willen ihm zugesprochen werden, ebenfalls dann, wenn er zu deinen Lebzeiten aus deiner väterlichen Gewalt entlassen wird. Für sein eigenes Vermögen sollen taugliche Bürgen gestellt werden, und du sollst vor einem Notar versichern, daß du nicht unter dem Vorwand der Adoption nach dem Vermögen (des Adoptivsohnes) trachtest, das ihm sorgfältig bewahrt werden soll. Übrigens ist die durch kaiserliche Gnade geschehene und vor dem Prätor oder dem Statthalter vollzogene Arrogation ebenso gültig, als wenn sie nach altem Recht durch das Volk geschehen wäre.

8,47,5 Die Kaiser Diokletian und Maximian und die Cäsaren an Syra, Triballae, 4. Dezember 291

Es ist gewiß, daß von einer Frau, die nicht einmal die Gewalt über ihre eigenen Söhne hat, nicht arrogiert werden kann. Da du aber zum Trost für deine verlorenen Söhne deinen Stiefsohn anstelle legitimer Nachkommenschaft wünschst, bewilligen Wir die Bitte und gestatten dir, ihn anstelle eines von dir geborenen legitimen Sohnes aufzunehmen.

Von den Emanzipationen[133] der Kinder
De emancipationibus liberorum

8,48,3 Die Kaiser Diokletian und Maximian und die Cäsaren an Heliodor, Sirmium, 17. September 293

Nicht durch bloße Einwilligung, sondern einen förmlichen Akt oder einen Zufall[134] werden die Kinder (von der väterlichen Gewalt) befreit. Es wird nicht auf den Grund der Emanzipation, sondern auf den förmlichen Akt geachtet.

Von undankbaren Kindern
De ingratis liberis

8,49,1 (= *Cod. Theod.* 8,14,1) Die Kaiser Valentinian I., Valens und Gratian an den Stadtpräfekten Praetextatus, Ambiani, 18. August 367

Ungehorsame Söhne und Töchter, die sich an ihren Eltern durch heftige Schimpfworte oder irgendein anderes schreckliches Unrecht vergangen haben, werden gemäß den Gesetzen mit Aufhebung der Emanzipation und dem Verlust der unverdienten Freiheit bestraft.

Vom Rückkehrrecht[135] und den von den Feinden Losgekauften
De postliminio et de redemptis ab hostibus

8,50,5 Die Kaiser Diokletian und Maximian an Ursa, o. O., 17. Mai 290

Da du sagst, daß dein Sohn von den Feinden nicht zurückgekauft, sondern von den Barbaren ohne einen Kontrakt dem Legionspräfekten übergeben worden ist, so hat das Rückkehrrecht stattgefunden. Daher wird der Provinzstatthalter befehlen, daß ihm auf der Stelle das Recht eines Freigeborenen zurückgegeben wird.

8,50,7 Die Kaiser Diokletian und Maximian an Claudius, o. O., 3. Februar 291

Wir sind entrüstet über die Niedertracht des abscheulichen Weibes. Da du darlegst, daß deine vom Feind gefangene Tochter von der (Frau), die sie losgekauft hat, zur Prostitution gezwungen wurde, und aus Schamhaftigkeit und um ihr Geburtsrecht zu erhalten zu dir geflohen ist, so wird der Provinzstatthalter deine Tochter, wenn er erkannt hat, daß ihr das oben erwähnte Unrecht von derjenigen zugefügt wurde, die wußte, daß sie eine Freigeborene ist, aus ihrer miserablen Lage befreien und, ihren Freigeborenenstatus hütend, vor diesem schändlichen Weib schützen, das eines solch widerlichen Gewinnes wegen nicht verdient, das Lösegeld zurückzuerhalten.

8,50,10 Die Kaiser Diokletian und Maximian und die Cäsaren an Apollodora, Hadrianopolis, 29. April 293

Ebenso wie der frühere Status der von Feinden gefangenen und durch das Rückkehrrecht wiedergekehrten Freien wiederhergestellt wird, werden auch Sklaven dem Herrn wieder ausgeliefert. Wenn daher die von dir erwähnte Sklavin deinem Vater gehörte und losgekauft wurde, wird sie nach ihrer Rückkehr wieder ihrem Herrn oder dessen Nachfolger gehören, der sie durch die Gefangenschaft verloren hatte.

8,50,12 Die Kaiser Diokletian und Maximian und die Cäsaren an Quintiana, o. O., 28. Dezember 293

Von den Feinden gefangene und nicht durch Loskauf, sondern durch Unsere Soldaten befreite Freigeborene erhalten den durch die Gefangenschaft verlorenen Status wieder: Sklaven aber werden ihren Herren wiedergegeben. Denn diese Sklaven müssen Wir als wiedererlangt, nicht als gefangen ansehen, und Unsere Soldaten sollen deren Verteidiger und nicht ihre Herren sein.

8,50,15 Die Kaiser Diokletian und Maximian und die Cäsaren an Mucatraulus, o. O., 294

Der von Feinden gefangengenommene und (aus ihrer Gewalt) losgekaufte Freie kann, noch bevor er das für ihn gegebene Geld zurückerstattet hat, aus Begünstigung seines Standes als Freigeborener seine Erbansprüche verfolgen, um davon das für ihn entrichtete Lösegeld zurückzuzahlen.

8,50,19 (= *Cod. Theod.* 5,5,1) Die Kaiser Valentinian I., Valens und Gratian an den Militärbefehlshaber Severianus, Reims, 27. Juni 366

Wer in Gefangenschaft geraten ist, soll wissen, daß, wenn er nicht zum Feind übergelaufen, sondern bei einem gegnerischen Einfall gefangengenommen worden ist, er nach seiner Rückkehr zu seinen Ländereien eilen muß, um das nach dem Rückkehrrecht wiederzubekommen, was er vorher an Äckern, Sklaven oder anderen Sachen besessen hat, auch wenn es von Unserem Fiskus in Besitz genommen wurde. Keiner soll einen Aufschub durch irgend jemandes Einspruch fürchten. Es muß nur erforscht werden, ob sich jemand freiwillig bei den Barbaren befand oder gezwungenermaßen.

8,50,20 (= *Cod. Theod.* 5,5,2) Die Kaiser Honorius und Theodosius II. an den Prätorianerpräfekten Theodorus, Ravenna, 3. Dezember 408

Niemand soll Menschen, aus welcher Provinz sie auch kommen und welchen Geschlechts, Standes oder Alters sie auch sein mögen und die durch einfallende Barbaren zur Flucht gezwungen wurden, gegen ihren Willen zurückhalten. Sie sollen alle Möglichkeiten haben, wenn sie zu ihrem Eigentum zurückkehren wollen. Aufwendungen an Kleidung und Nahrungsmitteln sollen als humanitäre Gabe betrachtet und die Mittel für den Lebensunterhalt nicht zurückgefordert werden. Eine Ausnahme bilden die (aus der Gewalt der) Barbaren Losgekauften, da es recht und billig ist, daß diese das Lösegeld für ihre (wiedergewonnene) Freiheit des allgemeinen Nutzens wegen zurückgeben. Denn damit der Verlust (des Lösegeldes) nicht der Grund ist, den Loskauf zu verweigern, sollen die Ausgelösten entweder den Käufern das für sie gegebene Geld wiedergeben oder zum Dank für die Wohltat fünf Jahre arbeiten und ihre Freiheit unversehrt innehaben, wenn sie Freigeborene sind. Mit der von Uns befohlenen Einschränkung dürfen diejenigen nach Hause zurückkehren, denen durch das Rückkehrrecht – wie auch aus den Gutachten der früheren Rechtsgelehrten erhellt – alles unversehrt erhalten werden soll. Handelt dieser Verordnung ein Sklave, Pächter oder Prokurator zuwider, soll er als Strafe zur Bergwerksarbeit deportiert werden. Wenn er aber Grundbesitzer ist, soll er wissen, daß sein Vermögen vom Fiskus konfisziert, er selbst deportiert wird. Zur leichteren Ausführung der Verordnung befehlen Wir den Bischöfen der nächstgelegenen Orte, Sorge für diese Sache zu tragen. Auch die Kurialen der nächsten Städte werden gemahnt, Unser Gesetz aufrechtzuerhalten. Alle Statthalter sollen wissen, daß sie zehn Pfund Gold und ihre Unterbeamten ebensoviel entrichten müssen, wenn sie Unserem Befehl nicht nachkommen.

Von ausgesetzten Kindern, Freien oder Sklaven, und von denen, die Neugeborene zu nähren übernommen haben

De infantibus expositis liberis et servis et de his qui sanguinolentos nutriendos acceperunt

8,51,1 Kaiser Alexander Severus an Claudius, o. O., 30. Mai 224

Wenn gegen deinen Willen oder ohne dein Wissen das Kind deiner Sklavin oder Kolonin *(adscripticia)* ausgesetzt worden ist, steht dir nichts im Wege, es wieder zurückzufordern. Dessen Herausgabe wird, außer wenn du es von einem Dieb beanspruchst, in der Weise geschehen, daß du die zur Ernährung des Kindes oder zur Erlernung eines Handwerks aufgewandten Kosten zu ersetzen hast.

8,51,2 Die Kaiser Valentinian I., Valens und Gratian an den Prätorianerpräfekten Probus, o. O., 5. März 374

Jeder soll seine Kinder ernähren. Hat er sich einfallen lassen, dieselben auszusetzen, soll er der dafür vorgesehenen Bestrafung verfallen. Wir gestatten auch den Herren sowenig wie den Freilassern, dieselben zurückzufordern, wenn die von ihnen gewissermaßen dem Tod ausgesetzten Kinder durch Barmherzigkeit und Mitleid gerettet worden sind. Denn niemand kann den sein eigen nennen, den er verlassen hat, damit er umkomme.

Was langjährige Gewohnheit sei

Quae sit longa consuetudo

8,52,2 Kaiser Konstantin I. an Proculus, Prokonsul von Africa, o. O., 24. April 319

Gewohnheit und lange Zeit geübter Brauch haben keine geringe Bedeutung, doch ist diese nicht so weit auszudehnen, daß sie einen Rechtsgrund oder ein Gesetz überwiegt.

Von Schenkungen
De donationibus

8,53,14 Die Kaiser Diokletian und Maximian und die Cäsaren an Idaea, o. O., 17. September 293

Wenn dein Sohn dir gehörende Gegenstände ohne deine Einwilligung seiner Verlobten geschenkt hat, so hat er (diese) nicht schenken können, weil ihm die Sachen nicht gehört haben.

8,53,16 Die Kaiser Diokletian und Maximian und die Cäsaren an Theodorus, o. O., 27. November 293

Das Greisenalter ist allein kein Hindernis, eine Schenkung zu machen.

8,53,26 (= *Cod. Theod.* 8,12,2) Kaiser Konstantin I. an Catullinus, Prokonsul von Africa, Serdica, 17. April 317

Wenn irgend jemand einem aus väterlicher Gewalt entlassenen Kind, das noch so klein ist, daß es nicht sprechen kann und noch gar nicht versteht, daß ihm etwas geschenkt wird, ein Landgut übertragen will, soll er nach vorheriger Ausfertigung einer Urkunde die Schenkung vollziehen. Durch einen geeigneten Sklaven (des Kindes) kann die Schenkung angenommen werden, so daß durch ihn für das Kind erworben wird.

8,53,29 Die Kaiser Theodosius II. und Valentinian III. an den Prätorianerpräfekten Hierius, o. O., 21. April 428

Eine auf Fremde und oft Unbekannte übertragene Schenkung ist auch ohne ein darüber aufgenommenes Schriftstück gültig, wenn durch andere geeignete Beweismittel das, was geschehen ist, bewiesen wird.

Von Schenkungen, die unter einer Auflage oder Bedingung oder einer bestimmten Zeitangabe vollzogen werden

De donationibus quae sub modo vel condicione vel ex certo tempore conficiuntur

8,54,1 Die Kaiser Valerian und Gallienus an Gamica, o. O., 26. November 258

Wenn du beweisen kannst, daß du deiner Enkelin eine Schenkung unter der Bedingung gemacht hast, daß sie dir bestimmte Unterhaltsmittel gewährt, so kannst du, wenn sie die Bedingung nicht erfüllen wollte, Eigentumsklage erheben, d. h. eine Klage, durch die dir dein früheres Eigentum zurückgegeben wird. Denn in diesem Fall steht dir rechtlich nicht nur die Kondiktion, d. h. die Personalklage, zu: die verewigten Kaiser haben in diesem Fall auch Eigentumsklage verordnet.

8,54,4 Die Kaiser Diokletian und Maximian, ohne Adressaten, o. O., 1. Oktober 291

Eine perfekte Schenkung läßt später keine Bedingungen mehr zu. Wenn dein Vater einige Zeit nach einer erfolgten Schenkung Bedingungen hinzugefügt hat, so ist es unzweifelhaft, daß dies seinen Enkeln, den Söhnen deines Bruders, nicht schaden kann.

Von widerrufenen Schenkungen

De revocandis donationibus

8,55,1 Kaiser Philippus Arabs an Cosmianus, o. O., 17. Juni 249

Auch wenn der Freigelassene nach vollzogener Schenkung in den Besitz eingeführt wurde und zu jeder Zeit rechtlich als Eigentümer besessen hat, so kann dennoch, wenn er sich undankbar erweist, die ganze Schenkung nach Änderung des Willens des Freilassers widerrufen werden.[136] Das wird auch bezüglich dessen so gehalten, was im Namen des Freigelassenen, dennoch mit dem Geld und durch die Gnade des Freilassers angeschafft worden ist. Denn wer durch seinen Gehorsam die Freigebigkeit seines Freilassers herausgefordert hat, ist diese weiterhin zu genießen unwürdig, wenn er anfängt, ungehorsam zu sein, da die auf den Freigelassenen übertragene Freigebigkeit zu größerem Gehorsam anspornen und nicht zur Frechheit ermuntern soll. Dieses Rechtsverhältnis gilt nur für diejenigen selbst, die geschenkt haben. Im übrigen werden weder deren Söhne noch Nachfolger an dieser Gnade teilhaben. Denn es ist unrecht, auf irgendeine Weise Schenkungen anzufechten, die der Schenker zeit seines Lebens nicht widerrufen hat.

8,55,3 Die Kaiser Carinus und Numerianus an Januarius und Felix, o. O., 12. Januar 284

Die Besitzung, die eure Mutter euch nach Entlassung aus der väterlichen Gewalt geschenkt hat, hat sie aus Reue allein nicht veräußern können.

8,55,8 (= *Cod. Theod.* 8,13,3) Kaiser Constantius II. an den Stadtpräfekten Orfitus, o. O., 28. März 355

Wenn ein kinderloser Freilasser seinem Freigelassenen sein ganzes oder einen Teil seines Vermögens geschenkt und später Kinder gezeugt hat, sollen die Geschenke in die Verfügungsgewalt des Schenkers zurückkehren.

Von der Aufhebung der Strafen für Ehe- und Kinderlosigkeit und der Abschaffung des Zehnten[137]

De infirmandis poenis caelibatus et orbitatis et de decimariis sublatis

8,57,2 (= *Cod. Theod.* 8,17,2) Die Kaiser Honorius und Theodosius II. an den Stadtpräfekten Isidorus, o. O., 4. September 410

Wir verordnen, daß die Bestimmungen über den Zehnten aus dem Papischen Gesetz[138] zwischen Männern und Frauen wegfallen sollen und sie, auch wenn keine Kinder vorhanden sind, aus ihren Testamenten gegenseitig das Vermögen vollständig erwerben können, wenn nicht ein anderes Gesetz die Hinterlassenschaft schmälert. Mann und Frau mögen sich daher so viel hinterlassen, wie es die Liebe zum Überlebenden erfordert.

BUCH 9

Buch 9 bringt in 332 Konstitutionen, die in 51 Titeln zusammengefaßt sind, ausführlich das Strafrecht. Titel 1 *(Qui accusare non possunt)* handelt von Personen, denen die Anklageerhebung verwehrt wurde etwa aufgrund eines Verwandtschaftsverhältnisses (*Cod. Just.* 9,1,13). Sklaven durften ihre Herren bei Todesstrafe nicht anklagen; ausgenommen war die Anzeige wegen Majestätsverbrechens (*Cod. Just.* 9,1,20). Auch Freigelassenen drohte die Todesstrafe, wenn sie gegen ihre Freilasser oder deren Erben als Ankläger aufzutreten wagten (*Cod. Just.* 9,1,21).

Eine Vielzahl von Verordnungen, die dieses Buch enthält, geht auf ältere, vor allem von Sulla, Cäsar und Augustus erlassene Gesetze *(leges)* zurück, die teilweise in späterer Zeit modifiziert wurden. So bestraft die *lex Iulia de maiestate* (Titel 8) des Kaisers Augustus aus dem Jahre 8 v. u. Z. alle gegen das römische Volk und dessen Sicherheit gerichteten Handlungen (darunter fielen beispielsweise Aufruhr, Attentate auf Magistrate, Konspiration mit dem Gegner, Flucht vor dem Feind). Im Laufe des 1. Jh. verknüpfte sich dieses Gesetz dann immer enger mit dem Prinzeps, traten Handlungen gegen dessen Person als Gegenstand des Majestätsverbrechens in den Vordergrund. Titel 9 bringt Erlasse zu einem Gesetz aus augusteischer Zeit (18 v. u. Z.), das einen Teil eines Maßnahmenkomplexes zur Hebung der ehelichen Moral darstellt. Aus den Konstitutionen erhellt die deutliche Benachteiligung der Frau in der Geschlechterbeziehung. Dem Mann bleiben außereheliche Verbindungen zu Sklavinnen erlaubt (*Cod. Just.* 9,9,24); der Ehebruch der Frau wird in jedem Fall geahndet, der des Mannes nur, wenn eine fremde Ehe in Mitleidenschaft gezogen wird. War der Mann verpflichtet, seine des Ehebruchs überführte Frau gerichtlich zu belangen – im Unterlassungsfall machte er sich der Kuppelei schuldig (*Cod. Just.* 9,9,2) –, so wurde der Frau das Recht der Klage wegen Ehebruchs verweigert (*Cod. Just.* 9,9,1).

Weitere Gesetze, auf die die Erlasse späterer Kaiser Bezug nehmen, sind das Julische Gesetz über öffentliche und Privatgewalttätigkeit – weder der Unterschied zwischen beiden Arten der Gewalttätigkeit noch der Gesetzgeber (Cäsar oder Augustus) sind bekannt –, das Cornelische Gesetz über die Meuchelmörder, das Fabische Gesetz über Menschenraub, das Cornelische Gesetz über Fälschung, das Julische Gesetz über zurückzufordernde Gelder und das Julische Gesetz über Verbrechen an öffentlichem Eigentum. Daneben enthält Buch 9 Verordnungen über Injurien, Fristen über die Beendigung einer Kriminalsache, zum Vermögen von Verbannten und Selbstmördern, zu Schmähreden und Schmähschriften, aber auch zur Falschmünzerei und Schadenszauberei u. a. m.

Die nicht anklagen können
Qui accusare non possunt

9,1,6 Kaiser Alexander Severus an Probus, o. O., 3. Mai 224

Du darfst die Anklage, von der zurückzutreten du erklärt hast, nicht wiederholen.

9,1,8 Kaiser Gordian III. an den Soldaten Gaius, o. O., 16. Juli 238

Soldaten werden Klagen nicht verwehrt, die ein öffentliches Verfahren nach sich ziehen, wenn sie wider sie oder die Ihren begangenes Unrecht verfolgen. Wir gestatten dir deshalb, den Tod deines Neffen zu rächen.

9,1,9 Kaiser Gordian III. an Severianus, o. O., 2. März 239

Der zuständige Richter läßt nicht außer acht, daß die Frau, die vorgibt, den Tod ihres Sohnes rächen zu wollen, nicht eher zur Anklage zugelassen wird, bevor sie nicht bewiesen hat, daß sie die Mutter ist.

9,1,13 Die Kaiser Diokletian und Maximian und die Cäsaren an Asclepius, o. O., 23. Januar 294

Wenn einer ein (von seinem Bruder begangenes) großes und nicht geringes Kapitalverbrechen[139] gegen seinen Bruder zur Anklage gebracht hat, darf er nicht nur nicht gehört, sondern muß auch mit Verbannung bestraft werden.

9,1,14 Die Kaiser Diokletian und Maximian und die Cäsaren an Aelia, o. O., 14. Februar 294

Wegen der Nachstellungen gegen dein Leben kannst du Anklage gegen deinen Sohn beim Provinzstatthalter erheben, wenn nicht mütterliche Liebe und deine Gemütsart dich von der Absicht zurückhalten.

9,1,19 (= *Cod. Theod.* 9,1,12) Die Kaiser Valentinian I., Valens und Gratian an Laodicius, Statthalter von Sardinien, Carnuntum, 12. August 374

Angeklagten, wenn sie nicht gegen sie oder die Ihren begangenes Unrecht verfolgen, ist nach Ansicht der alten Rechtsgelehrten die Befugnis zu Anklagen gegen gleiche oder geringere Verbrechen (deren sie beschuldigt werden) untersagt, bevor sie sich nicht des Vorwurfs, ein Verbrechen begangen zu haben, entledigt haben. Jedoch können sie auch selbst – auch während schwebender Anklage – Anklageschriften gegen die Ankläger einreichen.

9,1,20 (= *Cod. Theod.* 9,6,3) Die Kaiser Arcadius und Honorius an den Prätorianerpräfekten Eutychianus, Konstantinopel, 8. November 397

Wenn jemand, der häusliche Dienste verrichtet, oder ein Sklave aus irgendeinem Haus als Angeber und Ankläger irgendeines Verbrechens aufgetreten ist und Ruf, Leben oder Vermögen dessen gefährdet, in dessen Haus oder Herrschaft er sich befand, soll er noch vor der Stellung von Zeugen, noch vor der Untersuchung der Angelegenheit, gleich nach der Anzeige der Verbrechen und dem Beginn der Anklage mit dem rächenden Schwert gerichtet werden. Denn eine solch unheilvolle Stimme muß besser zum Schweigen gebracht als gehört werden. Das Majestätsverbrechen nehmen Wir aber davon aus.

9,1,21 (= *Cod. Theod.* 4,10,2) Die Kaiser Honorius und Theodosius II. den Konsuln, Prätoren, Volkstribunen und dem Senat zum Gruß, Ravenna, 6. August 423

Wenn Freigelassene sich angemaßt haben, als Ankläger ihrer Freilasser oder deren Erben aufzutreten, werden sie wie die Sklaven mit dem Tode bestraft, und sie sollen vor Beginn der verbotenen Anzeige die Strafe büßen.

Von Anklagen und Anklageschriften
De accusationibus et inscriptionibus

9,2,1 Kaiser Alexander Severus an Marcianus, o. O., 30. Juli 222

Der Provinzstatthalter wird nicht ignorieren, daß diejenigen, die Grenzsteine ausgegraben haben, mit einer außerordentlichen Bestrafung belegt werden müssen.

9,2,2 Kaiser Alexander Severus an Syrus, o. O., 21. November 222

Wenn ein Sklave eines Verbrechens angeklagt wird, kann ihn sein Herr verteidigen und sich mit vor Gericht stellen, um auf die Beschuldigungen des Anklägers zu antworten. Nach Beweis des Verbrechens aber soll nicht der Herr selbst, sondern der Sklave für sein Delikt verurteilt werden. Dem Herrn ist nämlich deshalb erlaubt worden, seinen Sklaven zu verteidigen, damit er für ihn passende Entschuldigungsgründe anführen kann.

9,2,5 Kaiser Gordian III. an Paulinus, o. O., 11. September 241

Ein Angeklagter haftet nicht weniger für ein Verbrechen oder schwere Injurien, wenn er angibt, ein anderer habe ihm zu dieser Tat Auftrag erteilt. Denn in diesem Fall ist es nicht unbekannt, daß außer dem Hauptschuldigen auch der Auftraggeber für seine Person belangt werden kann.

9,2,12 Die Kaiser Diokletian und Maximian und die Cäsaren an Aurelius, Sirmium, 19. Mai 293

Die Tat desjenigen, der sich freiwillig (von wo) herabgestürzt hat, kann dem an diesem Verbrechen Schuldlosen keine Gefahr bringen.

Von der Bewachung der Angeklagten
De custodia reorum

9,4,3 (= *Cod. Theod.* 9,3,3) Kaiser Constantius II. an den Prätorianerpräfekten Acindynus, o. O., 5. April 340

Weil ein Kerkerraum mehrere Verbrecher einschließt, verordnen Wir durch dieses Gesetz, daß, auch wenn Verbrecher, die die gleiche Strafe zu erwarten haben, zusammengeschlossen werden dürfen, dennoch Personen verschiedenen Geschlechts in verschiedene Zellen gebracht werden sollen.

9,4,4 (= *Cod. Theod.* 9,3,5) Die Kaiser Valentinian I., Valens und Gratian an den Prätorianerpräfekten Probus, Contionacum, 29. Juni 371

Dem Oberaufseher über die Verhafteten obliegt die Bewachung und Beobachtung der empfangenen Personen. Er soll nicht glauben, daß er einen niedrigen und schlechten Menschen (einen subalternen Gefängnisbeamten etwa) dem Richter übergeben darf, wenn ein Angeklagter auf irgendeine Weise entschlüpft ist. Wir wollen dagegen, daß er dieselbe Strafe erleide, die der Entflohene bekommen hätte. Wenn aber der Oberaufseher aus irgendeiner Notwendigkeit seiner Dienstpflicht ferngeblieben ist, so befehlen Wir seinem Gehilfen, mit gleicher Sorgfalt Wache zu halten, und Wir verordnen, daß er durch die gleiche Strenge des Gesetzes verpflichtet wird.

9,4,5 (= *Cod. Theod.* 9,3,6) Die Kaiser Gratian, Valentinian II. und Theodosius I. an den Prätorianerpräfekten Eutropius, Konstantinopel, 30. Dezember 380

Wir verordnen durch diese offene Bestimmung hinsichtlich der Gefängnisinsassen, daß sie entweder – wenn sie überführt worden sind – rasch bestraft werden oder – wenn sie freigesprochen werden müssen – keine lange Gefängnishaft sie quält. Wir befehlen daher, daß der Oberaufseher über die Verhafteten aller 30 Tage (dem Statthalter) Meldung macht über die Zahl der Personen, die Art der Delikte, die Reihenfolge der Verhafteten und das Alter der Gefangenen. Hat er dies unterlassen, soll er 20 Pfund Gold Unserem Schatz beibringen, der Statthalter aber wegen seiner Nachlässigkeit, und da er in stolzem Dünkel nur den Titel eines solchen führt, ausgeschlossen werden, und zwar sein Vermögen behalten, aber mit zehn Pfund Gold bestraft werden.

Wenn der Angeklagte oder der Ankläger gestorben ist
Si reus vel accusator mortuus fuerit

9,6,2 Kaiser Caracalla an Eutychianus, o. O., 25. September 215

Wenn auch Marcellus, der des Verbrechens der Fälschung angeklagt worden ist, gestorben und dadurch das Verbrechen für seine Person erloschen ist, so ist dennoch die Anklage nicht aufgehoben, da, wie du darstellst, sowohl seine Ehefrau als auch du des Verbrechens angeklagt worden seid.

Wenn jemand den Kaiser geschmäht hat
Si quis imperatori maledixerit

9,7,1 (= *Cod. Theod.* 9,4,1) Die Kaiser Theodosius I., Arcadius und Honorius an den Prätorianerpräfekten Rufinus, Konstantinopel, 9. August 393

Wer in Unkenntnis allen Anstandes und unkundig aller Scham mit einer unredlichen und frechen Schmährede Unsere Namen anzugreifen gewagt hat und in lärmender Trunkenheit als Tadler der Zeit (d. h. der kaiserlichen Regierung) aufgetreten ist, den wollen Wir keiner Strafe unterwerfen noch soll er etwas Hartes oder Schweres erdulden, weil, wenn er es aus Leichtsinn getan hat, er der Verachtung würdig ist, wenn aus Wahnsinn, er des Mitleids wert ist, wenn aus Vorsätzlichkeit, er Verzeihung erhalten soll. Es soll daher alles unverändert Uns zur Kenntnis gegeben werden, damit Wir die Reden der Menschen aus ihren Personen abwägen und bestimmen können, ob sie mit Stillschweigen übergangen oder weiter untersucht werden müssen.

Zum Julischen Gesetz über die Majestät[140]
Ad legem Iuliam maiestatis

9,8,3 (= *Cod. Theod.* 9,5,1) Kaiser Konstantin I. an den Stadtpräfekten Maximus, o. O., 1. Januar 320

Wer einen anderen des Majestätsverbrechens bezichtigt, soll wissen, daß, weil der einer solchen Sache Überführte durch kein Privileg irgendeiner Würde von der strengeren Untersuchung ausgenommen wird, er selbst auch gefoltert wird, wenn er seine Anzeige nicht durch andere klare Indizien beweisen kann. Mit dem Angeklagten, der bei dieser Verwegenheit (des Majestätsverbrechens) ertappt worden ist, muß auch derjenige gefoltert werden, auf dessen Anraten und Antrieb er (der Ankläger des Majestätsverbrechens) zur Anklage geschritten ist, damit alle Mitwisser des Verbrechens die gesetzliche Rache treffe.[141]

9,8,4 (= *Cod. Theod.* 9,35,1) Die Kaiser Valentinian I., Valens und Gratian an den Stadtpräfekten Olybrius, o. O., 8. Juli 369

Niemand, dem, ohne Uns konsultiert zu haben und ohne Unser Wissen, die Schnüre[142] angelegt werden, darf es verwehrt werden, sich zu seiner Verteidigung auf den Soldatenstand, auf seine Herkunft oder seine Würde zu berufen, ausgenommen in Majestätssachen, in denen allein alle in der gleichen Lage sind.

Zum Julischen Gesetz über den Ehebruch und über die Schändung[143]

Ad legem Iuliam de adulteriis et de stupro

9,9,1 Die Kaiser Septimius Severus und Caracalla an Cassia, o. O., 20. Juli 197

Daß Ehefrauen auf dem Wege des öffentlichen Verfahrens die Klage wegen Ehebruchs nicht haben, auch wenn sie über Verletzung ihrer eigenen Ehe klagen wollen, erklärt das Julische Gesetz, das, während es den Männern durch das Recht des Ehemannes die Möglichkeit der Klage gegeben, dieses Privileg nicht gleichfalls den Frauen gestattet hat.

9,9,2 Die Kaiser Septimius Severus und Caracalla an Cyrus, o. O., 1. Juli 199

Diejenigen begehen das Verbrechen der Kuppelei, die eine beim Ehebruch ertappte Frau in der Ehe behalten, nicht diejenigen, die eine des Ehebruchs Verdächtige behalten haben.

9,9,4 Kaiser Alexander Severus an Julianus, Prokonsul der Provinz Narbonensis, o. O., o. J.

Wenn Gracchus den Numerius in der Nacht beim Ehebruch ertappt und getötet hat, wenn dessen Lage so gewesen ist, daß er nach dem Julischen Gesetz ungestraft erschlagen werden konnte, so verdient die legitim geschehene Tat keine Strafe: dasselbe ist auch dessen Söhnen, die ihrem Vater gehorcht haben, zu gewähren. Wenn jener aber ohne die gesetzliche Befugnis den Ehebrecher unüberlegt, vom Schmerz übermannt, umgebracht hat, so kann er, obgleich ein Mord begangen worden ist, nur verbannt werden, weil Nacht und gerechter Zorn die Tat entschuldigen.[144]

9,9,11 Kaiser Alexander Severus an Norbanus, o. O., 1. September 226

Niemand bezweifelt, daß der Mann, der seine Ehefrau in der Ehe behalten hat, diese nicht des Ehebruchs anklagen kann.

9,9,20 Die Kaiser Diokletian und Maximian an Didymus, o. O., 5. Oktober 290

Die schändliche Nichtswürdigkeit derer, die ihre Keuschheit fremder Begierde preisgegeben haben, nicht aber derer, die gewaltsam geschändet worden sind und deren Gesinnung untadelig ist, rächen die Gesetze. Man hat auch zu Recht angenommen, daß letztere von unbeflecktem Ruf sind und die Ehe mit diesen niemandem verwehrt wird.

9,9,24 Die Kaiser Diokletian und Maximian an Sossianus, o. O., 11. März 291

Auch wenn aus den Akten befunden worden ist, daß du dich zügellosen Begierden hingegeben hast, so ist doch klar, daß du nur eine Sklavin ergriffen und keine Freie geschändet hast. Mit einem Urteil dieser Art wird eher dein moralischer Ruf belastet als dein bürgerlicher angegriffen.

9,9,26 Die Kaiser Diokletian und Maximian und die Cäsaren an Phoebus, o. O., 15. Dezember 294

Ein mit demjenigem begangener Ehebruch, dem sie sich später ehelich verbunden hat, wird durch die Hülle der Ehe nicht ausgelöscht.

9,9,30 (= *Cod. Theod.* 9,7,3) Die Kaiser Constantius II. und Constans an das Volk, Rom, 16. Dezember 342[145]

Wenn ein Mann sich wie eine Frau, einer Hure gleich, Männern hingibt, was kann da verlangt werden? Wo das Geschlecht sich verwandelt hat, wo eine verruchte Handlung da ist, die zu wissen nicht dienlich ist, wo Venus (hier = Beischlaf, fleischliche Vermischung) in eine andere Form gebracht wird, wo Amor (= Liebe) gesucht, aber nicht gesehen wird: die Gesetze sollen sich erheben, befehlen Wir, die Rechte sich mit dem rächenden Schwert bewaffnen, damit die Ehrlosen, die sich jetzt oder in Zukunft der Sache schuldig machen, ausgesuchten Strafen unterworfen werden.

Wenn jemand diejenige, deren Vormund er gewesen ist, verführt hat

Si quis eam cuius tutor fuerit corruperit

9,10,1 Kaiser Konstantin I. an Bassus, Vikar von Italien, Aquileia, 4. April 326

Wenn ein Vormund sein einstiges Mündel nach Verletzung der Keuschheit geschändet hat, soll er deportiert und sein ganzes Vermögen konfisziert werden, obwohl er die Strafe erhalten müßte, die die Gesetze einem Frauenräuber auferlegen.[146]

Zum Julischen Gesetz über öffentliche und Privatgewalttätigkeit

Ad legem Iuliam de vi publica seu privata

9,12,3 Die Kaiser Diokletian und Maximian und die Cäsaren an Bianor, Verona, 24. April 293

Wenn du glaubst, daß die Verlobte deines Sohnes geraubt oder dein Sohn eingesperrt worden ist, so wirst du nicht daran gehindert, beim Provinzstatthalter in gebührender Form Anklage gemäß dem Julischen Gesetz über Gewalttätigkeit zu erheben.

9,12,6 (= *Cod. Theod.* 9,10,1) Kaiser Konstantin I. an Catullinus, Prokonsul von Africa, Aquileia,[147] 17. April 317

Da viele Verbrechen unter der Bezeichnung Gewalttätigkeit zusammengefaßt werden, da die einen gewaltsam angreifen, die anderen mit Erbitterung Widerstand leisten, und Prügelei und Totschlag oft die Folge sind, so hat man beschlossen, wenn entweder einer von der Seite des Besitzenden oder von der Seite dessen, der versucht hat, den Besitz zu verletzen, ums Leben gekommen ist, gegen denjenigen die Todesstrafe zu verhängen, der eine Gewalttätigkeit zu begehen versucht und einer von beiden Seiten die Ursache des Übels zugefügt hat: und zwar soll er nicht mehr nur mit Verbannung und Deportation auf eine Insel, sondern mit der Todesstrafe bestraft werden, und er soll sogar durch Appellation das gegen ihn ergangene Urteil nicht aufhalten.

9,12,8 (= *Cod. Theod.* 9,10,4) Die Kaiser Valentinian II., Theodosius I. und Arcadius an den Stadtpräfekten Albinus, Mailand, 6. März 390

Sklaven, die durch Zeugenaussagen oder eigenes Geständnis einer Gewalttätigkeit überführt werden, sollen ihr Vergehen mit dem Tode büßen, wenn sie es ohne Wissen des Herrn begangen haben. Wenn aber jene aus Furcht und auf Anregung ihrer Herren die Gewalttätigkeit begangen haben, so ist dem Julischen Gesetz zufolge klar, daß der (durch Richterspruch) für infam[148] erklärte Herr sich nicht auf die Würde seines Standes oder seiner Herkunft berufen kann. Die Sklaven aber, die solch unsinnigem Befehl gehorcht haben, sollen nach dem Urteil in ein Bergwerk gesteckt werden. § 1. Personen niederen Standes oder Infamierte und solche, die zweimal oder öfter einer Gewalttätigkeit überführt werden, sollen die Strafe der kaiserlichen Konstitutionen[149] erleiden. § 2. Der Richter aber möge bedenken, daß er mit schwerer Infamie belegt wird, wenn er das erwiesene Verbrechen der Gewalttätigkeit zu bestrafen verschoben, übergangen oder mit Straflosigkeit beschenkt oder ein geringeres Strafmaß als von Uns verordnet ausgesprochen hat.

9,12,9 (= *Cod. Theod.* 9,28,2) Die Kaiser Honorius und Theodosius II. an den Prätorianerpräfekten Aurelianus, Konstantinopel, 5. März 415

Nicht unähnliche Verbrechen sind: etwas zu rauben und dem Räuber das Raubgut, um das Delikt wissend, aufzubewahren.

Von der Züchtigung der Sklaven
De emendatione servorum

9,14,1 (= *Cod. Theod.* 9,12,1) Kaiser Konstantin I. an Bassus, Rom, 11. Mai 319

Wenn ein Herr seinen Sklaven mit Ruten oder Riemen gezüchtigt oder zur Bewachung gefesselt hat, so soll er, ohne Unterschied der Tage,[150] wenn der Sklave (dabei) gestorben ist, keine Besorgnis hegen, ein Verbrechen begangen zu haben. Er darf aber sein Recht nicht unmäßig gebrauchen, sondern soll des Mordes schuldig sein, wenn er ihn vorsätzlich durch einen Hieb mit einem Stock oder einem Stein erschlagen oder mit einer scharfen Waffe eine tödliche Wunde beigebracht oder befohlen hat, ihn an einem Strick aufzuhängen, oder den unmenschlichen Befehl gegeben hat, ihn irgendwo herabzustürzen. Ferner, wenn er ihm giftige Substanzen eingeflößt oder mit öffentlichen Strafen[151] seinen Körper zerfleischt hat, indem er ihn unter den Klauen wilder Tiere zerreißen oder seine Glieder auf glühenden Blechen rösten läßt oder seinen ausgezehrten Gliedern, strotzend von schwarzem mit Eiter vermischtem Blut, unter Martern das Leben mit der Grausamkeit unmenschlicher Barbaren entrissen hat.

Von der Züchtigung der Verwandten
De emendatione propinquorum

9,15,1 (= *Cod. Theod.* 9,13,1) Die Kaiser Valentinian I. und Valens an den Senat, o. O., 30. November 365

Hinsichtlich der Züchtigung Minderjähriger gestatten Wir diese den älteren Verwandten nach Maßgabe der Art des Delikts, damit diejenigen, die durch löbliche Beispiele vorbildlicher Lebensführung in der Familie nicht angeregt werden, wenigstens das Mittel der Züchtigung antreibt. Wir wollen jedoch die Gewalt bei der Bestrafung der Fehler Minderjähriger nicht ins Unbeschränkte ausdehnen, sondern es möge die väterliche Gewalt des verwandten Jünglings Irrungen korrigieren und durch private Bestrafung zügeln. Überschreitet die Schwere einer Tat das Recht der häuslichen Züchtigung, sollen die eines übermäßig großen Delikts Schuldigen dem Richter übergeben werden.

Zum Cornelischen Gesetz über die Meuchelmörder[152]
Ad legem Corneliam de sicariis

9,16,3 Kaiser Gallienus an Munatius, o. O., 20. Januar 265

Wenn du, wie du angibst, einen dich anfallenden Straßenräuber getötet hast, so ist zweifelsfrei derjenige, der die Mordabsicht zuerst gehegt hatte, zu Recht erschlagen worden.

9,16,7 (= *Cod. Theod.* 9,14,1) Die Kaiser Valentinian I., Valens und Gratian an den Prätorianerpräfekten Probus, Rom, 7. Februar 374

Wer – gleich, ob Mann oder Frau – die Sünde eines Kindesmordes begangen hat, soll wissen, daß ihn Kapitalstrafe trifft.

Von denen, die ihre Eltern oder Kinder getötet haben
De his qui parentes vel liberos occiderunt

9,17,1 (= *Cod. Theod.* 9,15,1) Kaiser Konstantin I. an Verinus, Vikar von Africa, gegeben 16. November 318 und bestätigt 14. März 319 zu Karthago

Wer seine Eltern oder Söhne oder eine andere nahestehende Person getötet hat, die zum Begriff des Verwandtenmordes gerechnet wird, mag er es heimlich oder öffentlich getan haben, soll die Strafe für Verwandtenmord erhalten. Er soll weder mit dem Schwert noch mit Feuer oder durch eine andere gewöhnliche Strafart gerichtet, sondern in einen Sack eingenäht werden und in dessen tödlicher Enge das Zusammensein mit Schlangen erdulden und, wenn es die Örtlichkeit gestattet, entweder in das benachbarte Meer oder in einen Fluß geworfen werden, so daß er schon lebendig des Gebrauchs der Elemente zu entbehren beginnt und der Himmel ihm zu Lebzeiten und die Erde nach seinem Tod entzogen werde.

Von Zauberern, Sterndeutern und dergleichen anderen Personen
De maleficis et mathematicis et ceteris similibus

9,18,2 Die Kaiser Diokletian und Maximian und die Cäsaren an Tiberius, Sirmium, 20. August 294

Die Kunst der Geometrie zu erlernen und auszuüben, ist von öffentlichem Interesse. Die Kunst der Sterndeuterei ist verdammungswürdig und verboten.

9,18,3 (= *Cod. Theod.* 9,16,1) Kaiser Konstantin I. an den Stadtpräfekten Maximus, Rom, 1. Februar 320

Kein Wahrsager, kein Priester und keiner von denen, die diesem Ritus zu dienen pflegen, soll in das Haus eines anderen kommen, auch nicht aus einem anderen Grund, sondern es soll die Freundschaft dieser Art von Leuten, so alt sie auch sein möge, zurückgewiesen werden. Derjenige Wahrsager soll verbrannt werden, der in das Haus eines anderen gegangen ist. Derjenige aber, der ihn durch Überredung oder Lohn zu sich gerufen hat, soll nach Vermögenskonfiskation auf eine Insel verbannt werden. Wir glauben, daß der Anzeiger dieses Verbrechens kein Denunziant, sondern vielmehr einer Belohnung würdig ist.

9,18,4 (= *Cod. Theod.* 9,16,3) Kaiser Konstantin I. an den Stadtpräfekten Bassus, Aquileia, 23. Mai 318

Deren Wissenschaft ist strafbar und verdient durch strengste Gesetze geahndet zu werden, die, mit magischen Künsten ausgerüstet, entweder etwas gegen das Wohl der Menschen unternommen oder keusche Gemüter zur Fleischeslust verführt haben. In keine Anklagen aber sind zu verwickeln die für den menschlichen Körper angewandten Heilmittel oder die auf Feldern unschuldig gebrauchten Zaubersprüche, (die verwandt werden,) damit für die Weinlese keine starken Regenfälle zu befürchten sind und die Weinkulturen nicht durch Hagelschlag zerstört werden. Dadurch wird niemandes Wohl oder Ruf in Mitleidenschaft gezogen, die Handlungen sind geradezu dienlich, damit die Gottesgeschenke und die Arbeit der Menschen nicht vernichtet werden.

Von der Entehrung der Grabstätten
De sepulchro violato

9,19,2 (= *Cod. Theod.* 9,17,1) Kaiser Constantius II. an den Stadtpräfekten Titianus, Mailand, 25. Juni 340

Wenn ein Sklave bei der Zerstörung von Grabstätten ergriffen worden ist und er das ohne Wissen seines Herrn tut, soll er zur Arbeit im Bergwerk verurteilt werden. Wenn er aber durch des Herrn Befehl dazu genötigt wird, soll er mit Verbannung bestraft werden. Wenn aber irgend etwas von den Grabstätten zu dessen Haus oder Villa fortgeschleppt wurde, wird die Villa oder das Haus oder das Gebäude, von welcher Art es auch sei, vom Fiskus konfisziert.

9,19,5 (= *Cod. Theod.* 9,17,5) Kaiser Julian an das Volk, Antiochia, 12. Februar 363

Die Verwegenheit macht auch vor den Gräbern der Verstorbenen und den geheiligten Hügeln nicht halt, obwohl unsere Vorfahren es als dem Tempelraub am nächsten kommend erachtet haben, auch nur einen Stein von dort zu bewegen, die Erde aufzuwühlen und den Rasen auszureißen, ja sogar manche Ornamente für Speisezimmer und Säulengänge zu entwenden. Da Wir nun um jene (Grabschänder) besorgt sind, damit sie nicht durch die Störung der Ruhe der Toten eine Sünde begehen, verbieten Wir bei Strafe, die auf Tempelraub steht,[153] daß so etwas getan wird.

Zum Fabischen Gesetz (über die Menschenräuber)[154]
Ad legem Fabiam

9,20,2 Kaiser Caracalla an Aurelius, o. O., 26. Juli 213

Wenn du beweisen kannst, daß dein Sklave von Aelianus aufgenommen und eine Zeitlang versteckt worden ist und kurz darauf auf dessen Zureden die Flucht ergriffen hat, so kannst du die Anklage gemäß dem Fabischen Gesetz in eigener Person oder die Klage durch deinen Prokurator wegen Verführung des Sklaven verfolgen.

9,20,7 Die Kaiser Diokletian und Maximian an den Stadtpräfekten Maximus, o. O., 8. Dezember 287

Infolge deiner Anzeige, daß Sklaven von Menschenräubern aus der Stadt entfernt werden, und deines Berichts, daß bisweilen auch freigeborene Personen durch die Verbrecher entführt werden, verordnen Wir, der Frechheit der Verbrecher mit der größten Strenge zu begegnen. Wenn du daher jemanden bei einem Verbrechen dieser Art ergriffen hast, so wirst du nicht zweifeln, ihn mit dem Tode zu bestrafen, damit durch die Art der Strafe die anderen abgeschreckt werden können und es ferner nicht wagen, Sklaven oder Freie aus der Stadt wegzuschleppen oder zu veräußern.

9,20,10 Die Kaiser Diokletian und Maximian und die Cäsaren an Diza, Luciona, 5. November 293

Wer von demjenigen Sklaven kauft, der solche durch Menschenraub entführt hat, haftet für kein Verbrechen, wenn er nicht als Teilnehmer am Delikt überführt wird.

9,20,11 Die Kaiser Diokletian und Maximian und die Cäsaren an Ampliata, Luciona, 5. November 293

Der Verkauf eines durch Menschenraub Weggeführten ändert dessen Status nicht: denn durch die Entführung einer freien Person wird ein Verbrechen begangen, nicht aber deren Standesrecht beeinträchtigt.

9,20,16 (= *Cod. Theod.* 9,18,1) Kaiser Konstantin I. an Domitius Celsus, Vikar von Africa, o. O., 1. August 315

Die Menschenräuber, die die Eltern kinderlos machen, obwohl die Kinder leben, wurden früher neben anderen Strafen auch zur Arbeit im Bergwerk verurteilt. Wenn jedoch jemand in Zukunft dieses Verbrechens beschuldigt und die Tat auch erwiesen wird, so soll er, wenn er ein Sklave oder ein Freigelassener ist, den Bestien (zum Fraß) vorgeworfen, ein Freigeborener aber mit dem Schwert hingerichtet werden.

Zum Cornelischen Gesetz über Fälschungen[155]

Ad legem Corneliam de falsis

9,22,6 Kaiser Philippus Arabs und Cäsar Philippus an Ulpius, o. O., 18. März 245

Wer ein Testament als gefälscht bezeichnet hat, ohne Recht zu erhalten, kann keinen Anspruch auf das ihm durch den Letzten Willen des Verstorbenen Zugedachte erheben.

9,22,12 Die Kaiser Diokletian und Maximian und die Cäsaren an Primus, Viminacium, 8. August 293

Die Anklage wegen Fälschung wird durch zeitliche Beschränkungen nicht ausgeschlossen, mit Ausnahme (der Einrede der Verjährung) von 20 Jahren, wie auch bei fast allen übrigen Verbrechen.

9,22,14 Die Kaiser Diokletian und Maximian und die Cäsaren an Gentiana, Sirmium, 30. Dezember 293

Wer ein Testament versteckt oder entwendet hat, begeht, wie allgemein bekannt, das Verbrechen der Fälschung.

Von denen, die sich in einem Testament etwas selbst vermachen

De his qui sibi adscribunt in testamento

9,23,4 Kaiser Alexander Severus an Crescens, o. O., 3. Februar 225

Was in einem Testament der Ehefrau sich der Mann eigenhändig testamentarisch übereignet hat, wird als nicht geschrieben angesehen, und die Strafe gemäß des Cornelischen Gesetzes wird verhängt, wenn nicht Begnadigung erlangt worden ist.

9,23,6 Die Kaiser Diokletian und Maximian an Aufidius, o. O., 8. Dezember 290

Wenn du dir die Freiheit auf Befehl deines Herrn eigenhändig vermacht hast, so steht dir, weil – wie du selbst angibst – dein Herr (das Testament) nicht unterschrieben und durch seine Schrift ausdrücklich deine Freiheit anerkannt hat, die Autorität des Senatsbeschlusses zur Erlangung der Freiheit entgegen. Dennoch wird dir die Strafe wegen (Testaments-) Fälschung erlassen, weil du nicht gegen den Willen deines Herrn handeln konntest.

Von der Falschmünzerei
De falsa moneta

9,24,2 Kaiser Konstantin I. an Tertullianus, Prokonsul von Africa, Mailand, 6. Juli 326

Wer falsche Münzen geprägt hat, dessen gesamtes Vermögen soll konfisziert werden. Denn Wir wollen, daß nur in Unseren Münzstätten Geld geprägt wird. Die sich dessen schuldig machen, begehen ein Majestätsverbrechen, und es soll, während für die Ankläger Belohnung ausgesetzt wird, jeder, der als Fälscher von Solidi[156] erkannt werden kann oder von irgend jemandem angeklagt worden ist, ohne Aufschub den Feuertod sterben.

Zum Julischen Gesetz über zurückzufordernde Gelder[157]
Ad legem Iuliam repetundarum

9,27,1 (= *Cod. Theod.* 9,27,3) Die Kaiser Gratian, Valentinian II. und Theodosius I. an Matronianus, Dux[158] und Statthalter von Isauria[159], Konstantinopel, 12. Juni 382

Damit die Bestrafung eines (Menschen) für viele ein furchteinflößendes Beispiel abgeben kann, so ordnen Wir an, daß der Dux, der sein Amt schlecht verwaltet hat, unter angemessener Bewachung in die von ihm ausgeplünderte Provinz geführt werde, damit er nicht nur das, was dessen Amtspersonal sowie die Soldaten und Diener empfangen haben, sondern auch das, was er selbst von Unseren Provinzialen geraubt oder fortgeschleppt hat, gegen seinen Willen um das Vierfache zurückzahle.

9,27,2 (= *Cod. Theod.* 9,27,4) Die Kaiser Gratian, Valentinian II. und Theodosius I. an den Prätorianerpräfekten Florus, o. O., 23. August 382

Die Statthalter sollen wissen, daß sie wegen ihrer Verfehlungen entweder selbst oder ihre Erben bestraft werden.

Vom Verbrechen wider öffentliches Vermögen
De crimine peculatus

9,28,1 Die Kaiser Theodosius I., Arcadius und Honorius an den Prätorianerpräfekten Rufinus, Konstantinopel, 10. September 392

Die Statthalter, die in der Zeit ihrer Administration öffentliche Gelder unterschlagen haben, befehlen Wir gemäß dem Julischen Gesetz über Verbrechen an öffentlichem Eigentum mit Kapitalstrafe zu belegen.[160] Die ihnen dabei behilflich gewesen sind oder unterschlagene Gelder von ihnen wissentlich angenommen haben, soll die gleiche Strafe treffen.

Über das Verbrechen des Sakrilegs[161]
De crimine sacrilegii

9,29,2 (= *Cod. Theod.* 1,6,9) Die Kaiser Valentinian II., Theodosius I. und Arcadius an den Stadtpräfekten Symmachus, Mailand, 28. Dezember 384

Über eine Entscheidung des Kaisers darf nicht debattiert werden, denn es steht dem Sakrileg nahe, daran zu zweifeln, ob einer würdig ist, den der Kaiser erwählt hat.

Von Aufrührern und denen, die das Volk gegen öffentlichen Frieden und Ruhe zu versammeln wagen
De seditiosis et his qui plebem audent contra publicam quietem colligere

9,30,2 Kaiser Leo I. an den Prätorianerpräfekten Erythrius, Konstantinopel, 6. März 466

An keinem Ort und in keiner Stadt soll mit tumultuarischem Geschrei ein unziemliches Verlangen kundgetan noch sollen allein zu jemandes Beschimpfung freche Reden geführt werden. Die dergleichen getan und Tumult erregt haben, sollen wissen, daß sie von dem, was sie fordern, überhaupt keinen Nutzen haben, sondern den Strafen unterworfen werden, die die uralten Dekrete für die Urheber von Aufruhr und Tumult festgesetzt haben.

Vom Verbrechen der Ausplünderung der Erbschaft[162]

De crimine expilatae hereditatis

9,32,3 Kaiser Caracalla an Helena, o. O., 3. Januar 216
Wenn du das Erbe deines Großvaters angetreten hast, steht dir nichts im Wege, deine ehemalige Stiefmutter wegen des Verbrechens der Ausplünderung der Erbschaft gerichtlich zu belangen.

9,32,5 Kaiser Philippus Arabs und Cäsar Philippus an Sulpicius, o. O., 18. Januar 245
Unter dem Vorwand der Ausplünderung der Erbschaft darf der Vorteil der Vermächtnisse, besonders durch Verzögerung der Untersuchung, den Vermächtnisinhabern, die Freigelassene des Erblassers sind, nicht entzogen werden.

Vom Raub

Vi bonorum raptorum

9,33,4 Die Kaiser Diokletian und Maximian und die Cäsaren an Attalus, Herakleia, 30. April 293
Hinsichtlich dessen, was ein fremder Sklave ohne Wissen seines Herrn geraubt zu haben beschuldigt wird, kann sein Herr binnen Jahresfrist wegen des Raubes auf das Vierfache und danach mittels Noxalklage[163] vor einem kompetenten Richter auf das Einfache belangt werden.

Vom Verbrechen der arglistigen Täuschung

De crimine stellionatus

9,34,1 Kaiser Alexander Severus an Alexander, o. O., 9. Februar 231
Du gestehst es selbst als unredlich und verbrecherisch, dieselben Sachen mehreren verpfändet zu haben, während du bei der später eingegangenen Verbindlichkeit verheimlicht hast, daß dieselben Sachen schon einem anderen verpfändet wurden. Du wirst dir helfen, wenn du durch Bezahlung deiner Schulden den Gläubigern den Grund für die Anklageerhebung entziehst.

Von den Injurien[164]

De iniuriis

9,35,3 Kaiser Gordian III. an Donatus, o. O., 14. Juli 239

Wenn du kein Denunziant bist, brauchst du auch nicht besorgt zu sein, daß dein Ansehen dadurch befleckt wird, daß dieser oder jener, um dich zu beleidigen, gesagt hat, du seist ein solcher. Du kannst auch gegen diejenigen, die zur Schmälerung deines guten Rufes etwas unternommen haben, auf übliche Weise die Injurienklage erheben.

9,35,5 Die Kaiser Diokletian und Maximian an Victorinus, o. O., 10. Juli 290

Wenn du beweisen kannst, daß du etwas Injurierendes nicht mit der Absicht der Beschimpfung gesagt hast, so schützt dich der wahre Sachverhalt gegen die Verleumdung. Wenn du aber im Zank und unbedacht, weil in heftiger Erregung, jemanden als Mörder beschimpft hast, und seit diesem Tag ein Jahr vergangen ist, so kannst du, da die Injurienklage nach einem Jahr verjährt ist, wegen der Injurie nicht weiter in Anspruch genommen werden.

9,35,9 Die Kaiser Diokletian und Maximian und die Cäsaren an Nonna, Nikomedia, 26. November 294

Wer Freie als Sklaven beschimpft hat, kann zweifellos mit Injurienklage belangt werden.

Von Schmähschriften

De famosis libellis

9,36,2 (= *Cod. Theod.* 9,34,7)[165] Edikt der Kaiser Valentinian I. und Valens, Konstantinopel, 16. Februar 365

Wer eine Schmähschrift entweder in einem Haus oder an einem öffentlichen oder anderen Ort zufällig gefunden hat, soll sie entweder vernichten, bevor sie ein anderer findet, oder niemandem den Fund mitteilen. Wenn er aber diese Papiere nicht sofort vernichtet oder ins Feuer geworfen, sondern deren Inhalt bekanntgemacht hat, möge er wissen, daß er quasi als Urheber dieses Delikts der Kapitalstrafe unterworfen wird. Will jemand freilich seine Ergebenheit und seine Sorge um das öffentliche Wohl kundtun, so möge er seinen Namen angeben und das laut und offen verkünden, was er durch eine Schmähschrift rügen zu müssen glaubte, und er soll ohne jede Angst auftreten und wissen, daß er, wenn sich seine Behauptungen als wahr erweisen, großes Lob und Belohnung von Unserer Gnade erlangt. Wenn er aber die Wahrheit (des Gesagten) nicht zu beweisen vermochte, soll er mit Kapitalstrafe belegt werden. Eine Schrift dieser Art soll aber dem guten Ruf eines anderen nicht schaden.

Von denen, die Räuber oder an anderen Verbrechen Schuldige versteckt haben

De his qui latrones vel in aliis criminibus reos occultaverint

9,39,1 (= *Cod. Theod.* 9,29,1) Die Kaiser Valentinian I., Valens und Gratian an den Vikar Simplicius, Rom, 23. März 374

Diejenigen, die die Schuldigen an einem Verbrechen, das sie selbst nicht betrifft, versteckt und sich mit ihnen verbündet haben, soll die gleiche Strafe wie die Verbrecher selbst erwarten. Und wer wissentlich Räuber versteckt oder sie den Richtern zu überantworten versäumt hat, soll mit körperlicher Strafe oder Vermögensverlust je nach Art der Person und nach Ermessen des Richters bestraft werden.

Von den vorgeladenen Angeklagten

De requirendis

9,40,2 (= *Cod. Theod.* 9,1,2) Kaiser Konstantin I. an Januarinus, *Comes rerum privatarum*, Korinth, 28. Juli 319

Wer von dem Tag an, als er als Angeklagter vor Gericht geladen worden und binnen eines Jahres nicht vor Gericht erschienen ist, dessen Vermögen soll vom Fiskus konfisziert, und wenn er später aufgefunden und seine Schuld erwiesen worden ist, einem strengeren Urteil unterworfen werden. Auch wenn er mit deutlichen Argumenten und klarem Beweis seine Unschuld beweisen konnte, soll dessen Vermögen nichtsdestoweniger dem Fiskus verbleiben.

Von den peinlichen Fragen[166]

De quaestionibus

9,41,6 Kaiser Gordian III. an Herodianus, o. O., 9. Mai 240

Seit jeher hat man als Grundsatz angenommen, sich in Angelegenheiten der Herren oder Freilasser der Befragung der Sklaven und der eigenen oder mütterlicherseits Freigelassenen zu enthalten, so daß deren Aussagen in Kapital- oder Vermögensangelegenheiten weder für noch gegen ihre Herren oder Freilasser Glaubwürdigkeit erlangen können.

9,41,12 Die Kaiser Diokletian und Maximian an Asprus, Sirmium, 13. Mai 291

Sooft das Eigentum an Sklaven verhandelt wird, müssen diese, wenn durch andere Beweise die Wahrheit nicht ermittelt werden kann, über sich selbst durch die Folter vernommen werden. So billigten es die Rechtslehrer.

Daß innerhalb einer bestimmten Frist eine Kriminalsache beendet werden soll

Ut intra certum tempus criminalis quaestio terminetur

9,44,3 Kaiser Justinian I. an den Prätorianerpräfekten Mena, o. O., 1. April 529

Wir verordnen, daß Kriminalsachen auf jeden Fall innerhalb von zwei Jahren von der Einleitung des Verfahrens an beendet und durch keine Gelegenheit längere Zeit ausgedehnt werden. Nach Ablauf zweier Jahre soll das Verfahren völlig aufhören und der Angeklagte freigesprochen werden. Die Richter und deren Amtspersonal sollen wissen, daß, wenn sie auf Antrag der streitenden Parteien die Einleitung und Untersuchung der Sache verschoben haben, sie um 20 Pfund Gold gestraft werden.

Von denen, die wider besseres Wissen Anklage erheben

De calumniatoribus

9,46,3 Kaiser Alexander Severus an Eumelianus, o. O., o. J.

Wer ein Verbrechen, dessen er einen anderen bezichtigt, nicht bewiesen hat, erleidet, wenn er nicht wegen falscher

Anklage verurteilt wird, keine Einbuße an seinem Ruf. Denn allein dadurch, weil der Angeklagte freigesprochen worden ist, kann der Ankläger nicht für einen wider besseres Wissen (Anklage erhebenden Menschen) gehalten werden, weil er ja einen rechtmäßigen Grund für seine Anklage gehabt haben kann.

9,46,10 Die Kaiser Honorius und Theodosius II. den Konsuln, Prätoren, Volkstribunen und dem Senat zum Gruß, Ravenna, 6. August 423

Wer ein Verbrechen anklagt, soll wissen, daß Lügen nicht ungestraft hingenommen werden, da gegen die Ankläger wider besseres Wissen zur Rache die gleiche Strafe verhängt wird.[167]

Von den Strafen
De poenis

9,47,4 Kaiser Caracalla an Marina, o. O., o. J.

Wenn der Knabe, dessentwegen du eine Bittschrift eingereicht hast, geboren worden ist, bevor seine Mutter zur Bergwerksarbeit verurteilt wurde, so steht er im gleichen persönlichen Verhältnis wie seine Mutter vor ihrer Verurteilung.

9,47,5 Kaiser Caracalla an Senecio, o. O., o. J.

Den Veteranen wird auch darin Ehre erwiesen, daß deren Kinder, jedoch lediglich bis zum ersten Grad, nicht mit der Strafe der Bergwerksarbeit oder öffentlicher Strafarbeit belegt, sondern auf eine Insel deportiert werden.

9,47,7 Kaiser Alexander Severus an Isidorus, o. O., o. J.

Straflosigkeit für ein Delikt wegen des Alters wird nicht gewährt, wenn jemand so alt ist, daß er das Verbrechen, dessen er angeklagt wird, begehen kann.

9,47,10 Kaiser Alexander Severus an Catulinus, o. O., 24. August 224

Der Sklave, der durch das Urteil des Provinzstatthalters seinem Herrn mit der Strafe, Fesseln zu tragen, zurückgegeben wird, ohne daß dabei eine Zeit bestimmt wurde, muß ständig gefesselt sein.

9,47,11 Kaiser Gordian III. an Attianus, o. O., o. J.

Die Strafe der Bergwerksarbeit trifft sowohl Freie als auch Sklaven.

9,47,25 (= *Cod. Theod.* 9,40,24) Die Kaiser Honorius und Theodosius II. an den Prätorianerpräfekten Monaxius, Konstantinopel, 24. September 419

Denjenigen, die den Barbaren die diesen vorher unbekannte Kunst des Schiffsbaus beigebracht haben, wird, so befehlen Wir, Kapitalstrafe auferlegt.

Vom Vermögen der Verbannten oder Verurteilten
De bonis proscriptorum seu damnatorum

9,49,4 Kaiser Gordian III. an Callimorphus, o. O., 23. Oktober o. J.

Der zur Bergwerksarbeit Verurteilte wird ein Strafsklave, und das Vermögen dessen, den ein solches Urteil trifft, wird vom Fiskus in Anspruch genommen. Wenn daher derjenige etwas besessen hat, der – wie du sagst – nachher durch Unsere Gnade befreit worden ist, so gehört das eher dem Fiskus als ihm.

9,49,6 Die Kaiser Diokletian und Maximian und die Cäsaren an Gaudentius, o. O., o. J.

Es ist eine Rechtswahrheit schlechthin, daß den Kindern von dem Vermögen einer deportierten Mutter nichts gebührt.

Vom Vermögen derer, die Selbstmord begangen haben
De bonis mortem sibi consciscentium

9,50,1 Kaiser Caracalla an Aquila, o. O., 21. Dezember 212

Nur das Vermögen derer soll dem Fiskus verfallen, die im Bewußtsein, ein Verbrechen begangen zu haben, und aus Furcht vor dem zukünftigen Urteil Hand an sich gelegt haben. Wenn daher dein Bruder oder Vater, ohne eines Verbrechens angeklagt zu sein, wegen körperlicher Schmerzen oder aus Lebensüberdruß, aus Wahnsinn oder Geistesgestörtheit oder aus einem anderen Grund veranlaßt, seinem Leben durch den Strick ein Ende gemacht hat, so wird dessen Vermögen sowohl testamentarisch als auch ohne Testament an seine Nachfolger fallen.

Von den Verurteilten und wieder in ihren Stand Eingesetzten

De sententiam passis et restitutis

9,51,2 Kaiser Caracalla an Quietus, o. O., o. J.

Da – wie du sagst – dein Vater zur Bergwerksarbeit verurteilt und dessen Vermögen rechtmäßig vom Fiskus eingezogen worden ist, hat er deshalb, weil er durch Meine Gnade bloß von der Bergwerksarbeit befreit worden ist, nicht auch Wiedereinsetzung in sein Vermögen erlangt, wenn er diesen speziellen Gnadenbeweis nicht ausdrücklich auch erhalten hat.

9,51,6 Kaiser Gordian III. an Fabianus, o. O., o. J.

Wenn einem auf eine Insel deportierten und infolgedessen von der Fessel der väterlichen Gewalt befreiten Sohn später duch die Gnade des verewigten Kaisers Alexander Severus die Rückkehr auf väterlichen Boden gestattet und seine vorherige Würde wiederhergestellt worden ist, so wird dennoch die väterliche Gewalt nicht erneuert.

BUCH 10

In den 329 Konstitutionen, die sich auf 78 Titel verteilen, wird – wie in den folgenden Büchern – das Verwaltungsrecht behandelt. Der erste Titel *De iure fisci* leitet die Konstitutionen zu den ordentlichen und außerordentlichen Staatseinnahmen ein. Titel 16 *(De annona et tributis)* bringt die Abgaben und Steuern. *Annonae* sind hier die von den Provinzen zu stellenden Naturallieferungen (vorwiegend Getreide), die für den Unterhalt der Soldaten und Beamten in der Provinz bestimmt waren. Als Steuer *(tributum)* wurde in der späten Kaiserzeit von den in der Landwirtschaft Beschäftigten die sogenannte *iugatio-capitatio* erhoben, eine differenzierte, auf Grund und Boden sowie Arbeitskräften beruhende Steuerveranlagung. Handwerker und Händler zahlten eine spezielle Steuer, das *aurum lustrale* (im Osten des *Imperium Romanum* hieß diese Steuer *chrysargyron*), die alle fünf Jahre eingefordert wurde. Unfreie und freie Lohnarbeiter waren von der Steuerzahlung ausgenommen. Die Hauptsteuern wurden durch eine Reihe von Abgaben ergänzt, zu denen unter anderem die oben erwähnten Naturalabgaben *(annona)* und die Stellung von Militärpferden und Rekruten gehörten.

Titel 32 steht ganz im Zeichen der sich in der Spätantike vertiefenden allgemeinen Krise der römischen Sklavereigesellschaft. Dessen 68 Verordnungen über den einstmals geachteten dritten Stand, den *ordo decurionum*, widerspiegeln die zunehmende Verarmung der Städte und die damit verbundenen Schwierigkeiten bei der Besetzung städtischer „Ehrenstellen", hafteten doch die Dekurionen oder Kurialen mit ihrem Vermögen für die Eintreibung der auf die Stadt umgelegten Steuern (vgl. Anm. 208). Um der Amtsbürde zu entgehen, zogen viele Kurialen die Flucht aufs Land vor, wofür die Kaiser strenge Strafen verordneten (*Cod. Just.* 10,38,1), ohne dieser Erscheinung allerdings wirksam Einhalt gebieten zu können. Weitere Titel handeln von den begehrten Befreiungen von Amtslasten *(excusationes munerum)*. Während Dichtern die Befreiung verwehrt wurde – sie sind auch nicht in der Künstlerliste (*Cod. Just.* 10,66,1) aufgeführt –, genossen erfolgreiche Athleten dieses Privileg.

Vom Recht des Fiskus
De iure fisci

10,1,2 Kaiser Gordian III. an Serenus, o. O., o. J.

Eine von Steuerkalkulatoren angestellte Berechnung kann einem rechtskräftigen Urteil nicht gleichgesetzt werden, sobald sie nicht durch das Urteil des Prokurators[168] bestätigt worden ist.

10,1,8 (= *Cod. Theod.* 10,1,10) Die Kaiser Valentinian I. und Valens an Dracontius, Vikar von Africa, Hadrumetum, 17. November 365

Die sich durch verbrecherische und dem Fiskus nachteilige Kontrakte in die schmachvollen Betrügereien der Unterschlager eingelassen haben, sollen zu vierfachem Ersatz angehalten werden.

10,1,10 (= *Cod. Theod.* 10,10,30) Die Kaiser Honorius und Theodosius II. an den Prätorianerpräfekten Palladius, Ravenna, 8. Juli 421

Das Vermögen derjenigen Verstorbenen, die ihr Gewissen zu Lebzeiten durch diverse Verbrechen befleckt haben, soll dem Fiskus keineswegs verfallen oder von ihm verkauft werden, wenn sich nicht nach einer öffentlichen Anklage ergeben hat, daß sie (der Verbrechen) überführt worden sind.

Von den zu belangenden Schuldnern des Fiskus
De conveniendis fisci debitoribus

10,2,4 (= *Cod. Theod.* 10,16,2) Die Kaiser Valentinian I., Valens und Gratian an Archelaus, *Comes sacrarum largitionum,* Noviodunum, 5. Juli 369[169]

Die dem Fiskus Unserer Majestät schulden, sollen ohne Aufschub haften, und das, was sie in ihrem Namen schuldig sind, auch aus ihren Mitteln zu erlegen gezwungen werden. Wenn sie gezahlt haben, können sie sich darauf berufen, wenn sie glauben sollten, daß ihnen dergleichen gegen ihre Schuldner rechtlich zustehe, in der Weise, daß sie gegen die, von denen sie behauptet hatten, sie seien ihre Schuldner, nach den Gesetzen und auf dem üblichen Rechtsweg auftreten können.

Daß der Fiskus von ihm verkaufte Sachen nicht wieder entziehe
Ne fiscus rem quam vendidit evincat

10,5,2 Kaiser Marcian an Palladius, Prätorianerpräfekt des Orients, Konstantinopel, 28. Dezember 451

Daß der Fiskus anfechtet, was er einmal verkauft hat, dulden Rechtsgefühl und Ehrbarkeit nicht.

Von denen, die aus öffentlichen Kassen Geld als Darlehen empfangen haben
De his qui ex publicis rationibus mutuam pecuniam acceperunt

10,6,2 (= *Cod. Theod.* 10,24,2) Die Kaiser Gratian, Valentinian II. und Theodosius I. an Palladius, *Comes sacrarum largitionum*[170], Herakleia, 21. Juli 381

Alle mögen wissen, daß es nicht erlaubt ist, Geld aus dem kaiserlichen Schatz als Darlehen aufzunehmen. Hat aber jemand aus Unserem Schatz Geld zur Verwendung für Privatzwecke heimlich oder gegen Schuldschein oder bloßes Versprechen und in der Absicht, es als Schuldner zurückzahlen zu wollen, ohne Unsere Ermächtigung empfangen, so soll er unter Konfiskation seines gesamten Vermögens für immer deportiert werden. Der aber, der aus dem erwähnten Schatz in der Art eines öffentlichen Gläubigers jemandem Geld geliehen und gegeben hat, soll der Todesstrafe verfallen.

Von fiskalischen Zinsen
De fiscalibus usuris

10,8,3 Kaiser Justinian I. an den Prätorianerpräfekten Mena, Konstantinopel, 6. April 529

Wir befehlen, daß auch Unser Fiskus der Verordnung Unserer Majestät gehorcht, wonach Wir den Gläubigern mit Ausnahme bestimmter Personen gestattet haben, 6 % Zinsen jährlich zu stipulieren[171], so daß auch selbst der Fiskus mehr als 6 % von seinen Schuldnern nicht fordern darf, mögen sie ihm auch mehr versprochen haben oder die Klagen von ihren früheren Gläubigern auf ihn übertragen worden sein.[172]

Von Wiederaufhebung der gegen den Fiskus ergangenen Urteile
De sententiis adversus fiscum latis retractandis

10,9,1 Kaiser Caracalla an Aristaeus, o. O., 7. Juli 212

Es ist bekannt, daß Angelegenheiten, in denen gegen den Fiskus ein Urteil gefällt worden ist, innerhalb von drei Jahren von neuem verhandelt werden können, sowie auch nach dieser Zeit, wenn Prävarikation[173] geargwöhnt oder klarer Betrug erwiesen wird.

Von herrenlosen Gütern und der Einverleibung
De bonis vacantibus et de incorporatione

10,10,4 (= *Cod. Theod.* 10,10,30) Die Kaiser Honorius und Theodosius II. an den Prätorianerpräfekten Palladius, Ravenna, 8. Juli 421

Herrenlose Güter Verstorbener befehlen Wir dann dem Fiskus zu übertragen, wenn der testamentslos Verstorbene niemanden aus der Blutsverwandtschaft oder durch einen Rechtstitel als legitimen Erben hinterlassen hat.

Von Angebern (eines Konfiskationsfalles)[174]
De delatoribus

10,11,3 Kaiser Gordian III. an Caecilius, o. O., 30. Juni 241

Mit dem Makel oder Verbrechen eines Angebers wird der nicht behaftet, der, als von den Unterbeamten behauptet wurde, er besitze ein Landgut oder ein Haus des Fiskus, angegeben hat, daß nicht er, sondern ein anderer Besitzer dieser Sache sei.

10,11,4 Die Kaiser Carinus und Numerianus an Candidus, o. O., 30. August 284

Nach verschiedenartiger Abweichung der Verordnungen ist man endlich dahin gelangt, daß diejenigen, die die Interessen eines städtischen Gemeinwesens verteidigen, durch das Verbrechen der Anzeigerei nicht haften, da allen bekannt ist, daß nur die abscheuliche Anzeiger sind, die dem Fiskus Meldung machen.

10,11,6 (= *Cod. Theod.* 10,10,17) Die Kaiser Gratian, Valentinian II. und Theodosius I. an Panhellenius, Konsular[175] von Lydien, Konstantinopel, 26. Oktober 382

Den Sklaven als Anzeiger seines Herrn befehlen Wir als Beispiel für alle Verräter, der härtesten Strafe zu unterwerfen, auch wenn er die Beschuldigung bewiesen hat, mit Ausnahme des Majestätsverbrechens.

Vom Verbot der Petitionen um Verleihung eines konfiszierten Vermögens

De petitionibus bonorum sublatis

10,12,1 (= *Cod. Theod.* 10,10,15) Die Kaiser Gratian, Valentinian II. und Theodosius I. an den Prätorianerpräfekten Eutropius, Thessalonike, 16. November 380

Keiner soll sich wagen, das Vermögen eines bei einem Majestätsverbrechen Ertappten und Verurteilten, welches dem Brauch für die Bestrafung dieses Verbrechens gemäß vom Fiskus eingezogen worden ist, in der Hoffnung auf kaiserliche Freigebigkeit für sich zum Eigentum zu erbitten. Wer sich entgegen diesem Gesetz unerlaubter Hoffnung hingegeben hat, wird der Übertretung des Gesetzes für schuldig befunden. Weil Wir aber oftmals mit so zudringlichen Begehren der Bittsteller bestürmt werden, daß Wir auch etwas verleihen, was Wir (dem Bittsteller) gar nicht zugestehen dürften, so soll ein von Uns gegen dieses Gesetz erteiltes Reskript keine Wirkung haben. Wenn Wir aber von solchem Vermögen aus eigenem Antrieb, ohne daß es jemand verlangt oder fordert, jemandem etwas zukommen ließen, so soll eine derartige Freigebigkeit allein gelten.

Wenn ein Teilhaber kaiserlicher Freigebigkeit ohne Erben gestorben ist

Si liberalitatis imperialis socius sine herede defecerit

10,14,1 (= *Cod. Theod.* 10,14,2) Die Kaiser Constantius II. und Constans an Orio, *Comes rerum privatarum,* Mailand, 17. Juni 348

Wir befehlen, daß, wenn einer von denen, welchen Wir etwas gemeinschaftlich geschenkt haben, verstorben ist, ohne einen Erben zu hinterlassen, der Anteil eher an seinen Teilhaber als an eine andere Person gehe.

Von den Schätzen
De thesauris

10,15,1 Die Kaiser Leo I. und Zenon an Epinicus, *Comes sacrarum largitionum,* o. O., 10. Oktober 474

Niemand soll es ferner wagen, wegen Schatzsuche auf eigenem oder fremdem Boden oder von einem anderen oder ihm gefundener Schätze mit Bittschriften das wohlwollende Ohr Unserer Majestät zu beschweren. Denn auf seinem eigenen Boden soll es jedem freistehen, Schätze zu suchen, d. h. in alten Zeiten von unbekannten Eigentümern verborgene bewegliche Gegenstände, sobald dies ohne verbrecherische und strafbare Opfer oder sonstige den Gesetzen verhaßte Künste geschieht. Wir bewilligen die freie Möglichkeit, von dem Gefundenen Gebrauch zu machen, damit er nicht Gottes Gnade durch verhaßte List erstrebe, so daß es überflüssig ist, das mit Bittschriften zu fordern, was schon durch Gesetz erlaubt ist, und zu glauben, man müsse erst um die kaiserliche Freigebigkeit bitten. Auf fremdem Boden aber soll es niemand wagen, wider Willen oder ohne Wissen der Eigentümer im eigenen Namen nach verborgenen Schätzen zu forschen. Wer sich darüber mit einer Bitte an Uns gewandt oder diesem Gesetz zuwider an einem fremden Ort einen Schatz gesucht und gefunden hat, soll gezwungen werden, das Ganze an den Eigentümer des Ortes zurückzugeben und wegen Übertretung des Gesetzes bestraft werden. Hat er dagegen beim Pflügen oder sonstiger Bearbeitung des Bodens eines anderen oder aus Zufall auf fremdem Boden einen Schatz gefunden, soll er die Hälfte des Gefundenen behalten, die andere Hälfte abgeben, d. h. mit dem Eigentümer des Grundes und Bodens teilen. Dadurch wird jedem Gerechtigkeit widerfahren und niemand nach fremdem Gut streben.

Von Naturalabgaben und Steuern
De annona et tributis

10,16,9 (= *Cod. Theod.* 11,1,22) Die Kaiser Valentinian II., Theodosius I. und Arcadius an den Prätorianerpräfekten Cynegius, Valentia, 3. September 386

Die im Binnenland gelegenen Städte wurden früher zu Militärlieferungen an die Küste und die Küstenstädte zu solchen ins Landesinnere verpflichtet, so daß der Transport mehr Schwierigkeiten machte als die Abführung der Naturallieferungen selbst. Das verbieten Wir nicht nur für die Gegenwart, sondern auch für die Zukunft durch dieses Gesetz. Die dem Zuwiderhandelnden sollen mit dem Tod bestraft werden.

10,16,11 Die Kaiser Arcadius und Honorius an den Prätorianerpräfekten Hadrianus, Mailand, 27. Februar 401

Die Statthalter, die bezüglich der Einziehung der Einkünfte Unseres Schatzes nachlässig und saumselig sind, sollen alle während ihrer Administration gewonnenen Vorteile zurückzugeben angehalten werden.

Von der Steuererhebung über das normale Maß hinaus

De superexactionibus

10,20,1 (= *Cod. Theod.* 11,8,2) Die Kaiser Arcadius und Honorius an Apollodorus, Prokonsul von Africa, Mailand, 14. März 400

Was von den Kurialen oder den Unterbeamten der Statthalter oder anderen Steuereinnehmern den Steuerpflichtigen über Gebühr abgenommen wurde, soll den Provinzialen sofort doppelt zurückerstattet werden. Wenn aber ein Steuereinnehmer des Verbrechens der Steuererhebung über das übliche Maß hinaus überführt worden ist, soll dessen Habsucht durch die Androhung der Todesstrafe verhindert werden, wenn er im selben Verbrechen fortfährt.

Von Auspfändung und Pfandverkauf wegen rückständiger Steuern

De capiendis et distrahendis pignoribus tributorum causa

10,21,2 (= *Cod. Theod.* 11,7,7) Die Kaiser Constantius II. und Constans an Restitutus, Statthalter von Sardinien, Thessalonike, 6. Dezember 337

Es soll genügen, den Schuldner von Naturalabgaben mit Auspfändung anzugreifen, um ihn zur Zahlung zu zwingen.

Daß keine Dienste[176] von den Steuerpflichtigen gefordert werden
Ne operae a collatoribus exigantur

10,24,1 (= *Cod. Theod.* 11,10,1) Die Kaiser Valentinian I., Valens und Gratian an den Prätorianerpräfekten Viventius, Trier, 20. Februar 369

Du sollst befehlen, daß die Leistung von Diensten, die bisher unerlaubterweise von den Provinzialen gefordert worden ist, aufhört.

Von der niemandem zu bewilligenden Freiheit von öffentlichen Lasten
De immunitate nemini concedenda

10,25,2 (= *Cod. Theod.* 15,3,5) Die Kaiser Honorius und Theodosius II. an den Prätorianerpräfekten Anthemius, Konstantinopel, 26. Oktober 412

In Bithynien und den übrigen Provinzen sollen die Grundbesitzer angehalten werden, zur Ausbesserung der Heerstraße als auch zu anderen Lasten dieser Art nach Anzahl der Joch oder Hufen[177], die sie besitzen, beizutragen.

Von den Getreidevorräten in öffentlichen Magazinen
De conditis in publicis horreis

10,26,1 (= *Cod. Theod.* 11,14,1) Die Kaiser Valentinian I. und Valens an den Stadtpräfekten Volusianus, o. O., 4. April 365

Alle in den Magazinen befindlichen Vorräte sollen so ausgeteilt werden, daß das unter deiner Präfektur Eingelagerte nicht eher angegriffen wird, bevor nicht die alten Vorräte[178] ausgegeben wurden. Wenn ein Vorrat wegen zu langer Lagerzeit so verdorben ist, daß er nicht verteilt werden kann, ohne Beschwerden hervorzurufen, dann soll er mit einer neuen Portion vermischt werden, durch deren Beimengung das Verderben versteckt wird und dem Fiskus nicht schadet. Mit diesem Geschäft soll nach deinem Ermessen und Urteil ein edler, kluger und treuer Mann, der ein reines Gewissen hat, als Aufseher und Vermesser betraut werden, der entweder mit dem Scheffel das dafür benötigte Getreide mißt oder durch richtiges Schätzen berechnet.

10,26,3 (= *Cod. Theod.* 11,14,3) Die Kaiser Arcadius und Honorius an Anatolius, Prätorianerpräfekt von Illyrien, Konstantinopel, 9. Juli 397

Niemandem soll fortan erlaubt werden, Getreidevorräte anzugreifen. Wer es sich aber gewagt hat, von den erwähnten Vorräten irgend etwas sich anzumaßen, möge wissen, daß durch Unser Ermessen als Strafe dafür Deportation und Verlust des gesamten Vermögens bestimmt wurde.

Von den Steuerprüfern
De discussoribus

10,30,1 (= *Cod. Theod.* 11,26,1) Die Kaiser Valentinian I., Valens und Gratian an Arthemius, Vikar von Spanien, o. O., 14. Mai 369

Sooft sich in einem Rechtsstreit ergeben hat, daß eine Steuerüberprüfung unrichtig sei und der Steuerprüfer sein Vorgehen nicht hat glaubwürdig rechtfertigen können, so soll er selbst in derselben Steuerklasse und im selben Maße zur Zahlung genötigt werden, worin er den anderen unrechtmäßig zum Schuldner gemacht hat.

Von den Dekurionen und deren Söhnen, und wer für einen Dekurionen gehalten wird, und auf welche Weise man vom Amt des Dekurionen befreit wird
De decurionibus et filiis eorum et qui decuriones habentur quibus modis a fortuna curiae liberentur

10,32,3 Die Kaiser Diokletian und Maximian an Julius, o. O., 13. November 285

Da du die Ehre des Dekurionats freiwillig übernommen hast, kannst du ungeachtet deiner Begründung, du seist zu bejahrt, nicht aus dem Dekurionenverzeichnis gestrichen werden.

10,32,4 Die Kaiser Diokletian und Maximian an Cassianus, o. O., 20. November 285

Da zweifelsohne ein Adoptivsohn durch die Dekurionenwürde des Adoptivvaters Sohn eines Dekurionen wird, durfte derjenige, den du anstelle eines natürlichen Kindes angenommen hast, vom Provinzstatthalter nicht mit unerlaubten Martern belegt werden. Dies wird mit der gebührenden Strafe geahndet.

10,32,6 Die Kaiser Diokletian und Maximian und die Cäsaren an Leontius, o. O., 24. April 293

Den des Schreibens unkundigen Dekurionen verbieten die Rechte nicht, ihre Ämter zu versehen.

10,32,10 Die Kaiser Diokletian und Maximian und die Cäsaren an Aurelius, o. O., 294

Wenn der Provinzstatthalter befunden hat, daß dein Vater über 70 Jahre ist, wird er dafür sorgen, daß er Freiheit von persönlichen Amtslasten genießt.

10,32,13 Die Kaiser Diokletian und Maximian und die Cäsaren an Protus, o. O., o. J.

Gründe, das Dekurionenamt abzulehnen, sind weder ein Entscheid des Statthalters noch ein Alter von 50 Jahren, noch Podagra.

10,32,16 (= *Cod. Theod.* 12,1,9) Kaiser Konstantin I. an Hilarianus, Prokonsul von Africa, Karthago, 9. Juli 324

Wenn ein Dekurio genötigt wird, entweder in eigener Sache oder in einer Angelegenheit des städtischen Gemeinwesens sich an Unseren Hof zu begeben, so soll er nicht eher abreisen, bevor er nicht vom Statthalter, nachdem er ihm sein Anliegen vorgetragen, die Reiseerlaubnis erhält. Wenn jemand in vermessener Weise diesen Befehl geringgeschätzt hat, so soll er Unseren gebührenden Zorn zu spüren bekommen.

10,32,17 (= *Cod. Theod.* 12,1,13) Kaiser Konstantin I. an den Prätorianerpräfekten Euagrius, o. O., 17. Mai 326

Wer die Kurie verlassen und als Soldat gedient hat, soll zur Kurie zurückgerufen werden.

10,32,18 (= *Cod. Theod.* 12,1,16) Kaiser Konstantin I., ohne Adressat, Serdica, 29. September 329

Wenn die für das Amt der Duumvirn[179] Nominierten davongelaufen sind, sollen sie aufgesucht werden. Und wenn sich ergeben hat, daß sie sich hartnäckig versteckt halten, dann soll denen einstweilen Besitzergreifung des Vermögens derer gestattet werden, die in der Zeit an deren Stelle zu den Lasten des Duumvirats berufen worden sind, in der Weise, daß, wenn sie nachher entdeckt worden sind, sie genötigt werden, das Duumvirat für zwei Jahre zu übernehmen. Alle, die die Übernahme öffentlicher Ämter abzulehnen versucht haben, sollen auf ähnliche Art haften.

10,32,24 (= *Cod. Theod.* 12,1,55) Kaiser Julian an Leontius, Konsular von Palästina, Antiochia, 1. März 363

Wenn ein Dekurio Vater von 13 Kindern ist, soll ihm ehrenvolle Ruhe von allen Ämtern geschenkt werden.

10,32,29 Die Kaiser Valentinian I. und Valens an den Prätorianerpräfekten Germanianus, o. O., 13. Oktober 365

Die aus der Ehe zwischen einer Kolonin *(inquilina)* Unseres Hauses und einem Dekurio hervorgehenden Kinder sollen nicht dem Stand des Vaters, sondern dem der Mutter folgen.

10,32,34 (= *Cod. Theod.* 12,1,92) Die Kaiser Gratian, Valentinian II. und Theodosius I. an den Prätorianerpräfekten Florus, Konstantinopel, 23. Oktober 382

Wenn jemand einem Kurialen die Verwaltung seiner Güter übertragen hat, so soll er ohne Rücksicht auf eine Würde mit der härtesten Strafe belegt werden. Jener aber, der uneingedenk der Freiheit und seines Geschlechts ein so höchst infamierendes Geschäft[180] übernommen und seinen Ruf durch einen solch sklavenartigen Dienst befleckt hat, soll verbannt werden.

10,32,42 (= *Cod. Theod.* 12,1,128) Die Kaiser Theodosius I., Arcadius und Honorius an Abundantius, *Comes* und *Magister utriusque militiae*[181], Konstantinopel, 31. Juli 392

Militärbeamte sollen nicht mit den Kurien in Berührung kommen. Sie sollen wissen, daß ihnen nichts erlaubt ist, was nicht ihrer Gewalt unterworfen ist. Keiner, sei er Tribun, Dux oder *Comes,* darf einem Kurialen oder Prinzipalen[182] eine Injurie zufügen, keine Schläge und keine schweren Prügel verabreichen. Wer ferner einen Prinzipalen verwegen und unbesonnen mit einer unerlaubten Injurie mißhandelt hat, möge wissen, daß er mit 10 Pfund Gold bestraft wird.

10,32,44 (= *Cod. Theod.* 12,1,137) Die Kaiser Theodosius I., Arcadius und Honorius an den Prätorianerpräfekten Rufinus, Konstantinopel, 9. August 393

Keiner soll allein wegen der Bande des mütterlichen Blutes (dem Dekurionenamt) verbindlich gemacht werden, weil die Schwäche des weiblichen Geschlechts niemals eine Verpflichtung zu solchen Funktionen begründet, von denen die Frauen selbst befreit sind.

10,32,52 (= *Cod. Theod.* 12,5,3) Die Kaiser Arcadius und Honorius an Probinus, Prokonsul von Africa, Mailand, 17. März 397

Wo könnte es einen so ungerechten Richter geben, der in Städten mit großem Wohlstand und einer beneidenswerten Menge von Kurialen jemanden zur wiederholten Übernahme einer Amtslast nötigt, so daß, während andere noch fast gar nicht mit den kurialen Aufgaben betraut worden sind, jene die Fortdauer und oft wiederholten Funktionen überwältigen?

Wenn ein Freigelassener oder ein Sklave nach dem Dekurionat gestrebt hat
Si libertus aut servus ad decurionatum adspiraverit

10,33,1 Die Kaiser Diokletian und Maximian an Saturninus, o. O., o. J.

Wenn ein Freigelassener entweder das Recht der goldenen Ringe[183] nicht erhalten hat oder in seine Geburtsrechte nicht wieder eingesetzt worden ist, dann wird der Provinzstatthalter nicht nur die Teilnahme an der Kurie nicht gestatten, sondern wird sie auch der Strenge des Gesetzes gemäß mit der entsprechenden Strafe ahnden.

Wenn es ein Kuriale vorgezogen hat, die Stadt zu verlassen und auf dem Land zu wohnen
Si curialis relicta civitate rus habitare maluerit

10,38,1 (=*Cod. Theod.* 12,18,2) Die Kaiser Arcadius und Honorius an den Prätorianerpräfekten Eutychianus, Konstantinopel, 15. Dezember 396

Wir befehlen, alle Kurialen unter Strafandrohung aufzufordern, nicht aus den Städten zu fliehen, um auf dem Land zu wohnen. Sie sollen wissen, daß das Landgut, welches sie der Stadt vorgezogen haben, konfisziert werden wird, und sie der Ländereien verlustig gehen, derentwegen sie ihre Vaterstadt pflichtvergessen verlassen haben.

Von Munizipalbürgern und den Gebürtigen[184]
De municipibus et originariis

10,39,1 Kaiser Caracalla an Silvanus, o. O., o. J.

Da du angibst, von Geburt ein Byblier[185] zu sein, aber in Berytos zu wohnen, so wirst du mit vollem Recht angehalten, in beiden Städten Ämter zu übernehmen.

10,39,3 Kaiser Philippus Arabs an Patroclus, o. O., o. J.

Es ist anerkanntes Recht, daß Söhne in der Geburtsstadt des Vaters, nicht in der der Mutter, auch wenn sie dort geboren worden sind, zu Ehrenstellen oder Amtslasten angehalten werden können, sofern sie nicht durch den Wohnsitz zurückgehalten werden.

Von den Einwohnern, und wo jemand seinen Wohnsitz zu haben scheint, und von denen, die der Studien wegen in einer anderen Stadt leben
De incolis et ubi quis domicilium habere videtur et de his qui studiorum causa in alia civitate degunt

10,40,3 Die Kaiser Diokletian und Maximian an Alexander, o. O., o. J.

Es ist wahr, daß diejenigen, die sich im Territorium einer Stadt aufhalten, z. B. Einwohner[186], zur Übernahme städtischer Ämter oder zur Annahme von Ehrenstellen nicht verpflichtet werden.

10,40,5 Die Kaiser Diokletian und Maximian an Maximus, o. O., o. J.

Wenn du in der Vaterstadt deiner Frau oder in irgendeiner anderen deinen Wohnsitz genommen hast, so hast du dich durch das Einwohnerrecht von selbst zu städtischen Amtslasten verpflichtet.

Von der Nichtfortsetzung der Ehrenstellen und Amtslasten zwischen Vater und Sohn und von den Intervallen

De honoribus et muneribus non continuandis inter patrem et filium et de intervallis

10,41,2 Kaiser Gordian III. an Cyrillus, o. O., o. J.

Von der erstmaligen Bekleidung einer Ehrenstelle bis zur zweiten derselben wird eine Vakanz von fünf Jahren gewährt, bis zu der einer anderen von drei Jahren. Denen, die eine Gesandtschaft bekleidet haben, ist zweijährige Vakanz zugestanden worden.

Von den auf das Vermögen fallenden Lasten

De muneribus patrimoniorum

10,42,5 Die Kaiser Carus, Carinus und Numerianus an Antepistus, o. O., o. J.

Keiner kann wegen seines Alters oder der Zahl der Kinder Befreiung von Lasten erlangen, die das Vermögen betreffen.

10,42,6 Die Kaiser Diokletian und Maximian an Polymnestus, o. O., o. J.

Deine Angabe und dein Verlangen stehen zueinander im Widerspruch. Denn obwohl du angibst, ein Philosoph zu sein, läßt du dich durch Geiz und Habsucht verführen und bist allein bestrebt, die deinem Vermögen auferlegten Lasten abzulehnen. Daß das vergeblich ist, was du versuchst, kann dich das Beispiel anderer lehren.

10,42,9 Die Kaiser Diokletian und Maximian und die Cäsaren an Marcia, o. O., o. J.

Auch Frauen müssen die das Vermögen betreffenden Lasten übernehmen.

Auf welche Weise städtische Ämter auferlegt werden
Quemadmodum civilia munera indicuntur

10,43,3 Die Kaiser Diokletian und Maximian an Eutychianus, o. O., o. J.

Da du versicherst, alle Ämter bereits bekleidet zu haben, wird es der Provinzstatthalter nicht gestatten, dich zum zweiten Mal zu denselben Ämtern zu berufen, wenn es eine Menge anderer Bürger gibt, die die städtischen Ämter übernehmen können.

Von denen, die vom Kaiser Vakanz erhalten haben
De his qui a principe vacationem acceperunt

10,45,1 (= *Cod. Theod.* 12,1,135) Die Kaiser Theodosius I., Arcadius und Honorius an den Prätorianerpräfekten Rufinus, Konstantinopel, 4. Juni 393

Kein Kuriale soll Vakanz auf gewisse Zeit erhalten, sobald nicht eine von Uns erlassene Resolution dies aus begründeten und erwiesenen Ursachen zugestanden hat.

Von den Dekreten der Dekurionen über die jemandem zu bewilligende Befreiung von Amtslasten
De decretis decurionum super immunitate quibusdam concedenda

10,47,1 Die Kaiser Diokletian und Maximian an Ursinus, o. O., o. J.

Mit Ausnahme der Vorsteher der freien Künste und Wissenschaften und der Ärzte kann durch Dekret der Dekurionen niemandem Befreiung von Amtslasten gewährt werden.

10,47,2 Die Kaiser Diokletian und Maximian und die Cäsaren an Cassius, o. O., o. J.

Anmaßende Dekrete des städtischen Senats werden durch Unsere Konstitutionen aufgehoben.

Von den Ablehnungsgründen öffentlicher Ämter
De excusationibus munerum

10,48,13 (= *Cod. Theod.* 11,16,16) Die Kaiser Valentinian II., Theodosius I. und Arcadius an den Prätorianerpräfekten Neoterius, Mailand, 14. April 385

Die nur den Personen bewilligte Befreiung von niederen Lasten kann nicht auf einen Erben oder Nachfolger übergehen. Es kann nämlich nicht das immerwährende Dauer haben, wovon feststeht, daß Wir es nicht Sachen, sondern Personen mit Rücksicht auf ihre Würde und den Staatsdienst gewährt haben.

10,48,16 (= *Cod. Theod.* 11,16,23) Die Kaiser Honorius und Theodosius II. an den Prätorianerpräfekten Melitius, Ravenna, 15. Februar 412

Personen im Rang der Illustrität[187] entbinden Wir von den niederen Amtslasten und den Nachteilen einer außerordentlichen Verpflichtung.

Die durch ihr Alter Befreiung von Amtslasten erlangen
Qui aetate se excusant

10,50,1 Die Kaiser Diokletian und Maximian an Severinus und die übrigen Studenten aus Arabien, o. O., o. J.

Da ihr versichert, euch mit den freien Künsten und Wissenschaften zu beschäftigen, und zwar vor allem mit Rechtswissenschaft, indem ihr euch in der Stadt Berytos in der Provinz Phönikien aufhaltet, so beschließen Wir, indem Wir für das Gemeinwohl und eure Hoffnung Sorge tragen, daß jeder von euch bis zu seinem 25. Lebensjahr von seinen Studien nicht abberufen werden soll.

Von denen, die sich wegen Krankheit entschuldigen
Qui morbo

10,51,1 Kaiser Gordian III. an Cassianus, o. O., o. J.

Wenn dein Vater so sehr an Blindheit leidet, daß er auf beiden Augen seine Sehkraft ganz und gar verloren hat, so wird er Befreiung von persönlichen Amtslasten erhalten.

10,51,4 Die Kaiser Diokletian und Maximian und die Cäsaren an Reginus, o. O., o. J.

Die körperliche Hinfälligkeit des Vaters gibt dem Sohn nicht das Recht, Befreiung von öffentlichen Amtslasten zu erlangen.

Von denen, die wegen der Anzahl der Kinder oder wegen Armut Befreiung (von Amtslasten) erhalten

De his qui numero liberorum vel paupertate excusationem meruerunt

10,52,6 (= *Cod. Theod.* 12,17,1) Kaiser Konstantin I. an Dalmatius, Sirmium, 19. Januar 321 oder 324

Diejenigen, die fünf Kinder, gleich welchen Geschlechts, haben, sollen die einmal erlangte Befreiung behalten, in der Weise, daß, wenn unter der Zahl der Kinder ein Sohn in gesetzmäßigem Alter ist, er sofort zur Übernahme der Amtslasten anstelle des Vaters angehalten wird, den Vätern von fünf Söhnen oder Töchtern aber die durch die Gesetze versprochene Immunität zugebilligt wird. Wenn jemand wegen geringen Vermögens Befreiung verdient und dies bewiesen hat, so soll ihm die Gnade zuteil werden und er wegen seiner Dürftigkeit nicht zu Ämtern berufen werden.

Von Professoren und Ärzten

De professoribus et medicis

10,53,2 Kaiser Gordian III. an Heraclianus, o. O., o. J.

Wie bekannt, können die durch Dekret des städtischen Senats bestätigten Grammatiker oder Redner vom Stadtsenat auch wieder abgesetzt werden, wenn sie sich für die Studierenden nicht als nützlich erweisen.

10,53,3 Kaiser Philippus Arabs und Cäsar Philippus an Ulpianus, o. O., o. J.

Dichter erfreuen sich keines Vorrechts der Befreiung von Amtslasten.

Von den Athleten
De athletis

10,54,1 Die Kaiser Diokletian und Maximian und die Cäsaren an Hermogenes, o. O., o. J.

Den Athleten pflegt nur dann Befreiung von städtischen Ämtern bewilligt zu werden, wenn sie das ganze Leben hindurch Wettkämpfe bestritten haben und auch mit nicht weniger als drei Siegerkränzen des heiligen Wettkampfes, darunter wenigstens einmal zu Rom oder Griechenland, verdientermaßen geschmückt worden sind, ohne die Gegner bestochen oder gekauft zu haben.

Von denen, die ohne Vollendung der Dienstzeit ihres Soldateneides entbunden worden sind
De his qui non impletis stipendiis sacramento soluti sunt

10,55,1 Kaiser Caracalla an Verinus, o. O., o. J.

Die schimpflich ihres Soldateneides Entbundenen dürfen keine Ehrenstellen bekleiden, von städtischen Amtslasten aber sind sie nicht befreit.

Von den Infamierten[188]
De infamibus

10,59,1 Die Kaiser Diokletian und Maximian an Chariton, o. O., o. J.

Infamierte Personen genießen, wenngleich sie keine Ehrenstellen bekleiden können, die nur Leuten von unbescholtenem Ruf übertragen werden, dennoch keine Befreiung von kurialen oder städtischen Lasten, sondern es ist erforderlich, daß sie den ordentlichen Steuererhebungen wegen des ihnen zuteil werdenden Schutzes Genüge leisten.

Von den Haussöhnen und auf welche Weise der Vater für sie haftet
De filiis familias et quemadmodum pater pro his teneatur

10,62,1 Die Kaiser Septimius Severus und Caracalla an Eutychus, o. O., o. J.

Daß der Vater, der einwilligt, daß sein aus der Gewalt entlassener Sohn Dekurio wird, nicht für das Dekurionat haftet, ist zweifelsfrei: denn der Vater wird nur dann durch Einwilligung für das Dekurionat verbindlich gemacht, wenn er den Sohn noch in seiner Gewalt hat.[189] Als einwilligend wird aber auch der betrachtet, der ohne Zeugen die Einwilligung zur Ernennung nicht gibt.

10,62,3 Die Kaiser Diokletian und Maximian an Crispinus, o. O., o. J.

Wenn die mit dem Vater zum Amt der Protostasie[190] Berufenen noch in der väterlichen Gewalt stehen, so sollen sie von den Verpflichtungen befreit werden, weil es höchst ungerecht erscheint, aus derselben Familie und demselben Haus zwei Personen zu diesem Dienst zu berufen. Die aus der Gewalt entlassenen und aus der Familie ausgetretenen Söhne darfst du hingegen ohne Zögern zurückbehalten.

Von den Gesandtschaften (an den Kaiser)
De legationibus

10,65,1 Die Kaiser Valerian und Gallienus an Achillinus, o. O., o. J.

Der Vater dreier lebender Kinder wird von öffentlichen Gesandtschaften befreit.

10,65,3 Die Kaiser Diokletian und Maximian an Mucianus, o. O., o. J.

Es ist verordnet worden, daß diejenigen, die eine überseeische Gesandtschaft zu Uns unternommen haben, zweijährige Vakanz von städtischen Amtslasten und Ehrenstellen haben, nicht aber diejenigen, die dem Gemeinwesen in der Nähe diesen Dienst erwiesen haben.

Von den Befreiungen der Künstler
De excusationibus artificum

10,66,1 (= *Cod. Theod.* 13,4,2) Kaiser Konstantin II. an den Prätorianerpräfekten Maximus, o. O., 2. August 337

Die in folgender Beilage angeführten und in den einzelnen Städten seßhaften Künstler sollen von allen Amtslasten befreit sein, da zur Erlernung der Kunst Muße vonnöten ist, mit der sie sowohl ihre Kunstfertigkeit zu vervollkommnen als auch ihre Söhne zu unterrichten begehren. Das ist die Beilage: Architekten, Mediziner, Tierärzte, Maler, Bildhauer, Marmorarbeiter[191], Bettmacher oder Deckentäfler, Schlosser, Verfertiger vierspänniger Wagen, Steinmetzen (die mit einer griechischen Vokabel λιθοθήκτας genannt werden), Maurer (d. h. Baumeister), Holzschneider, Musivarbeiter, Vergolder, Tüncher (die die Griechen κονιάτας nennen), Silberarbeiter, Verzierer von Waffen, Drechsler, Kupferschmiede, Metallgießer, Verfertiger von Bildern, Siegeln u. dgl., Zimmerleute, Wasserwäger, Töpfer (die griechisch κεραμεῖς genannt werden), Goldschmiede, Glasarbeiter, Bleigießer, Spiegelmacher, Elfenbeinarbeiter, Kürschner, Walker, Stellmacher, Künstler, die Figuren aus Gold oder Silber anfertigen, Gipser, Präger, Hersteller von drei- und zweirädrigen Wagen, Münzpräger (d. h. πεταλουργοί).

Wenn aus Feindschaft eine Wahl geschehen ist
Si propter inimicitias creatio facta sit

10,68,1 Kaiser Alexander Severus an Anicetus, o. O., o. J.

Wenn du aus Feindschaft für städtische Amtslasten erwählt worden bist, so wird das Rechtsempfinden des Provinzstatthalters es bewerkstelligen, daß dir die Nominierung nicht schadet, da auch dem Gemeinwohl daran gelegen ist, daß Wahlen nicht aus Feindschaft geschehen, sondern aus lauterem Grund und zum Vorteil des Gemeinwesens.

Von der Rückforderung der Kosten
De sumptuum recuperatione

10,69,1 Kaiser Gordian III. an Dionysius, o. O., o. J.

Du brauchst städtische Amtslasten nicht zu übernehmen, wenn du fünf lebende Söhne hast. Hat man dich aber aus Schikane diesem Privileg zuwider zu einem Amt berufen und hast du nach eingelegter Appellation Sicherheit erhalten, so kannst du von denen, die dich nominiert haben, die für den Prozeß aufgewandten Kosten zurückfordern.

Von Steuereinnehmern, Magazinverwaltern und den Kassierern bei der kaiserlichen Schatzkammer

De susceptoribus praepositis et arcariis

10,72,7 Die Kaiser Gratian, Valentinian II. und Theodosius I. dem Hypates zum Gruß, Konstantinopel, 29. April 383

Eingezahlte Beiträge sollen so kurz wie möglich in den Händen der Steuereinnehmer selbst bleiben, sondern sofort das, was von den Provinzialen entrichtet worden ist, an den kaiserlichen Schatz gegeben werden.

10,72,12 (= *Cod. Theod.* 12,6,27) Die Kaiser Arcadius und Honorius an Pompeianus, Mailand, 31. Dezember 400

Wenn ein Grundeigentümer bemerkt, daß von einem Steuereinnehmer oder Steuerbeamten ein Betrug verübt worden ist, so soll keiner derer, die einmal bei einer Unterschlagung ertappt wurden, die Stelle wieder bekleiden, in der er vorher etwas veruntreut hat, auch wenn er durch eine verstohlene Bittschrift Uns ein Reskript abgelockt hat.

Von den Wägern (des von den Steuerpflichtigen gezahlten Geldes) und der Entrichtung des Goldes

De ponderatoribus et auri illatione

10,73,2 (= *Cod. Theod.* 12,7,2) Kaiser Julian an den Prätorianerpräfekten Mamertinus, Salona, 23. April 363

Sobald über die Qualität der Solidi[192] Zweifel entstanden ist, soll der auf griechisch so genannte Zygostates, der in jeder einzelnen Stadt angestellt worden ist und weder betrügen noch betrogen werden soll, den Streit schlichten.

Vom Verbot der Vergreifung an eingelieferten Steuerbeiträgen

De his quae ex publica collatione illata sunt non usurpandis

10,75,1 (= *Cod. Theod.* 12,9,1) Kaiser Konstantin I., ohne Adressat, Trier, 6. März 325

Kein Statthalter soll die von einem Gemeinwesen empfangenen Steuergelder zu anderen Zwecken verwenden oder zu verwenden versuchen.

Vom Kronengold[193]
De auro coronario

10,76,1 (= *Cod. Theod.* 12,13,5) Die Kaiser Valentinian II., Theodosius I. und Arcadius an den Prätorianerpräfekten Cynegius, Konstantinopel, 18. Januar 384

Zu Beiträgen zum Kronengold soll niemand wider die Gewohnheit genötigt werden.

Von den Irenarchen[194]
De irenarchis

10,77,1 (= *Cod. Theod.* 12,14,1) Die Kaiser Honorius und Theodosius II. an den Prätorianerpräfekten Anthemius, Konstantinopel, 25. Dezember 409

Zu Irenarchen, die Ruhe und Frieden in den einzelnen Territorien gewährleisten, sollen von den Dekurionen nach Ermessen der Provinzstatthalter geeignete Personen ernannt werden.

Vom Wert des Silbers, das an den Schatz geliefert wird
De argenti pretio quod thesauris infertur

10,78,1 (= *Cod. Theod.* 13,2,1) Die Kaiser Arcadius und Honorius an den Prätorianerpräfekten Eutychianus, Konstantinopel, 19. Februar 397

Wir befehlen, daß jeder, der eine Summe Silber an den Schatz zu entrichten hat, die Möglichkeit haben soll, diese in Gold zu zahlen, und zwar für ein Pfund Silber fünf Solidi[195].

BUCH 11

In den 262 Konstitutionen, die sich auf 78 Titel verteilen, werden in erster Linie Fragen des Verwaltungsrechts behandelt, überwiegend sind es Erlasse an Beamte oder Reskripte auf Anfragen. Eine Vielzahl von Verordnungen beschäftigt sich mit den in Berufsgruppen zusammengeschlossenen Handwerkern. Dies ist hauptsächlich eine Reaktion der Kaiser auf die fortgesetzten Versuche jener, die sich ihren oftmals sehr drückenden Verpflichtungen durch den Übergang in einen günstigeren Berufsstand zu entziehen versuchten. In der Regel mußten die Kinder im Stand ihres Vaters verbleiben, in nur wenigen Fällen folgten sie dem ihrer Mutter.

Der Notwendigkeit, die Landflucht der schwer bedrückten kleinbäuerlichen Bevölkerung vor allem im Westen des Reiches zu verhindern und somit einer weiteren Verödung des platten Landes zu begegnen, trugen die Kaiser in einer ganzen Reihe von Konstitutionen Rechnung, ohne damit der sich vertiefenden Krise besonders im Westteil des *Imperium Romanum* wirksam Einhalt gebieten zu können. Titel 48 *(De agricolis censitis vel colonis)* mit seinen allein 24 Verordnungen ist ein Spiegel dieser fortgesetzten Bestrebungen, auf agrarischem Sektor durch Zwangsmaßnahmen der Verfallserscheinungen Herr zu werden.

Etwa $^1/_5$ der in Buch 11 enthaltenen Titel ist den Grundstükken des kaiserlichen Hauses sowie den damit zusammenhängenden Verwaltungsfragen gewidmet. Dazu gehören u. a. Verordnungen zum Status der Sklaven und Kolonen auf den der Krone gehörigen Gütern oder zu den von Krongütern geflüchteten Kolonen, deren Status sich in der Niedergangsperiode des *Imperium Romanum* ebenfalls mehr und mehr verschlechterte.

Neben diesen Themenkreisen ergibt sich ein buntes Bild von Erlassen zu Einzelfragen. Der wohl bedeutendste ist der von Konstantin I. am 1. Oktober 325 zu Berytos (heute Beirut) herausgegebene, der die Beseitigung des Gladiatorenwesens zum Inhalt hat (*Cod. Just.* 11,44,1).

Von den Schiffsführern und Schiffsherren[196], die öffentliches Getreide transportieren

De navicularis seu naucleris publicas species transportantibus

11,2,1 (= *Cod. Theod.* 13,5,9) Die Kaiser Valentinian I., Valens und Gratian an den Stadtpräfekten Olybrius, Rom, 1. Juni 370

Den Schiffsführern, die beauftragt sind, Getreide und Proviant zu transportieren, soll keine Gewalt angetan, weder etwas abgepreßt noch auf irgendeine Art ein Schaden zugefügt werden, sondern sie sollen auf dem Hin- wie auf dem Rückweg vollständige Sicherheit genießen. Die versucht haben, sie zu behelligen, sollen mit einer Strafe von zehn Pfund Gold belegt werden.

11,2,3 (= *Cod. Theod.* 13,5,29) Die Kaiser Arcadius und Honorius an den Stadtpräfekten Flavianus, Rom, 24. Januar 400

Die von den Schiffsführern etwas geraubt haben, sollen ihnen Entschädigung leisten. Und damit in Zukunft die Kühnheit (der Räuber) nicht wachse, verordnen Wir, daß jeder, der beim Rauben ertappt worden ist, mit dem Vierfachen bestraft wird.

11,2,5 (= *Cod. Theod.* 13,5,33) Die Kaiser Honorius und Theodosius II. an den Prätorianerpräfekten Anthemius, Konstantinopel, 19. Juli 409

Wer es übernommen hat, Proviantvorräte des Fiskus zu transportieren und, nachdem er die richtige Fahrtroute verlassen und Schleichwege am Ufer genommen, diese unterschlagen und zu Geld gemacht hat, soll mit dem Tode bestraft werden.

Von Schiffen, denen nicht zusteht, ihren Dienst zu verweigern

De navibus non excusandis

11,4,1 (= *Cod. Theod.* 13,7,2) Die Kaiser Arcadius und Honorius an den Prätorianerpräfekten Longinianus, Ravenna, 11. Januar 406

Viele versuchen, zum Schutze ihrer Schiffe (vor auferlegten Lasten) die Namen und Titel verschiedener Personen in

Anspruch zu nehmen. Um diesem Betrug zu begegnen, befehlen Wir, daß, wenn jemand denkt, sich unter Berufung auf den Titel eines Mächtigen einer öffentlichen Pflicht entziehen zu können, er wissen möge, daß das Schiff dem Fiskus zufallen soll. Denn sowenig Wir Privatleuten verbieten, Schiffe zu besitzen, gestatten Wir dabei Betrügereien, da alle im Staat, wenn es die Not erfordert, dem öffentlichen Wohl dienen und die Lebensmittelzufuhr ohne Ansehung einer Würde gewährleisten sollen.

Daß der Transport von Staatsgütern nicht zu Privatzwecken mißbraucht wird

Ne quid oneri publico imponatur

11,5,1 (= *Cod. Theod.* 13,8,1) Die Kaiser Arcadius und Honorius an den Prätorianerpräfekten Rufinus, Konstantinopel, 9. Januar 395

Niemand soll sich unterstehen, einem mit öffentlichen Gütern beladenen Schiff Privatfracht aufzubürden, und es wagen, Schiffe, die Getreide transportieren, zur Übernahme einer Privatlast zu nötigen. Ist dies nämlich geschehen und verübt worden, soll er nicht nur für alle eintretenden Nachteile und die Gefahr eines Schiffbruchs haften, sondern auch die Strenge öffentlicher Strafe empfinden.

Von den Bergleuten, den Bergwerken und den Prokuratoren der Bergwerke

De metallariis et metallis et procuratoribus metallorum

11,7,1 (= *Cod. Theod.* 10,19,3) Die Kaiser Valentinian I. und Valens an Cresconius, *Comes metallorum*, Paris, 10. Dezember 365

Nach reiflicher Überlegung haben Wir es für nötig erachtet zu verordnen, daß jeder, der Bergbau betreiben will, durch seine Arbeit sowohl seinen eigenen als auch den Vorteil des Staates suchen möge. Hat sich jemand gefunden, der dazu Lust hat, so sollst du ihn veranlassen, vom Goldsand, griechisch χρύσαμμος genannt, je acht Scrupel zu entrichten.[197] Das aber, was sie im übrigen zu sammeln vermochten, sollen sie an den Fiskus vorzugsweise verkaufen, von dem sie aus Unserer Schatzkammer den entsprechenden Preis dafür erhalten.

Von den Purpurfischern, den Webern, den Prokuratoren der Webereien, den Münzprägern und den Lastviehtreibern

De murilegulis et gynaeciariis et procuratoribus gynaecii et de monetariis et bastagariis

11,8,1 (= *Cod. Theod.* 10,20,1) Kaiser Konstantin I. an die Bithyner, o. O., 21. Juli 317

Es ist nötig, daß die Münzpräger immer in ihrem Stand verbleiben und durch kein Privileg irgendeiner Würde davon befreit werden.

11,8,3 (= *Cod. Theod.* 10,20,3) Die Kaiser Valentinian I. und Valens an den Konsular Germanus, Mailand, 28. Juni 365

Freigeborene Frauen, die sich in die kaiserlichen Webereien haben aufnehmen lassen, sollen, wenn sie trotz feierlicher Mahnung den Glanz ihrer Geburt der Niedrigkeit einer Sklavenehe nicht vorziehen wollten, im Stand ihrer Ehemänner verbleiben.

11,8,5 (= *Cod. Theod.* 10,20,7) Die Kaiser Valentinian I., Valens und Gratian an Philematius, *Comes sacrarum largitionum*, Cilicia, 21. August 372

Die überführt worden sind, einen zum Gesinde der kaiserlichen Webereien Gehörenden versteckt zu haben, sollen einer Strafe von fünf Pfund Gold unterworfen werden.

11,8,11 (= *Cod. Theod.* 10,20,14) Kaiser Theodosius II. und Cäsar Valentinian III. an Maximinus, *Comes sacrarum largitionum*, Konstantinopel, 16. Oktober 424

Die Purpurschneckenfischer, welche die Arbeit ihres eigenen Standes verachtet und verlassen haben und angezeigt werden, ihnen verbotene Würden und Ämter erlangt zu haben, sollen zu ihrer eigenen Kunst und in die Schranken ihrer Herkunft zurückgerufen werden ...[198]

11,8,12 (= *Cod. Theod.* 10,20,15) Kaiser Theodosius II. und Cäsar Valentinian III. an Maximinus, *Comes sacrarum largitionum*, o. O., 24. Mai 425

Die von den Töchtern der Purpurschneckenfischer und Vätern anderen Standes erzeugten oder noch erzeugt werdenden Kinder sollen den rechtlichen Verpflichtungen des mütterlichen Standes folgen.

Von den purpurnen und den in Gold gewirkten Kleidern und von der Färbung mit kaiserlichem Purpur[199]
De vestibus holoveris et auratis et de intinctione sacri muricis

11,9,2 (= *Cod. Theod.* 10,21,2) Die Kaiser Gratian, Valentinian II. und Theodosius I. an den Prätorianerpräfekten Florus, Konstantinopel, 30. März 382

Ein Mann soll weder an Tuniken noch an Linnenkleidern Goldbesatz haben, diejenigen ausgenommen, denen dies wegen des Staatsdienstes erlaubt worden ist. Wer ein verbotenes und ihm nicht zukommendes Kleidungsstück nicht abgelegt hat, soll mit nicht gelinder Strafe gezüchtigt werden.

11,9,4 (= *Cod. Theod.* 10,21,3) Kaiser Theodosius II. an Maximinus, *Comes sacrarum largitionum*, Konstantinopel, 16. Januar 424

Jeder, welches Geschlechtes und Berufes, welcher Würde, Kunst und Herkunft er sei, möge sich des Besitzes eines solchen Kleidungsstückes enthalten, welches allein dem Kaiser und seinem Haus zukommt ...

Von den Waffenschmieden
De fabricensibus

11,10,3 (= *Cod. Theod.* 10,22,4) Die Kaiser Arcadius und Honorius an Osius, *Magister officiorum*, Konstantinopel, 15. Dezember 398

Den Waffenschmieden soll auf den Armen ein Brandmal nach Art der Rekruten aufgebrannt werden, damit so diejenigen erkannt werden können, welche sich verborgen haben – diejenigen, die sie aufgenommen haben oder deren

Kinder werden ohne Zweifel den Waffenschmieden zugeschrieben –, und die in eine andere Anstellung getreten sind, um der Waffenschmiedearbeit zu entgehen, sollen zurückgebracht werden.

Von den Privilegien der in Korporationen Zusammengeschlossenen in Rom
De privilegiis corporatorum urbis Romae

11,15,1 Die Kaiser Valentinian II., Theodosius I. und Arcadius an den Stadtpräfekten Alypius, Aquileia, 14. Juli 391

Keiner soll die Erlaubnis und Befugnis haben, die (in Korporationen zusammengeschlossenen) Einwohner der Stadt zur Übernahme einer außerordentlichen Last für die Stadt zu veranlassen, sondern es sollen die den Korporationen erteilten Privilegien zur Ehre der Ewigen Stadt aufrechterhalten werden. Die Angehörigen einer Körperschaft in Rom, die in die Fremde ausgewandert sind, sollen durch die Provinzstatthalter zur Rückkehr veranlaßt werden, damit sie den Verpflichtungen nachkommen, die ihnen die hergebrachte Gewohnheit auferlegt hat.

Von den Schweinehändlern und Weinschenken und den übrigen in Korporationen Zusammengeschlossenen
De suariis et susceptoribus vini et ceteris corporatis

11,17,1 (= *Cod. Theod.* 14,4,6) Die Kaiser Valentinian II., Theodosius I. und Arcadius an den Stadtpräfekten Albinus, Rom, 25. August 389

Die Schweinehändler der Ewigen Stadt sollen immer von allen niederen städtischen Amtslasten befreit werden, da sie eine anstrengende Arbeit zum Besten des römischen Volkes ausüben.

Von den Feuerlöschern, den Papierhändlern und den Wechslern

De collegiatis et chartopratis et nummulariis

11,18,1 Die Kaiser Theodosius II. und Valentinian III. an den Stadtpräfekten Cyrus, o. O., 23. März 439

Diejenigen, die unter dem Vorwand, sie seien Totengräber oder Feuerlöscher, obwohl sie das Amt nicht innehaben, sich anderen Diensten zu entziehen suchen, deren Betrügereien glauben Wir entgegentreten zu müssen, damit niemand unter Vorgabe eines Amtes, das er nicht ausführt, von den Lasten eines anderen Amtes befreit wird …

Von den Studien der freien Wissenschaften zu Rom und Konstantinopel

De studiis liberalibus urbis Romae et Constantinopolitanae

11,19,1 (= *Cod. Theod.* 14,9,3) Kaiser Theodosius II. und Cäsar Valentinian III. an den Stadtpräfekten Constantius, Konstantinopel, 27. Februar 425

Allen, die sich, den Namen Magister widerrechtlich anmaßend, in Hörsälen und Hallen mit von wo auch immer her gesammelten Schülern gebrüstet haben, befehlen Wir, von solcher öffentlichen Prahlerei abzulassen. Wenn jemand nach Erlaß dieser kaiserlichen Sanktion dergleichen wieder versuchen sollte, was Wir verbieten und als sträflich bezeichnen, so möge er wissen, daß er nicht nur den wohlverdienten Schimpf der Infamie davontragen, sondern auch aus der Stadt selbst, wo er sich unerlaubt aufhält, gejagt werden soll. Hingegen denjenigen, die in Privathäusern dergleichen Studien geleitet haben, verbieten Wir dies durch keine derartige Androhung, sofern sie sich nur mit den Schülern beschäftigt haben, die sie in Privathäusern unterrichten. Sind sie aber aus der Zahl derer, die als Hochschullehrer angestellt sind, sollen sie wissen, daß ihnen das Lehren in einem Privathaus auf jede Weise untersagt ist und daß sie, wenn sie wider die kaiserlichen Befehle handeln, an den Privilegien, die denen verliehen wurden, die nur in öffentlichen Lehrgebäuden unterrichten dürfen, ferner keinen Genuß haben sollen. Wir bestimmen weiter, daß

Unsere Hochschule von denen, die sich durch die Wissenschaft der römischen Beredsamkeit auszeichnen, drei Lehrer der Rhetorik und zehn der Grammatik haben soll; auch von denen, die in Beredsamkeit der griechischen Sprache glänzen, sollen fünf Lehrer der Rhetorik und ebenfalls zehn der Grammatik sein. Weil es Unser Wunsch ist, daß die ruhmsüchtige Jugend nicht bloß in diesen Künsten unterrichtet werde, so verbinden Wir mit diesen Lehrern auch andere tiefgründigeren Wissens und Gelehrsamkeit. Wir wollen daher zu den übrigen noch einen hinzufügen, der die Geheimnisse der Philosophie eröffnet, sowie zwei, die den Willen des Rechts und der Gesetze lehren. Du sollst jedem seinen ihm besonders zugeteilten Platz anweisen, damit sich die Schüler oder Lehrer nicht gegenseitig in den Weg treten können und nicht das Durcheinander der Sprachen und Reden manches Ohr oder manchen Sinn vom Studium der Wissenschaft abhält.

Von den Wagen derer, die Ehrenämter bekleiden
De honoratorum vehiculis

11,20,1 (= *Cod. Theod.* 14,12,1) Die Kaiser Valentinian II., Theodosius I. und Arcadius an den Stadtpräfekten Nebridius, Konstantinopel, 30. Januar 386

Alle, die Ehrenämter entweder ziviler oder militärischer Art innehaben, sollen sich innerhalb der Residenzstadt ihren Würden angemessener Wagen, d. h. zweispänniger Kutschen, bedienen.

Von rüstigen Bettlern
De mendicantibus validis

11,26,1 (= *Cod. Theod.* 14,18,1) Die Kaiser Gratian, Valentinian II. und Theodosius I. an den Stadtpräfekten Severus, Padua, 20. Juni 382

Alle, die umherschweifende Bettelei betreiben und damit auf der Straße ihren Lebensunterhalt suchen, sollen untersucht und die Beschaffenheit ihrer Körper und die Rüstigkeit ihres Alters gemustert werden. Die Faulenzer sowie solche, die wegen nicht vorhandener Schwäche kein Mitleid verdienen, sollen, wenn sie vom Sklavenstand sind, demjenigen zum Eigentum werden, der sie fleißig und eifrig aufgespürt hat, diejenigen aber, die Freigeborene sind, soll derjenige, der ihre Liederlichkeit angezeigt und bewiesen hat, im ewigen Kolonat erhalten. Den Herren soll übrigens das Klagerecht wider diejenigen erhalten bleiben, die entflohenen Sklaven entweder einen Schlupfwinkel oder den Rat, sich auf die Bettelei zu verlegen, gegeben haben.

Von den Tiberschiffern
De nautis Tiberinis

11,27,1 (= *Cod. Theod.* 14,21,1) Die Kaiser Valentinian I. und Valens an den Stadtpräfekten Symmachus, Altinum, 15. Oktober 364

Wer ein Tiberschiff besitzt, soll die Übernahme von Frachtfuhren für den Staat anerkennen. Jedwedes Fahrzeug, das sich auf dem Tiber findet, soll also zu dem gebührenden und üblichen Dienst verwendet werden, ohne daß eine Würde oder ein Privileg von dieser Pflicht befreit.

Vom Getreide für Alexandria
De frumento Alexandrino

11,28,2 (= *Cod. Theod.* 14,26,2) Die Kaiser Theodosius II. und Valentinian III. an den Prätorianerpräfekten Isidorus, Konstantinopel, 4. Juni 436

Wir befehlen, täglich 110 Modii[200] Getreide zu den Spenden für die Stadt Alexandria hinzuzufügen, damit niemand dessen beraubt wird, was er bisher erhalten hat, und der Name der Perissochoregia[201] soll gänzlich wegfallen, und Marken sollen ausgegeben und mit dem Namen Unserer Majestät bezeichnet werden.

Vom Recht des städtischen Gemeinwesens
De iure rei publicae

11,30,4 Die Kaiser Diokletian und Maximian an Urbanus, o. O., o. J.

Wenn das städtische Gemeinwesen, dem du angehörst, dem Stadtgesetze gemäß, nachdem dein verfallenes Haus eingestürzt, den Platz verkauft hat, so wird der Provinzstatthalter nicht erlauben, daß gegen den Inhalt dieses Gesetzes etwas geschieht.

Von den Schuldnern der Städte
De debitoribus civitatum

11,33,1 Kaiser Caracalla an Diodotus, o. O., o. J.

Der Schuldner eines städtischen Gemeinwesens kann nicht eher eine Ehrenstelle in diesem bekleiden, bevor er nicht seine Schuld beglichen hat. Das wird sowohl in Meinen als auch in den Konstitutionen der verewigten Kaiser erklärt.

Von der Verantwortlichkeit derer, die für städtische Beamte gebürgt haben
De periculo eorum qui pro magistratibus intervenerunt

11,35,1 Kaiser Caracalla an Augustalis, o. O., o. J.

Daß die Bürgen der städtischen Beamten nur dafür haften, was die Verwaltung des städtischen Gemeinwesens betrifft, nicht aber dafür, was ihnen (den Magistraten) als Strafe wegen eines Verschuldens oder eines Verbrechens auferlegt wird, ist sowohl Meine Meinung als auch die des verewigten Severus, Meines Vaters.

Von Schauspielen, Schauspielern und Bordellbesitzern
De spectaculis et scaenicis et lenonibus

11,41,1 (= *Cod. Theod.* 15,7,3) Die Kaiser Valens, Gratian und Valentinian II. an Hesperius, Prokonsul von Africa, Trier, 10. März 376

Weit entfernt, mißgünstig zu sein, ermuntern Wir vielmehr zu den Übungen, die das Volk ergötzen, daß die Athletenspiele wiederhergestellt werden mögen. Wenn hochangesehene Männer dem Volke sich durch Kunstvorstellungen und Vergnügungen beliebt machen wollen, so gestatten Wir es bereitwillig, damit das Vergnügen vollständig sei, das auf Kosten der Ausrichter von diesen freiwillig gegeben wird.

11,41,3 (= *Cod. Theod.* 15,7,7) Die Kaiser Gratian, Valentinian II. und Theodosius I. an den Stadtpräfekten Valerianus, o. O., 8. Mai 381

Die Wagenlenker sollst du wegen der Zirkusspiele mit keiner Strafe[202] belegen dürfen.

11,41,4 (= *Cod. Theod.* 15,7,12) Die Kaiser Theodosius I., Arcadius und Honorius an den Prätorianerpräfekten Rufinus, Herakleia, 29. Juni 394

Wenn in öffentlichen Säulenhallen oder in den Städten an solchen Orten, wo Unsere Bilder aufgestellt zu werden pflegen, ein Gemälde einen Pantomimen im kurzen Kleid, einen Wettfahrer in seinem ungeordnete Falten schlagenden Mantel[203] oder einen verächtlichen Schauspieler darstellt, so soll es sofort heruntergerissen werden, und es soll fortan nicht erlaubt sein, an einem anständigen Ort unanständige Personen darzustellen. Wir verbieten nicht, daß sie am Eingang zum Zirkus oder im *Proscaenium*[204] des Theaters aufgestellt werden.

11,41,6 (= *Cod. Theod.* 15,8,2) Die Kaiser Theodosius II. und Valentinian III. an den Prätorianerpräfekten Florentius, o. O., 21. April 428

Die Bordellbesitzer, die, gleichzeitig Väter und Herren, ihre Töchter oder Sklavinnen zur Unzucht nötigen, sollen sich weder ihres Eigentumsrechts noch wegen eines solch abscheulichen Verbrechens ihrer Freiheit erfreuen. Sie sollen daher zur Strafe weder das Recht der Gewalt behalten noch auf diese Weise etwas erwerben können. Den Sklavinnen und Töchtern sowie den wegen ihrer Armut gemieteten Personen, die ihr unglückliches Schicksal so erniedrigt hat, soll es freistehen, sofern sie wollen, die Hilfe der Bischöfe, Statthalter und Vertreter der Städte anzurufen, um aus ihrer elenden Lage erlöst zu werden. Wenn es die Bordellbesitzer nicht unterlassen, ihnen weiter nachzustellen oder sie wider Willen zum Laster zu zwingen, so sollen diejenigen nicht nur alle Gewalt, die sie innegehabt hatten, verlieren, sondern auch mit der Strafe der Verbannung belegt und in die öffentlichen Bergwerke gesteckt werden. Diese Strafe ist geringer, als wenn irgendeine Frau auf Befehl eines Bordellbesitzers zu schmutzigen Umarmungen gezwungen wird.

Von Wasserleitungen
De aquaeductu

11,43,1 (= *Cod. Theod.* 15,2,1) Kaiser Konstantin I. an Maximilianus, Konsular der Wasserleitungen, o. O., 18. Mai 330

Wir wollen, daß Grundbesitzer, durch deren Gebiet Wasserleitungen führen, von außerordentlichen Lasten befreit sind, daß es aber ihre Aufgabe ist, die Kanäle von allem sie anfüllenden Unrat zu säubern. Im übrigen sollen aber diese Grundbesitzer von keiner außerordentlichen Last betroffen werden, damit sie nicht, mit anderen Arbeiten beschäftigt, die Reinigung der Leitungen vernachlässigen. Haben sie dies getan, sollen sie mit dem Verlust der Besitzungen bestraft werden; denn dann wird der Fiskus das Grundstück desjenigen vereinnahmen, dessen Nachlässigkeit dem Kanal Schaden zugefügt hat. Außerdem mögen diejenigen wissen, durch deren Besitzungen eine Wasserleitung geht, daß sie 15 Fuß rechts und links des Kanals keine Bäume haben dürfen; das Personal des Statthalters wird darüber wachen, daß sie, wenn sie ausgeschlagen haben, abgehauen werden, damit nicht ihre Wurzeln das Mauerwerk des Kanals beschädigen.

11,43,2 (= *Cod. Theod.* 15,2,4) Die Kaiser Gratian, Valentinian II. und Theodosius I. an den Stadtpräfekten Pancratius, Konstantinopel, … 381 oder 382

Wenn jemand dreist das Wohl dieser blühenden Stadt hat beeinträchtigen wollen, indem er Wasser aus der öffentlichen Wasserleitung auf sein Landgut abgeleitet hat, soll er wissen, daß nämliches Landgut konfisziert werden und Unserem Privatschatz verfallen soll.

Von der gänzlichen Aufhebung der Gladiatorenkämpfe
De gladiatoribus penitus tollendis

11,44,1 (= *Cod. Theod.* 15,12,1) Kaiser Konstantin I. an den Vikar des Orients Maximus, Beirut, 1. Oktober 325

Blutige Schauspiele in bürgerlichem Frieden und innerer Ruhe gefallen Uns nicht. Deshalb verbieten Wir die Gladiatoren gänzlich.

Von der Jagd auf wilde Tiere
De venatione ferarum

11,45,1 Die Kaiser Honorius und Theodosius II. an Maurianus, *Comes domesticorum* und Vize-*Magister militum*, o. O., 20. Mai 414

Löwen zu töten, erlauben Wir allen und lassen es nicht zu, daß dafür irgend jemand eine Strafe befürchten muß. Wilde Tiere aber, die an Unseren Hof von allen *Duces* der Grenzen übersandt werden, befehlen Wir, nicht länger als sieben Tage innerhalb der einzelnen Städte aufzuhalten. Wer dawiderhandelt, soll dem Fiskus fünf Pfund Gold zahlen.

Daß der Gebrauch von Waffen ohne Wissen des Kaisers verboten sei
Ut armorum usus inscio principe interdictus sit

11,47,1 (= *Cod. Theod.* 15,15,1) Die Kaiser Valentinian I. und Valens an Bulephorus, Statthalter von Kampanien, Altinum, 5. Oktober 364

Es soll durchaus keinem ohne Unser Wissen und ohne angefragt zu haben gestattet werden, Waffen gleich welcher Art unterwegs zu tragen.

Von den Ackerbauern, den zinsbaren Leuten und den Kolonen[205]
De agricolis censitis vel colonis

11,48,1 (= *Cod. Theod.* 11,16,4) Kaiser Konstantin I. an den Prätorianerpräfekten Aemilianus, Rom, 9. Mai 328

Der Bauer, der mit der Aussaat oder der Ernte beschäftigt ist, soll niemals zu außerordentlichen Lasten hinzugezogen werden, da es angemessen ist, diese Verrichtungen zu passender Zeit vorzunehmen.

11,48,3 (= *Cod. Theod.* 11,1,12) Die Kaiser Valentinian I. und Valens an Faventius, Vikar von Italien, Mailand, 31. Juli 365

Wer von verlassenen Ländereien durch Unsere Gnade Sklaven erhalten hat, der soll mit Rücksicht auf die fiskalischen Abgaben für das gesamte Steueraufkommen des Bodens, von dem diese Sklaven ausgehen, verpflichtet werden. Wir wollen, daß dies auch hinsichtlich derer geschehe, die Sklaven erlaubt haben, von Landgütern dieser Art auf ihre Besitzungen überzugehen.

11,48,6 Die Kaiser Valentinian I. und Valens an den Prätorianerpräfekten Germanianus, o. O., 366

Alle geflohenen Kolonen (*adscripticii* und *inquilini*) sollen ohne Unterschied des Geschlechts, der Tätigkeit oder des Standes von den Provinzstatthaltern genötigt werden, zu den alten Orten, wo sie geboren, erzogen und besteuert worden sind, zurückzukehren.

11,48,11 Die Kaiser Arcadius und Honorius an das Volk, o. O., o. J.

Die Kolonen *(originarii)* sollen ein Privileg, eine Würde und die Autorität der Steuerrollen[206] nicht vorschützen können, sondern sie sollen mit Wegnahme aller erschlichenen Verfügungen ihrem Herrn bzw. dem Landgut zurückgegeben werden.

11,48,12 Die Kaiser Arcadius und Honorius an den Stadtpräfekten Florentinus, o. O., 18. April 396

Wir wollen, daß die Sklaven und Kolonen (*tributarii* und *inquilini*) bei ihren Herren bleiben. Denn wenn jeder denjenigen, den er versteckt hat, aus Angst vor Schaden fortjagt, werden die Sklaven nicht mehr entfliehen wollen, denn keiner verläßt seinen Herrn, wenn er weiß, daß er keinen Schlupfwinkel hat, um sich zu verbergen. Sondern ein jeder wird nur einen ihm bekannten Freien aufnehmen, denjenigen aber, der vorgibt, frei zu sein, wird er von sich wegjagen aus Furcht, diesen Verordnungen zuwiderzuhandeln. Ist nun ein Entlaufener bei irgend jemandem aufgefunden worden, so ordnen Wir an, daß er außer dem Entlaufenen selbst dessen Herrn einen anderen von gleichem Wert geben, Unserem Fiskus aber 12 Pfund Silber entrichten soll.

11,48,15 Die Kaiser Honorius und Theodosius II. an Probus, *Comes sacrarum largitionum*, o. O., o. J.

Ein Steuererheber soll niemals Kolonen wegen fiskalischer Schuldner in Anspruch nehmen. Wir verordnen, daß sie so der Scholle verhaftet sein sollen, daß sie auch nicht einen Augenblick davon getrennt werden dürfen.

11,48,21 Kaiser Justinian I. an den Senat, Konstantinopel, 22. Juli 530

Damit nicht länger gezweifelt wird, welches Standes jemand ist, der von einer Kolonin *(adscripticia)* und einem Sklaven oder einem Kolonen *(adscripticius)* und einer Sklavin erzeugt worden ist, oder wessen Lage schlechter sei, die der Kolonen *(adscripticii)* oder die der Sklaven, so verordnen Wir hiermit, daß alles, was in früheren Gesetzen über solche Kinder, die von Koloninnen *(adscripticiae)* und freien Männern erzeugt wurden, festgelegt worden ist, seine volle Geltung behält und die aus einer solchen Verbindung hervorgegangenen Kinder also Kolonen sein sollen. Wer von einem Sklaven und einer Kolonin *(adscripticia)* oder von einer Sklavin und einem Kolonen *(adscripticius)* erzeugt worden ist, soll dem Stand der Mutter folgen, und er soll auch in dem Verhältnis wie seine Mutter stehen, sie mag Sklavin oder Kolonin *(adscripticia)* sein, was bisher nur in bezug auf die Sklaven und die Freien beobachtet wurde. Denn welcher Unterschied kann zwischen Sklaven und Kolonen *(adscripticii)* bestehen, wenn sowohl der eine als auch der andere in der Gewalt ihres Herrn stehen, der den Sklaven mit seinem Sondergut freilassen und den Kolonen *(adscripticius)* mit dem Grundstück aus seinem Eigentum entlassen kann?[207]

11,48,23 Kaiser Justinian I. an den Prätorianerpräfekten Johannes, o. O., zwischen 531 und 534

Da es unbillig ist, das Landgut, welches von jeher Kolonen *(adscripticii)* hatte, gleichsam seiner integrierenden Bestandteile zu berauben, und da Kolonen, wenn sie sich auf anderen Gütern aufhalten, den Grundherren den größten Schaden zufügen, so ist es Unser Wille, daß, genauso wie niemand durch die Zeit von seinem Amt als *Decurio*[208] befreit wird, auch der sich im Kolonenverhältnis Befindende durch noch so lange Zeitdauer oder noch so lange fortgesetzte Beschäftigung die Freiheit nicht erlange, sondern Kolone *(adscripticius)* bleiben und an den Boden gebunden sein soll. Und wenn er sich versteckt oder zu verbergen gesucht hat, soll er wie ein flüchtiger Sklave betrachtet werden, so als stünde er im Verhältnis einer gestohlenen Sache, ohne daß Verjährung stattfindet, und er soll zusammen mit seiner Nachkommenschaft, auch wenn er sie auf einem anderen Gut erzeugt hat, dem gleichen Los und der Kopfsteuer unterworfen bleiben und nicht davon befreit werden ...

11,48,24 Kaiser Justinian I. an Hermogenes, *Magister officiorum*, o. O., o. J.

Wenn Kolonen *(adscripticii)* freie Frauen, in welcher Absicht oder durch welche List auch immer, mit oder ohne Wissen ihrer Herren zu Frauen genommen oder künftig zu nehmen die Absicht haben, so sollen diese ebenso wie ihre Kinder, die sie mit jenen erzeugt haben, in ihrer Freiheit verbleiben. Es soll darauf geachtet werden, daß ein von einem freien Mann und einer Kolonin *(adscripticia)* erzeugtes Kind mit dem Makel der mütterlichen Abkunft behaftet bleibe und nicht der Freiheit des Vaters folge. Damit die Kolonen *(adscripticii)* aber nicht glauben, daß solch Bestreben ungestraft hingenommen wird, da sehr zu befürchten ist, daß, wenn sie weiter darauf hinarbeiten, sich mit freien Frauen zu verheiraten, der Stand dieser Menschen allmählich abnimmt, so verordnen Wir hiermit, daß, wenn ein Kolone *(adscripticius)* dergleichen unternommen, entweder sein Herr persönlich oder durch den Provinzstatthalter die Befugnis haben soll, einen solchen Menschen mäßig zu züchtigen und von einer solchen Frau fortzunehmen. Hat er dies zu tun unterlassen, so möge er wissen, daß eine Nachlässigkeit dieser Art ihm selbst zum Schaden gereichen wird.

In welchen Fällen die Kolonen ihre Herren anklagen können

In quibus causis coloni censiti dominos accusare possunt

11,50,1 Kaiser Konstantin I. an Maximus, Vikar des Orients, o. O., o. J.

Jeder Kolone, dem von seinem Herrn mehr abgenommen wird als in früheren Zeiten, mag den nächsten Richter aufsuchen und diese Tat anzeigen, damit der, welcher überführt wird, mehr als sonst gefordert zu haben, künftig daran gehindert werde, nachdem er das durch unmäßige Forderung zuviel Erlangte zurückgegeben hat.

Von den Schätzungen, den Schätzungsbeamten[209], den Steuerausgleichern[210] und den Aufsichtsführenden[211]

De censibus et censitoribus et peraequatoribus et inspectoribus

11,58,1 (= *Cod. Theod.* 13,10,1) Kaiser Konstantin I. an das Volk, Rom, 18. Januar 313

Weil die Steuerbeamten der Städte im heimlichen Einvernehmen mit den Mächtigen die Lasten auf die Niedrigeren abwälzen, befehlen Wir, daß, wer nachgewiesen hat, daß er bedrückt worden ist, seine frühere Besteuerung zurückerhalten soll.

11,58,2 (= *Cod. Theod.* 13,11,1) Die Kaiser Gratian, Valentinian II. und Theodosius I. an den Prätorianerpräfekten Eutropius, Konstantinopel, 4. Juni 381

Wer einen Weinstock abgeschnitten oder Baumäste abgehauen hat, um die Schätzung zu umgehen, und sich listigerweise arm stellt, soll, wenn er entdeckt worden ist, der gebührenden Strafe unterworfen werden. Derjenige, bei dem sich aber herausstellt, daß er dabei nicht Unfruchtbarkeit und Mangel zu erzielen, sondern den Ertrag seiner Äcker zu mehren und zu verbessern beabsichtigte, entgeht selbstverständlich der Strafe.

Von den Gütern und Waldungen des kaiserlichen Privatbesitzes

De fundis et saltibus rei dominicae

11,67,1 Die Kaiser Valentinian II., Theodosius I. und Arcadius an Drepanius, *Comes rerum privatarum*, o. O., o. J.

Wenn ein Fremder Schaf- oder Pferdeherden in Waldungen des kaiserlichen Privatbesitzes getrieben hat, sollen sie sofort dem Fiskus verfallen. Wenn aber die käufliche Nachsicht der Prokuratoren solche Versuche auch weiterhin gestattet, befehlen Wir, sie den härtesten Strafen zu unterwerfen.

Von den kaiserlichen oder fiskalischen oder zum kaiserlichen Privatvermögen gehörenden Bauern und Sklaven

De agricolis et mancipiis dominicis vel fiscalibus sive rei privatae

11,68,1 Kaiser Konstantin I. an den Prätorianerpräfekten Constantius, o. O., 7. Oktober 325

Kein Kolone Unseres Privatvermögens soll zu Ehrenstellen oder zu irgendwelchen städtischen Amtslasten berufen werden. Denn die Stadtsenate und die übrigen Bemittelten, aus deren Mitte gewöhnlich die Ernennungen geschehen, dürfen nicht zu diesem äußersten Mittel widerrechtlicher Ernennung greifen.

11,68,4 Die Kaiser Valentinian I., Valens und Gratian an Florianus, *Comes rerum privatarum,* o. O., 13. Oktober 367

Die von Freigeborenen und von Uns gehörenden Kolonen und Sklavinnen erzeugten Kinder beiderlei Geschlechts wirst du dem Stand ihrer Mütter zuweisen.

Von den Privilegien des kaiserlichen Hauses oder Privatvermögens, und welche Lasten diese nicht zu übernehmen brauchen

De privilegiis domus augustae vel rei privatae et quarum collationum excusationem habent

11,75,1 (= *Cod. Theod.* 11,16,5) Kaiser Constans an Italicus, Bologna, 25. Januar 343

Unsere Privatbesitzungen sollen frei von allen niedrigen Dienstlasten sein, und weder deren Pächter noch die Kolonen sollen zu außerordentlichen Lasten oder zu irgendwelchen außerordentlichen Steuern aufgefordert werden.

11,75,4 (= *Cod. Theod.* 15,3,6) Die Kaiser Honorius und Theodosius II. an den Prätorianerpräfekten Asclepiodotus, Konstantinopel, 15. Februar 423

Es liegt Uns fern, den Bau öffentlicher Straßen, Brücken und gepflasterter Wege zu den niederen Dienstlasten zu rechnen. Daher soll niemand wegen einer Würde oder eines Standesvorzuges von der Anlegung und Ausbesserung der Straßen und Brücken befreit sein. Auch weisen Wir die kaiserlichen Grundstücke gern zu solch löblicher Beitragspflicht an.

BUCH 12

Buch 12 enthält 63 Titel mit 306 Konstitutionen. Zu Beginn werden Verordnungen über die Standes- und Rangverhältnisse gebracht, die jemand aufgrund eines ausgeübten Amtes oder Berufes bzw. seiner Herkunft oder ehelichen Verbindung einnimmt. Der Bogen spannt sich von den hochrangigen Ämtern eines Prätorianerpräfekten, Stadtpräfekten und *Magister militum* bis zu den niederen Rängen der im kaiserlichen Palast Beschäftigten und deren Privilegien.

Eine Reihe von Erlassen befaßt sich mit unterschiedlichsten Fragen des Militärwesens, so u. a. mit dem der Verfügungsgewalt des Vaters *(pater familias)* entzogenen militärischen Sondergut *(peculium castrense)* des Haussohnes *(filius familias)*, das dieser für sich erwirbt und worüber er frei verfügen kann, mit der Art des Proviants und seiner Ausgabe, mit der Kleidung der Soldaten, den Rekruten, den Deserteuren bis hin zu den Veteranen, denen die Kaiser in vielen Konstitutionen ihr Wohlwollen bewiesen, im vorliegenden Fall aber, in dem Veteranen statt der Bebauung ihres Landes sich dem Straßenraub hingegeben hatten, diese der gebührenden Strafe zu unterwerfen befahlen.

Der Staatspost *(cursus publicus)* widmen sich weitere Konstitutionen. Diese von Kaiser Augustus (27 v. u. Z.–14 u. Z.) nach ägyptischem Muster geschaffene Einrichtung diente der Beförderung von Personen und Sachen. Nur auf besondere Anweisung, gegen Vorlage eines Erlaubnisscheines *(evectio)*, durften Privatpersonen die Staatspost benutzen, die ausschließlich staatlichen Zwecken zur Verfügung stand. Der *cursus publicus* basierte auf einem System von Poststationen, wo die Pferde gewechselt werden konnten und Übernachtungsmöglichkeiten zur Verfügung standen. Den Einwohnern der Stationsorte waren verschiedene Lasten *(munera)* auferlegt, wie die Bereitstellung von Pferden und Wagen und anderes mehr. Weitere Verordnungen der Kaiser regeln Fragen der Dienerschaft des Stadtpräfekten, der *Magistri militum* und des Präfekten für das Getreidewesen, andere Konstitutionen gehen auf Gewinne der Advokaten und Erpressungen der Unterbeamten der Provinzstatthalter ein, so daß sich wiederum ein eindrucksvolles Bild der Situation im Reich ergibt.

Von den Würden
De dignitatibus

12,1,1 Kaiser Alexander Severus an Severina, o. O., o. J.

Wenn ihr, wie ihr angebt, sowohl einen Konsular[212] zum Großvater als auch einen Vater von prätorischem Rang hattet und ihr euch mit keinen Männern von Privatrang, sondern mit *Clarissimi*[213] verheiratet habt, behaltet ihr die Herrlichkeit des Standes (der *Clarissimi*).

12,1,2 Kaiser Konstantin I. an den Stadtpräfekten Volusianus, o. O., zwischen 313 und 315

Weder den Infamen noch den mit Schande Behafteten, noch denen, die ein Verbrechen oder die Schändlichkeit des Lebens beschmutzt, noch denen, die Infamie[214] von der Versammlung der Angesehenen ausschließt, werden die Tore zu einer Würde offenstehen.

12,1,4 Die Kaiser Constantius II. und Constans an den Prätorianerpräfekten Philippus, o. O., zwischen 347 und 349

Wir befehlen, daß das Vermögen der Senatoren, das sie an verschiedenen Orten und in verschiedenen Provinzen besitzen, sowie ihre Leute sowohl von der Verpflichtung zur Leistung von Ersatzgeldern (anstelle von Rekruten oder Pferden) als auch von den übrigen Verpflichtungen, die die Provinzstatthalter auferlegen, desgleichen von allen schmutzigen, außerordentlichen und niedrigeren Lasten frei sein und zu keiner unwürdigen Verrichtung verpflichtet werden sollen.

12,1,7 (= *Cod. Theod.* 15,1,7) Kaiser Constantius II. an den Senat, o. O., 3. Mai 361

Da verschiedene Statthalter es für gut befinden, in gewissen Städten einige Gebäude errichten zu lassen, so soll das Vermögen der Senatoren zu einem Beitrag dieser Art nicht hinzugezogen werden.

12,1,8 (= *Cod. Theod.* 9,2,1) Kaiser Julian an den Prätorianerpräfekten Sallustius, Konstantinopel, 5. Februar 362

Es ist notwendig, das Recht der Senatoren und das Ansehen dieses Standes, zu dem auch Wir selbst Uns zählen, vor allen Ehrenkränkungen zu schützen.

12,1,9 Die Kaiser Valentinian I. und Valens an den Stadtpräfekten Symmachus, o. O., 364 oder 365

Wir verhindern es nicht, daß die Söhne von Freigelassenen die Würde der *Clarissimi* erlangen.

12,1,10 (= *Cod. Theod.* 9,35,3) Die Kaiser Valens, Gratian und Valentinian II. an den Stadtpräfekten Gracchus, Trier, 4. Januar 377

Wir heben die strenge Untersuchung durch Befragung mittels Folter bezüglich der *Clarissimi* auf.

12,1,13 (= *Cod. Theod.* 2,1,7) Die Kaiser Theodosius I., Arcadius und Honorius an Marcianus[215], *Comes* des Orients, Konstantinopel, 10. November 392

Wir erheben die Frauen durch die Ehrenstelle der Ehemänner, Wir adeln sie durch das Geschlecht (der Männer), Wir setzen den Gerichtsstand nach deren Person fest und verändern die Wohnsitze (bei Verlegung der Wohnung des Ehegatten). Wenn sie aber später einen Mann geringeren Standes gewählt haben, sollen sie nach Verlust der früheren Würde dem Verhältnis des späteren Ehemannes folgen.

12,1,15 Die Kaiser Theodosius II. und Valentinian III. an den Stadtpräfekten Neuthius, o. O., o. J.

Allen *Clarissimi* und *Spectabiles*[216] erteilen Wir die Erlaubnis, an ihren Geburtsort oder wohin auch immer ohne Urlaub zu reisen und, wo sie wollen, sich aufzuhalten oder zu wohnen.

Von der Gleichstellung der Prätorianerpräfekten oder der Stadtpräfekten und der *Magistri militum*[217] in ihren Würden

De praefectis praetorio sive urbis et magistris militum in dignitatibus exaequandis

12,4,1 (= *Cod. Theod.* 6,7,1) Die Kaiser Valentinian I., Valens und Gratian an den Stadtpräfekten Ampelius, Nasonacum, 5. Juli 372

Wir wollen, daß der Stadtpräfekt, der Prätorianerpräfekt und die *Magistri equitum* und *peditum* von gleicher Würde sein sollen, nämlich so, daß, wenn sie sich in das Privatleben zurückgezogen haben, demjenigen der erste Rang gebühren soll, der den anderen durch die Zeit der Beförderung (zu einer höheren Würde) und der Erlangung der Ernennungsurkunden vorangegangen sein wird.

Von den Professoren, die, in Konstantinopel lehrend, nach dem Gesetz die *Comitiva*[218] erlangt haben
De professoribus qui in urbe Constantinopolitana docentes ex lege meruerint comitivam

12,15,1 (= *Cod. Theod.* 6,21,1) Die Kaiser Theodosius II. und Valentinian III. an den Stadtpräfekten Theophilus, Konstantinopel, 15. März 425

Wir wollen, daß die griechischen wie auch die lateinischen Grammatiker (d. h. die diese Sprachen lehrenden Professoren), die Sophisten und die Rechtsgelehrten, die in dieser Kaiserstadt ihren Beruf ausüben und zu der festgelegten Zahl gehören, wenn sie durch gute Sitten gezeigt haben, daß sie ein löbliches Leben führen, ferner wenn sie offenbart haben, daß sie das Geschick zu lehren, Redegewandtheit, Scharfsinn im Erklären und die Fähigkeit, über einen wissenschaftlichen Gegenstand zu reden, besitzen, und wenn sie nach dem Urteil der erlauchten Versammlung (die sie zu Professoren wählt) für würdig erachtet worden sind, und sie sich 20 Jahre lang der Mühe des Lehrens in ununterbrochener fleißiger Hingabe unterzogen haben, eine Ehrenbezeigung erhalten und denen, die die Würde eines Vikars innehaben, hinzugezählt werden.

Von den *Decuriones*[219] und *Silentiarii*[220]
De decurionibus et silentiariis

12,16,2 (= *Cod. Theod.* 6,23,2) Die Kaiser Honorius und Theodosius II. an den Prätorianerpräfekten Venantius, Ravenna, 9. März 423

Jeder *Decurio* oder *Silentiarius* soll von der Stellung von Rekruten und Pferden befreit sein, keine Steuer, wie sie gewöhnlich verlangt wird, entrichten, und keine Behörde soll ihnen etwas aufbürden, keine Not etwas auferlegen.

Von den *Domestici*[221] und *Protectores*[222]
De domesticis et protectoribus

12,17,1 (= *Cod. Theod.* 6,24,4) Die Kaiser Valentinian II., Theodosius I. und Arcadius an den Prätorianerpräfekten Eusignius, Mailand, 6. März 387

Die *Domestici* und *Protectores* sollen die Erlaubnis haben, die *Vicarii*[223] deiner Hoheit zu küssen, nachdem sie sie begrüßt haben. Es wird eine Strafe ähnlich der des Sakrilegs verhängt werden, wenn denen die Ehrerbietung nicht erwiesen wird, die würdig sind, Unseren Purpur zu berühren.

Von den *Agentes in rebus*[224]
De agentibus in rebus

12,20,1 (=*Cod. Theod.* 6,27,14) Die Kaiser Arcadius, Honorius und Theodosius II. an Anthemius, *Magister officiorum,*[225] Konstantinopel, 30. Juni 404

Keiner aus der Schola der *Agentes in rebus* soll in Zukunft den Platz eines Verstorbenen eigenmächtig einzunehmen wagen, sondern der, der in der durch die Dienstzeit bestimmten Ordnung und nach den Verdiensten im Rang des Amtes folgt, soll sogleich, wenn jenen das Schicksal hinweggenommen hat, in den Genuß der Vorteile desselben gelangen, so daß alle Erschleichung wegfällt.

12,20,2 (= *Cod. Theod.* 6,27,17) Die Kaiser Honorius und Theodosius II. an Helio, *Magister officiorum*, Konstantinopel, 11. November 415

Künftig soll keinem ohne die Anordnung Unserer Majestät freistehen, einen *Agens in rebus* seines Amtes zu entheben und seiner Würde zu berauben. Denn die bewährte Schola (d. h. die in ihr zusammengeschlossenen *Agentes in rebus*) muß weder eine Bestrafung durch einen Richter befürchten noch eine Beschimpfung der Gemeinheit (als gehörten die *Agentes* zum gemeinen Volk) erdulden.

Von den *Curiosi*[226]
De curiosis

12,22,1 (= *Cod. Theod.* 6,29,1) Kaiser Constantius II. an den Prätorianerpräfekten Lollianus, Mailand, 22. Juli 355

Die *Curiosi* und *Stationarii*[227], oder wer auch immer diesen Dienst versieht, sollen daran denken, daß sie den Richtern Verbrechen anzeigen müssen und daß ihnen die Notwendigkeit des Beweises obliegt, jedoch nicht ohne Gefahr für sie, wenn festgestellt wurde, daß sie gegen Unschuldige Schikane angewendet haben. Es soll also die üble Gewohnheit wegfallen, nach der sie irgendwelche (anderen Menschen) ins Gefängnis warfen.

Von den Palatinen[228] des Staatsschatzes und des kaiserlichen Privatvermögens
De palatinis sacrarum largitionum et rerum privatarum

12,23,2 (= *Cod. Theod.* 8,7,14) Die Kaiser Valentinian II., Valens und Gratian an Tatianus, *Comes sacrarum largitionum*, Antiochia, 25. Januar 377

Kein *Thesaurensis*, d. h. Unterbeamter des *Comes thesaurorum*[229], soll, wenn er einmal bei einer Unterschlagung ertappt worden ist, sein Amt wiedererlangen oder sich eine andere Würde erschleichen oder zu einem anderen Amt gelangen.

Von den *Stratores*[230]
De stratoribus

12,24,1 (= *Cod. Theod.* 6,31,1) Die Kaiser Valentinian I. und Valens an Zosimus, Statthalter von Epirus nova, Apollonia, 19. Juni 365

Wir haben in alle Provinzen ein allgemeines Edikt gesandt, daß von den *Stratores* nur ein *Solidus* für die Untersuchung gefordert werden soll, und daß Unsere Provinzialen wissen sollen, daß sie bei den zu stellenden Pferden eine bestimmte Gestalt, Größe sowie ein bestimmtes Alter beachten müssen. Wir haben auch festgelegt, daß diese dem Fiskus zur Zahlung einer bestimmten Summe *Solidi* verpflichtet sein sollen, wenn sie sich nicht gescheut haben, den *Stratores* das zu geben, was jenen zu fordern verboten worden ist. Auch werden deine Unterbeamten mit 100 Pfund Silber bestraft, wenn sie, wissend, daß eine solche gerade erwähnte Sache geschehen ist, sie nicht sofort der richterlichen Strenge angezeigt haben.

Von den Privilegien derer, die im kaiserlichen Palast Dienst tun

De privilegiis eorum qui in sacro palatio militant

12,28,3 (= *Cod. Theod.* 6,35,11) Die Kaiser Gratian, Valentinian II. und Theodosius I. an den Prätorianerpräfekten Eutropius, Konstantinopel, 3. Februar 381

Die aus einem Amt an Unserem kaiserlichen Hof abtretenden Männer sollen von allen Lasten Befreiung erhalten, und sie sollen nicht unter dem Stolz und der raubgierigen Gewinnsucht der *Numerarii*[231] unter dem Vorwand, sie wären erfahren und tüchtig, leiden.

Von der Ritterwürde

De equestri dignitate

12,31,1 (= *Cod. Theod.* 6,36,1) Die Kaiser Valentinian I. und Valens an den Prätorianerpräfekten Mamertinus, Philippopolis, 31. Oktober 364

Wir befehlen, daß die römischen Ritter den zweiten Rang nach der Würde des Clarissimats[232] einnehmen sollen.

Wer ein Amt bekleiden kann oder nicht, von den nach einem Amt oder einer Würde strebenden Sklaven und daß niemand ein doppeltes Amt oder eine Würde und ein Amt gleichzeitig bekleiden soll

Qui militare possunt vel non et de servis ad militiam vel dignitatem adspirantibus et ut nemo duplici militia vel dignitate et militia simul utatur

12,33,2 Die Kaiser Diokletian und Maximian an den Soldaten Valerius, o. O., o. J.

Nicht nur den Söhnen der Dekurionen, sondern allen, die in arglistiger Umgehung städtischer Lasten Militärdienst leisten, soll der Betrug nichts nützen.

12,33,3 Die Kaiser Arcadius und Honorius an Pulcher, *Magister utriusque militiae,*[233] o. O., o. J.

Deine Hoheit wird mit wachsamer Sorge beobachten müssen, daß Kolonen oder andere in Waldungen Arbeitende weder, wenn sie sich freiwillig zum Militärdienst melden, angenommen noch gegen ihren Willen dazu gezwungen werden.

12,33,6 Kaiser Justinian I. an den Prätorianerpräfekten Mena, Konstantinopel, 6. April 529

Wir ordnen hinsichtlich der Sklaven an, die künftig mit oder ohne Wissen ihrer Herren gewagt haben werden, sich für irgendein Amt zu bewerben, daß, wenn sie es ohne Wissen ihrer Herren erlangt haben, es diesen gestattet sein soll, zu einem kompetenten Richter zu gehen und ihre Unwissenheit dadurch zu beweisen, daß das Gegenteil nicht erwiesen wird, und auf diese Weise die ihres Amtes Beraubten in ihre Herrschaft zurückzuholen. Wenn aber die Sklaven mit Wissen ihrer Herren ein Amt erlangt haben werden, so sollen die Herren nicht allein die Herrschaft über die Sklaven einbüßen, sondern auch das ganze Recht des Patronats, jene (die Sklaven) aber zu Freigeborenen erklärt werden, und, wenn sie als tauglich für das ihnen gegebene Amt befunden werden, dasselbe behalten, wenn sie aber weniger geeignet sind, desselben beraubt werden. Hinsichtlich jener Sklaven aber, die schon ein Amt bekleidet haben und noch in diesem verbleiben, geben Wir den Herren die Erlaubnis, innerhalb eines Zeitraums von 30 Tagen, der von der Zeit an zu rechnen ist, wo die gegenwärtige Sanktion bekanntgemacht sein wird, entweder sich an Unsere Majestät oder an kompetente Richter zu wenden und ihr Nichtwissen zu beweisen und sie (die Sklaven) in ihre Herrschaft zurückzunehmen. Ist aber diese Zeit verstrichen, sollen sie auf gleiche Weise sowohl ihre Herrschaft als auch das ganze Patronatsrecht verlieren.

Vom Kriegswesen
De re militari

12,35,1 Kaiser Caracalla an den Soldaten Annaeus, o. O., o. J.

Du forderst zu Unrecht, daß dir Sold und kaiserliche Gnadengeschenke aus der Zeit, die du, wie du sagst, bei den

Feinden verbracht hast, zurückerstattet werden, nachdem du durch das Rückkehrrecht[234] heimgekehrt und in den früheren Stand wiedereingesetzt worden bist.

12,35,2 Kaiser Caracalla an die Soldaten der ersten Kohorte, o. O., o. J.

Wenn ihr 20 Jahre lang gedient habt, sollen euch keine niedrigen Lasten des Kriegsdienstes auferlegt werden.

12,35,6 Kaiser Gordian III. an den Soldaten Brutus, o. O., o. J.

Den einmal aus bewegenden Gründen (d. h. Krankheit) verabschiedeten Soldaten pflegt eine Wiederherstellung (des Militärdienstverhältnisses) unter dem Vorwand des wiedererlangten besseren Gesundheitszustandes nicht bewilligt zu werden, weil sie ja nicht unüberlegt verabschiedet werden, sondern nur dann, wenn es durch die Aussagen der Ärzte und die sorgfältige Ermittlung eines kompetenten Richters feststeht, daß sie an einem Gebrechen leiden.

12,35,8 Kaiser Philippus Arabs und Cäsar Philippus an Maccius, o. O., o. J.

Ein Abschied aus bewegenden Gründen wird zu keinem Makel der bürgerlichen Ehre führen.

12,35,9 (= *Cod. Theod.* 7,1,1) Kaiser Konstantin I. an den Prätorianerpräfekten Aelius, o. O., 28. April 323

Wenn jemand den Barbaren durch verbrecherische Umtriebe die Möglichkeit zum Beutemachen gegen die Römer gegeben hat oder wenn jemand die auf andere Weise gemachte (Beute) geteilt hat (mit den Barbaren), soll er bei lebendigem Leib verbrannt werden.

12,35,11 (= *Cod. Theod.* 7,1,12) Die Kaiser Valentinian II., Theodosius I. und Arcadius an den Prätorianerpräfekten Cynegius, Konstantinopel, 10. April 384

Die *Tribuni* oder die Soldaten sollen keine Erlaubnis haben, durch die Besitzungen (der Provinzbewohner) zu streifen. Sie sollen mit ihren eigenen Fahnen in den üblichen und öffentlichen Quartieren bleiben. Wenn aber jemand diese notwendige Verfügung nicht beachtet hat, so sind Wir sofort über ihn und dessen Tribunen durch Berichte der Statthalter und *Defensores* in Kenntnis zu setzen, damit sie auf das strengste bestraft werden.

12,35,15 Kaiser Leo I. an Aspar, *Magister militum,* Konstantinopel, 6. Juli 458

Die Soldaten, die vom Staat bewaffnet und ernährt werden, dürfen allein für das öffentliche Wohl benutzt und weder für den Ackerbau und das Hüten von Vieh noch für den Erwerb durch Handel verwendet werden, sondern sollen ihre Anstrengungen auf die Erfüllung der Dienstpflichten richten. Du sollst auch in Zukunft nicht dulden, daß ein Soldat sich mit den obengenannten Verrichtungen abgibt, sondern befehlen, daß sie zahlreich bei ihrer Abteilung bleiben, um sich durch tägliches Üben an den Waffen auf den Krieg vorzubereiten. Wenn aber ein Militärstatthalter Soldaten gegen das Verbot Unserer Majestät zur Verwaltung sowohl kirchlicher als auch kaiserlicher oder privater Häuser und Besitzungen bestimmt hat, so möge er wissen, daß von dem, der gegen das Verbot gehandelt hat, und von dem, der gewagt hat, einen Soldaten anzunehmen, für jeden Soldaten sofort ein Pfund Gold gefordert werden soll.

Über das militärische Sondergut[235] der Soldaten und *Praefectiani*[236]

De castrensi peculio militum et praefectianorum

12,36,1 Kaiser Alexander Severus an Priscianus, o. O., 13. November 223

Wenn dein Sohn zu der Zeit in deiner Gewalt gewesen ist, in der du etwas in dessen Namen gekauft hast, so wird nicht daran gezweifelt, daß es dir gehört. Zum militärischen Sondergut aber gehören die beweglichen Sachen, die einem in den Militärdienst Eintretenden vom Vater oder von der Mutter oder von anderen Verwandten oder von Freunden geschenkt worden sind, gleichfalls das, was im Felde durch den Kriegsdienst erworben wird. Dazu zählen auch die Erbschaften derer, mit denen sie (die Haussöhne) nicht anders als durch den Militärdienst hätten bekannt werden können, auch wenn sich darunter unbewegliche Sachen befinden. Die Erbschaft der Mutter aber, obgleich sie während des

Militärdienstes angefallen ist, gehört nicht zum militärischen Sondergut. Es ist aber bekannt, daß ein geschenktes Grundstück nicht zum militärischen Sondergut gehört, obwohl die vom militärischen Sondergut gekauften Grundstücke in eine solche Lage versetzt werden.

12,36,3 Kaiser Alexander Severus an den Soldaten Felicianus, o. O., 13. Oktober 224

Es irrt, wer dich überredet hat, daß du durch den Soldateneid aus der Fessel der väterlichen Gewalt befreit bist. Die Soldaten bleiben nämlich nichtsdestoweniger in der Gewalt der Eltern, sie haben aber ein eigenes militärisches Sondergut, und an diesem hat der Vater kein Recht.

Von der Ausgabe des Proviants der Soldaten
De erogatione militaris annonae

12,37,1 (= *Cod. Theod.* 7,4,6) Kaiser Constantius II. und Cäsar Julian an den Prätorianerpräfekten Helpidius, Hierapolis, 17. Mai 360

Die wiederholte Gewohnheit hat gezeigt, daß es Unsere Soldaten gewöhnt sind, während eines Feldzuges Zwieback und Brot, Wein und auch Essig, aber auch Speck und Schöpsenfleisch folgendermaßen zu erhalten:
an zwei Tagen Zwieback, am dritten Tag Brot; an einem Tag Wein, am anderen Tag Essig; an einem Tag Speck, an zwei Tagen Schöpsenfleisch.

12,37,2 (= *Cod. Theod.* 7,4,9) Kaiser Jovian an den Prätorianerpräfekten Secundus, Edessa, 27. September 363

Wir befehlen, daß sich die Soldaten innerhalb des zwanzigsten Meilensteins und nicht von weiter her das Futter beschaffen.

12,37,3 (= *Cod. Theod.* 7,4,12) Die Kaiser Valentinian I. und Valens an Victor, *Magister militum,* Bonamansio, 27. Dezember 364

Die Soldaten und deren Vorgesetzte sollen es nicht wagen, etwas als Kostgeld von den Provinzialen zu nehmen. Denn die Soldaten sollen wissen, daß sie das, was sie benötigen, durch die Proviantverteilung beziehen und den Provinzialen nicht noch anderweitig Schaden zufügen dürfen.

12,37,10 (= *Cod. Theod.* 7,4,25) Die Kaiser Arcadius und Honorius an den Prätorianerpräfekten Eutychianus, Konstantinopel, 23. Mai 398

Wir befehlen, daß in allen Provinzen den gesamten Abteilungen und Soldaten von November an neuer Wein als Proviant gegeben wird, weil die Ausgabe des alten nachteilig zu sein scheint.

Von der Soldatenkleidung
De militari veste

12,39,1 (= *Cod. Theod.* 7,6,2) Die Kaiser Valentinian I. und Valens an den Prätorianerpräfekten Auxonius, Marcianopolis, 18. November 368

Wir befehlen, daß die gesamte Kleiderabgabe[237] von den Kalenden[238] des September bis zu den Kalenden des April Unserem Schatz überliefert wird. Im Unterlassungsfall ist dem Provinzstatthalter und dessen Unterpersonal die Geldstrafe auferlegt, die dir gerecht erscheinen wird.

Von den Einquartierungen und den für die Befreiung von der Einquartierungslast gezahlten Geldern
De metatis et epidemeticis

12,40,1 (= *Cod. Theod.* 7,8,4) Die Kaiser Theodosius I., Arcadius und Honorius an Theodotus, *Magister officiorum,*[239] Konstantinopel, 27. Oktober 393

Wenn jemand die Handschrift Unserer *Mensores*[240], womit sie die den einzelnen angewiesenen Häuser bezeichnen und den Namen dessen an die Türen schreiben, der einquartiert werden soll, wegzuwischen gewagt hat, so soll er nach dieser Verordnung wie ein der Fälschung Schuldiger behandelt werden.

12,40,4 (= *Cod. Theod.* 7,8,4) Die Kaiser Arcadius und Honorius an Aemilianus, *Magister officiorum,* Konstantinopel, 22. Januar 400

Wir befehlen, daß von den Häusern der Waffenschmiede, wo immer auch sie liegen, jede Einquartierungslast abgewendet wird. Auch den Waffenschmieden zu Antiochia und denen der übrigen Städte soll eine gleiche Befreiung ihrer Häuser gewährt werden, solange der kaiserliche Hofstaat nämlich abwesend ist.

12,40,6 (= *Cod. Theod.* 7,8,12) Die Kaiser Honorius und Theodosius II. an den Prätorianerpräfekten Hadrianus, Ravenna, 3. März 414

Für Africa ist so gesorgt worden, daß die heillose Darreichung von Lebensmitteln aufgehoben wurde und ein Einquartierter nicht einmal ein Bad vom Hausherrn fordern darf.[241]

12,40,7 (= *Cod. Theod.* 7,8,13) Die Kaiser Honorius und Theodosius II. an den Prätorianerpräfekten Eustathius, Konstantinopel, 3. März 422

Die einzelnen Türme der neuen Mauer in dieser geheiligtsten Stadt sollen in ihrem Erdgeschoß die treuergebenen Soldaten, die von einem Feldzug zurückkehren oder in einen Krieg ziehen, aufnehmen.

12,40,8 (= *Cod. Theod.* 13,3,18) Die Kaiser Theodosius II. und Valentinian III. an Helio, *Magister officiorum,* o. O., 19. August 427

Wir befehlen, daß die Ärzte in Unserem Palast wie auch die in der Stadt Rom, ebenfalls die Lehrer der Wissenschaften in Begünstigung der notwendigen Künste und freien Disziplinen sowie die Professoren der Malerei, wenn sie freigeboren sind, solange sie leben, von der Einquartierungslast befreit werden sollen.

Daß den Einquartierten *Salgamum*[242] nicht zu leisten ist

De salgamo hospitibus non praebendo

12,41,1 (= *Cod. Theod.* 7,9,2) Die Kaiser Constantius II. und Constans an den Prätorianerpräfekten Leontius, o. O., 11. Oktober 340 (?)

Keiner soll im Namen der *Comites* oder *Tribuni* oder *Praepositi*[243] oder Soldaten um des *Salgamum* willen Kissen, Holz, Öl von seinen Wirten erpressen; aber noch nicht einmal mit dem Willen der Wirte soll er etwas von den genannten Sachen erhalten, sondern Unsere Provinzialen sollen gegen diese Leistung gesichert sein, indem (im entgegengesetzten Fall) die *Comites* und *Tribuni* oder wenigstens die *Praepositi* und Soldaten einer strengen Ahndung unterworfen werden.

Vom Urlaub
De commeatu

12,42,1 (= *Cod. Theod.* 7,12,1) Kaiser Konstantin I. an den Prätorianerpräfekten Aelius, o. O., 28. April 323

Es soll keinem *Praepositus*[244] oder *Tribunus* einer Kohorte oder *Vicarius*[245] und dessen Vertrauten in der Zeit eines Feldzuges erlaubt sein, auf irgendeine Weise einem Soldaten Urlaub zu geben, so daß dieser sich aus dem Lager und von den Fahnen oder auch von diesen Orten, an denen sie als Grenzwache stehen, fortbegibt. Wenn aber jemand gegen dieses Gesetz zu handeln gewagt hat und einen Soldaten gegen das Urlaubsverbot zu einer Zeit weggeschickt hat, in der ein Einfall der Barbaren stattfindet, und dann, wenn die Soldaten im Lager und bei den Fahnen anwesend sein müssen, irgendeiner abwesend sein sollte, soll er mit dem Tode bestraft werden.

Von den Rekruten
De tironibus

12,43,1 (= *Cod. Theod.* 7,13,6) Die Kaiser Valentinian I. und Valens an den Prätorianerpräfekten Modestus, Hierapolis, 18. September 370

Kein Fremder oder Veteran oder Kolone *(censibus obnoxius*[246]*)* soll als Rekrut in den Militärdienst treten.

12,43,2 (= *Cod. Theod.* 7,13,11) Die Kaiser Gratian, Valentinian II. und Theodosius I. an den Prätorianerpräfekten Eutropius, Tyrus, 15. Mai 381

Wer dafür gesorgt hat, daß ein fremdem Recht Unterworfener (ein Sklave) in die Rekrutenliste eingeschrieben wurde, soll gezwungen werden, wenn er überführt und angezeigt worden ist, ein Pfund Gold an Unseren Schatz zu entrichten; der Sklave ist dem Herrn, wenn der von der Sache nichts gewußt hat, selbstverständlich zurückzugeben.

Von der Bewachung der Ufer und Wege
De litorum et itinerum custodia

12,44,1 (= *Cod. Theod.* 7,16,3) Die Kaiser Honorius und Theodosius II. an den Prätorianerpräfekten Eustathius, Konstantinopel, 18. September 420

Wir verfügen durch diese sehr heilsame Verordnung, daß keine verbotenen Waren zu barbarischen Stämmen ausgeführt werden. Alle Schiffe, die aus irgendeinem Hafen oder von irgendeinem Ufer weggelassen werden, sollen keine Erpressung oder einen anderen Schaden erleiden. Die Schiffsherren sollen jedoch angeben, in welche Provinz die Reise gehen wird, so daß sie, nachdem dies angegeben worden ist, später nicht bestraft oder erpreßt werden können.[247]

Von Deserteuren und denen, die sie versteckt haben
De desertoribus et occultatoribus eorum

12,45,1 (= *Cod. Theod.* 7,18,4) Die Kaiser Gratian, Valentinian II. und Theodosius I. an den Prätorianerpräfekten Syagrius, Rom, 15. Juli 380

Wenn jemand etwa einen Deserteur in sein Grundstück und in sein Haus aufgenommen und lange geduldet hat, daß dieser sich versteckt hält, so soll der Verwalter oder Prokurator des Grundstückes, der dies wissentlich und absichtlich getan hat, der Todesstrafe unterworfen werden; der Herr aber, wenn er Mitwisser dieser Sache gewesen ist, soll mit dem Verlust des Grundstückes, auf dem sich der Deserteur verborgen hat, bestraft werden. Wenn aber ein Freigeborener niederen Ranges einen Deserteur verraten hat, so soll er Befreiung von öffentlichen Lasten erlangen. Wir sprechen aber nicht nur allein von denen, die sich, erst in letzter Zeit unter die glücklichen Fahnen gekommen, vor dem Beginn des Militärdienstes gefürchtet haben, sondern auch von denen, die sich erwiesenermaßen vor dem Kriegsdienst schmählich versteckt haben. Als Deserteur aber gilt, wer in der Zeit des Krieges von den Fahnen entfernt sein wird. Wenn nun ein solcher sich freiwillig gestellt hat, braucht er die Strafe für sein früheres Vergehen nicht zu fürchten. Wenn er sich aber weiter mit schändlicher Feigheit versteckt, so soll er, wenn er durch den ergriffen worden ist, in dessen Haus er sich befand, während die öffentlichen Gerichtsdiener draußen Wache hielten, der Strenge des Statthalters übergeben werden, um einen entwürdigenden Tod durch das Schwert zu erleiden. Wenn aber der Provinzstatthalter die angeordnete Strenge entweder aus Gefälligkeit oder aus Nachlässigkeit verzögert hat, so soll er seines Vermögens und seiner bürgerlichen Ehre verlustig gehen, und die Ersten der Unterbeamten (des Provinzstatthalters) sollen mit dem Tode bestraft werden.

12,45,3 (= *Cod. Theod.* 7,18,15) Die Kaiser Arcadius, Honorius und Theodosius II. an den Prätorianerpräfekten Longinianus, Ravenna, 24. März 406

Die sich nach Verlassen des Kriegsdienstes auf Plünderungen und Raub verlegt haben, sollen der Strenge des Richters nicht entgehen.

Von den Veteranen

De veteranis

12,46,3 (= *Cod. Theod.* 7,20,7) Kaiser Constantius II. an den Prätorianerpräfekten Euagrius, o. O., 11. August 339

Die Veteranen, die infolge ihres nachlässigen Lebenswandels weder das Land bebauen noch irgend etwas Anständiges verrichten, sondern sich dem Straßenraub hingegeben haben, sollen aller Privilegien der Veteranen verlustig gehen und den gebührenden Strafen von den Provinzstatthaltern unterworfen werden.

Von den Söhnen der Militärbeamten, die im Krieg sterben

De filiis officialium militarium qui in bello moriuntur

12,47,2 Die Kaiser Gratian, Valentinian II. und Theodosius I. an Neoterius, o. O., 380 (?)

Die Söhne der *Primipilarii*[248] sollen in das Verhältnis ihrer Väter treten.

Von der Darbietung der Wünsche[249]

De oblatione votorum

12,48,1 (= *Cod. Theod.* 7,24,1) Die Kaiser Arcadius und Honorius an den Stadtpräfekten Basilius, Mailand, 5. März 395

Wenn unter allgemeinen Wünschen ein glückliches Jahr anhebt, so lassen Wir es gern geschehen, daß den Kaisern durch ein Pfund Gold und durch aus reinem Gold bestehende *Solidi* Ehrerbietung bezeugt wird, indem Wir bestimmen, daß auch fernerhin in den folgenden Jahren ein jeder mit Emsigkeit seinen Kaisern immer so viel darbringen und entrichten soll.

Von der Staatspost[250] und den Spanndiensten auf Haupt- und Nebenstraßen

De cursu publico angariis et parangariis

12,50,1 (= *Cod. Theod.* 8,5,2) Kaiser Konstantin I. an Titianus, o. O., 14. Mai 316

Wir verordnen, daß die Pferde, die für die Staatspost bestimmt sind, nicht mit Hölzern oder Stöcken, sondern nur mit Peitschen angetrieben werden; die Strafe wider den, der anders gehandelt hat, wird nicht ausbleiben.

12,50,5 (= *Cod. Theod.* 8,5,25) Die Kaiser Valentinian I. und Valens an Symmachus, *Corrector*[251] *Lucaniae et Brittiorum,* Mailand, 25. März 365

Wenn ein mit der Staatspost Reisender, welche Würde oder Amtsstellung er auch habe, vom rechten Weg abgewichen ist, so soll eine gebührende Strafe gegen ihn ausgesprochen werden.

12,50,7 (= *Cod. Theod.* 8,5,34) Die Kaiser Valens, Gratian und Valentinian II. an den Prokonsul von Africa, Hesperius, Trier, 27. Februar 377

In allen Provinzen soll der vierte Teil der Postpferde ergänzt werden. Daß aber die Ställe auf öffentliche Kosten erbaut werden, ist gegen den Verstand, da Wir glauben, daß die Ställe auf Kosten der Provinzialen, an deren Wohnorten sie sich befinden, schneller instand gesetzt werden können und es sowohl für das Staatsinteresse als auch für die nützlicher ist, denen Wir erlauben, den Mist der Tiere sich als Entschädigung anzueignen.

12,50,8 (= *Cod. Theod.* 8,5,35) Die Kaiser Valens, Gratian und Valentinian II. an den Prätorianerpräfekten Ausonius, Trier, 20. April 378

Damit die Reisen gleichmäßig verlaufen, sollen je zehn Postpferde pro Tag von beiden Seiten[252] losgeschickt werden. Gegen die wird eine Strafe von fünf Pfund Gold keinesfalls ausbleiben, die Unsere Verordnung vernachlässigt haben.

12,50,11 (= *Cod. Theod.* 8,5,44) Die Kaiser Valentinian II., Theodosius I. und Arcadius an den Prätorianerpräfekten Cynegius, Konstantinopel, 2. März 384

Keine Privatperson soll sich eines Erlaubnisscheines[253] (zum Gebrauch der Staatspost) bedienen, obgleich sie einen solchen erlangen konnte.

12,50,16 (= *Cod. Theod.* 8,5,57) Die Kaiser Arcadius und Honorius an Remistheus, *Dux* von Armenien, Konstantinopel, 24. Februar 397

Nur denen ist die Möglichkeit zur Benutzung der Staatspost eingeräumt worden, die als Legaten von den verschiedenen Völkern zu Unserer Majestät eilen.

12,50,19 (= *Cod. Theod.* 8,5,64) Die Kaiser Arcadius, Honorius und Theodosius II. an Septiminus, Prokonsul von Africa, Ravenna, 26. März 403

Wir haben erfahren, daß die Provinzialen sowohl Futter als auch Geld für die Pferde der Staatspost als gewöhnliche Abgabe entrichten und außerdem auch mit der Last, Postpferde zum Gebrauch auf Nebenstraßen zu stellen, belastet werden. Die Provinzstatthalter mögen also dafür sorgen, daß die Staatspost niemals Gegenstand einer Beschwerde wird und die Möglichkeit zum Betrug gibt, indem die Kurialen und Provinzialen genötigt werden, Tiere zu stellen, ohne dazu verpflichtet zu sein.

12,50,21 Die Kaiser Theodosius II. und Valentinian III. an den Prätorianerpräfekten Cyrus, o. O., 440 oder 441

Keiner, von welchem Stand oder welcher Würde er auch sei, auch nicht die Heilige Kirche oder das Kaiserliche Haus, soll in der Zeit eines Feldzuges Befreiung von den Spanndiensten auf Haupt- und Nebenstraßen haben.

Von der Dienerschaft des Stadtpräfekten
De apparitoribus praefecti urbis

12,53,2 (= *Cod. Theod.* 14,3,22) Die Kaiser Honorius und Theodosius II. an den Prätorianerpräfekten Palladius, Ravenna, 26. Dezember 417

Jeder Diener der erlauchten Stadtpräfektur, der durch heimliche Betrügerei einen Bäcker erpreßt hat, soll, wenn er angeklagt und überführt worden ist, für immer der Bäckerinnung zugesprochen werden.

Von der Dienerschaft der *Magistri militum* und deren Privilegien
De apparitoribus magistrorum militum et privilegiis eorum

12,54,2 (= *Cod. Theod.* 12,6,6) Die Kaiser Valentinian I. und Valens an den Prätorianerpräfekten Mamertinus, o. O., o. J.[254]

Die eine Stelle in der Behörde der *Magistri equitum* und *peditum* erhalten haben, gehören zum Soldatenstand.

12,54,3 (= *Nov. Theod.* 7,4,2) Die Kaiser Theodosius II. und Valentinian III. an den Prätorianerpräfekten Cyrus, Konstantinopel, 6. März 441

Wir wollen, daß weder Kurialen noch Kohortalen[255], noch Kolonen Diener der *Magistri militum* werden.

Von der Dienerschaft des Präfekten für das Getreidewesen

De apparitoribus praefecti annonae

12,58,1 (= *Cod. Theod.* 1,6,7) Die Kaiser Valens, Gratian und Valentinian II. an den Stadtpräfekten Rufinus, o. O., 13. Juli 376

Die Diener der Stadtpräfektur sollen sich nicht unter das Beamtenpersonal des Präfekten für das Getreidewesen mischen, die eifersüchtigen Diener sollen voneinander geschieden werden, und die Präfektur für das Getreidewesen soll sich ihrer Dienerschaft bedienen.

Von den verschiedenen Unterbeamten und Dienern der Statthalter und deren Bestätigungsschreiben

De diversis officiis et apparitoribus iudicum et probatoriis eorum

12,59,5 (= *Cod. Theod.* 8,7,20) Die Kaiser Honorius und Theodosius II. an den Stadtpräfekten Gracchus, Ravenna, 25. Juli 415

Alle Diener, die wegen eines Vergehens oder wegen Nachlässigkeit durch Urteil ihrer Stelle enthoben worden sind, sollen sich um keinen Dienst mehr bewerben dürfen. Auch soll ihnen durch ein Reskript kein Zugang (zu einer Stelle) geöffnet werden. Denen gebührt es, der schwersten Strafe unterworfen zu werden, wenn sie die in den kaiserlichen Verordnungen ausgesprochenen Verbote verachtet haben und sich (um eine Stelle) bewerben.

12,59,7 Die Kaiser Theodosius II. und Valentinian III. an Anatolius, *Magister militum,* o. O., zwischen 438 und 443

Zu den Privilegien eines angeseheneren Dienstes lassen Wir die zu, die – nachdem sie den früheren Dienst in beständiger Arbeit ausgefüllt haben – das im Wunsch, Ehre zu erlangen, erstrebt haben, nicht aber diejenigen, die sich in der Absicht, ihre Begierde auszulassen, um eine Stelle beworben haben, um, gleichsam in eine bessere Lage versetzt, entweder die früher begangenen Verbrechen zu verstecken oder andere Verbrechen auch fernerhin ungestraft ausüben zu können.

Von den Eintreibern und Einnehmern (der Steuern und Abgaben)

De exsecutoribus et exactoribus

12,60,4 (= *Cod. Theod.* 8,8,10) Die Kaiser Honorius und Theodosius II. an den Prätorianerpräfekten Johannes, Ravenna, 11. Juli 422

Wir befehlen, daß keine Besitzung eines anderen für fremde öffentliche oder private Schulden in Anspruch genommen werden kann.

Von den Gewinnen der Advokaten und den Erpressungen der Unterbeamten oder Diener

De lucris advocatorum et concussionibus officiorum sive apparitorum

12,61,2 (= *Cod. Theod.* 8,10,2) Kaiser Constantius II. an Eubulidas, Vikar von Africa, o. O., 29. Juni 344

Außer den gewöhnlichen und ordentlichen Abgaben wird vieles auf unwürdigste Art von den Provinzialen durch die Unterbeamten und Advokaten gefordert, und das nicht nur allein in den einzelnen Städten, sondern auch an den Rastorten, wenn sie sich und ihren Tieren Nahrungsmittel ohne Bezahlung geben lassen. Alle Provinzstatthalter sollen daher die Provinzialen schützen und nicht erlauben, daß Ungerechtigkeiten ungestraft vorübergehen.

12,61,3 (= *Cod. Theod.* 8,10,3) Die Kaiser Arcadius und Honorius an Pompeianus, Prokonsul von Africa, Mailand, 31. Dezember 400

Wenn ein Eintreiber der Abgaben einer Plünderung überführt wird, soll er auch ohne Befragung Unserer Majestät die den Gesetzen entsprechende Strafe erleiden.

12,61,4 Die Kaiser Honorius und Theodosius II. an den Prätorianerpräfekten Hadrianus, o. O., 3. März 414

Wir wollen den Kurialen und den Schiffsführern und allen Korporationen so zu Hilfe kommen, daß den Dienern sämtlicher Provinzstatthalter nichts erlaubt sein soll, was auf eine Ausplünderung der Provinzen zielt.

Daß die Überbringer eines öffentlichen freudigen Ereignisses oder der (Nachricht von der Wahl neuer) Konsuln oder die Verkünder von Konstitutionen und anderen Schreiben der Kaiser oder Provinzstatthalter aus der Steuerauflage[256] nichts im Übermaß oder von denen, die nichts geben wollen, nehmen sollen
Publicae laetitiae vel consulum nuntiatores vel insinuatores constitutionum et aliarum sacrarum vel iudicialium litterarum ex descriptione vel ab invitis ne quid accipiant immodicum

12,63,1 (= *Cod. Theod.* 8,11,4) Die Kaiser Gratian, Valentinian II. und Theodosius I. an den Prätorianerpräfekten Florus, Konstantinopel, 2. Februar 383

Wenn jemals ein Uns betreffendes glückliches Ereignis verkündet wird, wenn Kriege aufhören, wenn Siege errungen werden, wenn neue Konsuln gewählt worden sind, wenn die Ruhe des errichteten Friedens zu verkünden ist, wenn Wir Unsere Bilder (d. h. Kaiserporträts) den danach begierigen Völkern zeigen lassen, so soll dies, befehlen Wir, ohne unmäßigen Lohn verkündet und vernommen werden. Wir befehlen, daß der Überbringer (der Botschaft) sehr enthaltsam sein soll, und Wir verbieten, daß die Verkünder geldgierig sind. Wir haben festgelegt, daß die Provinzstatthalter dafür sorgen sollen, daß nicht durch ein schändliches heimliches Einverständnis von den Armen ein Preis (für die Bekanntmachung) der freudigen Ereignisse erlangt wird. Wenn aber dieser Befehl durch Nichtbeachtung verletzt worden ist, wird der Empfänger seiner Ehre und seines Vermögens verlustig gehen, und den, der Zwang angewendet hat, wird die gleiche Strafe treffen, und das Unterbeamtenpersonal soll mit 30 Pfund Gold bestraft werden.

Nachwort

Die vorliegende Auswahl der Konstitutionen aus dem *Codex Justinianus* soll einen Überblick über die Fülle und Reichhaltigkeit des in diesem bedeutenden Gesetzbuch Enthaltenen ermöglichen und einen Einblick in die sozialökonomischen, politischen und ideologischen Verhältnisse des Römischen Reiches, speziell in seiner Niedergangsphase, und in die Situation des Oströmischen Reiches zur Zeit Justinians geben. Denn daß diese „Kodifikation mit ihrer Klarheit, Systematik, Übersichtlichkeit, logischen Einheit, allgemeinen Faßbarkeit die höchststehende Form der Rechtserzeugung bildet, ist durch die Rechtsgeschichte glänzend bewiesen“ (Elemér Pólay).

Justinian hatte in seinem Streben nach der Wiedererrichtung des *Imperium Romanum* versucht, auch die großen Errungenschaften der römischen Rechtswissenschaft zu restaurieren. So bildet das *Corpus iuris civilis* einen Abschluß für die römische Rechtsentwicklung, überliefert wichtige klassische Juristenschriften und bedeutende Kaisererlasse, ließ allerdings auch ältere Literatur in den Hintergrund treten oder veränderte durch Interpolationen wichtige Passagen. Für die weitere Entwicklung des okzidentalen Rechtsdenkens war das Wirken Justinians und seiner von ihm für die Kodifizierung beauftragten Juristen allerdings ein entscheidender Schritt, dessen Auswirkung bis auf unsere Tage spürbar ist.

Im Oströmischen Reich blieb das Recht des *Corpus iuris* – wenn auch mit gewissen Variationen – im gesamten Mittelalter in Geltung. Auf dem Boden des Weströmischen Reiches waren germanische Staaten entstanden, dort kam es staatsrechtlich zum Bruch mit der Vergangenheit. Im Osten gelang es, die staatliche und auch kulturelle Kontinuität zu wahren, hier und auch in Italien nach der Eroberung Nord- und Mittelitaliens im Jahre 568 durch die Langobarden war das justinianische Recht, vor allem in den noch unter byzantinischer Herrschaft stehenden Gebieten um Ravenna, Venedig, Neapel, Sizilien usw., weiter in Kraft. Vom Weiterbestehen römischen Einflusses in den gotischen und burgundischen Rechtssammlungen war bereits im Vorwort die

Rede, auf den Einfluß auf germanische Volksrechte wurde ebenfalls hingewiesen. Die germanischen Nachfolgestaaten übernahmen in vielerlei Hinsicht die römische Provinzialverwaltung, ließen zumeist die römische Rechtssprache bestehen und brachten in dem von ihnen übernommenen spätantiken Urkundenstil die geschliffene begriffliche Schärfe der römischen Rechtsfindung zum Ausdruck. Vor allem aber war es die Kirche, die ganz wesentlich zur Weiterleitung des römischen Rechts von der Zeit der antiken Gesellschaft zum Feudalismus beigetragen und das kanonische Recht fast stets durch das römische Recht ergänzt hat.

Als mit Beginn des 11. Jh. in Italien Handel und Gewerbe wieder einen großen Aufschwung nehmen und sich vor allem die oberitalienischen Städte ökonomisch stark entwikkeln, kommt es zu einer erneuten Blüte der Rechtswissenschaft. Diese steht im engen Zusammenhang mit der Universität von Bologna, die zu dieser Zeit gegründet wurde und neben der theologischen Hochschule von Paris die älteste europäische Universität ist. Hier wäre unbedingt der Rechtsgelehrte Irnerius zu nennen, der nach 1080 in Bologna wirkte, Randerläuterungen (Glossen) zu den justinianischen Gesetzbüchern schrieb und damit für die Rechtsschule in Bologna die Bezeichnung Glossatorenschule begründete. Hervorragende Gelehrte waren die *„quattuor doctores“* („Vier Doktoren“) Martinus, Bulgarus, Hugo und Jacobus. Zu erwähnen in der Reihe der Gelehrten, die sich um die Wiederentdeckung des römischen Rechts besonders verdient gemacht haben, sind Azo (gestorben um 1230), dessen *Summa in codicem* für Jahrhunderte zu einem wichtigen Standardwerk geworden war, und der etwa von 1182 bis 1260 in Bologna lebende Accursius, der in der sogenannten *„Glossa ordinaria“* die Glossen seiner Vorgänger zusammenfaßte.

Eine noch größere Auswirkung als die Glossatoren auf die Gerichtspraxis hatten die Kommentatoren, die vor allem an den Universitäten von Orléans und Toulouse lehrten und die die Bemerkungen der Glossatoren mit umfangreichen und gewichtigen Erläuterungen, Kommentaren, versahen. Damit begann gerade von und mit ihnen der große Siegeszug des römischen Rechts, speziell des römischen Privatrechts, in Europa. Als wichtigste Vertreter sind an dieser Stelle zu nennen Jacobus de Ravanis (Jacques de Révigny) sowie Petrus de Bellapertica (Pierre de Belleperche), deren Wirken auf die italienische Rechtswissenschaft einen großen Einfluß ausübte. Die bedeutendsten italienischen Kommentatoren waren Bartolus (de Saxoferrato, 1314–1357) und sein Schüler Baldus (de Ubaldis, 1327–1400). Durch die Tätigkeit der Kommentatoren kam es zu einer Vermengung des justinianischen Rechts mit dem lombardischen Feudalrecht und mit Elementen des Kirchenrechts. Es entstand ein Mischungsrecht, das zum *ius commune*, zum „gemeinen" oder besser gesagt zum „gemeinsamen Recht" wird, das zunächst im Heiligen Römischen Reich Deutscher Nation durch die nach wissenschaftlicher Arbeit erfolgte Anpassung an die deutschen Verhältnisse seinen Siegeszug antritt.

Über die Ausstrahlung und Rezeption des römischen Rechts in den anderen europäischen Staaten braucht an dieser Stelle nichts ausgeführt zu werden, es genügt der Hinweis, daß nahezu alle europäischen Länder von dieser Rezeption betroffen und erfaßt wurden.

In Deutschland drang das römische Recht stufenweise ein, römische Rechtsnormen sind bereits in deutschen Rechtsquellen des 12. und 13. Jh. ersichtlich. In den deutschen Klosterschulen wurde das *Breviarium Alarici* gelehrt, der Machtkampf zwischen Kaiser und Papst fand vielfach auf der Basis des römischen Rechts statt. Es waren die Hohenstaufenkaiser, die sehr schnell begriffen, daß das römische Recht, umgeben von der einstigen Gloriole des *Imperium Romanum,* in der Lage war, der zum Teil schwachen kaiserlichen Zentralgewalt gegenüber den zentrifugalen Partikulargewalten den Rücken zu stärken. Auch in der Praxis der Kirchengerichte ist das römische Recht seit dem 13. Jh. in Deutschland in Geltung, da – wie in der Niedergangsphase des *Imperium Romanum* – die Kirche viel mehr als die weltliche Obrigkeit in der Lage war, ihren Entscheidungen auch den gewünschten Nachdruck zu verleihen. Ab der zweiten Hälfte des 15. Jh. wird in verschiedenen Teilen des Reiches neben den Stadt- und Provinzialrechten das römische Recht nunmehr als eine Art Hilfsrecht eingeführt. 1495 verfügt die Reichskammergerichtsordnung, daß dann, wenn weder

durch das Stadt- noch durch das Landrecht bei einem vor den Obersten Gerichtshof des Reiches gelangten Prozeß eine Entscheidung sich ergeben sollte, das Reichsrecht und das *iūs commune* „als das offiziell in den deutschen Bereich eingeführte verwissenschaftlichte römische Recht" (Rolf Lieberwirth) zu Hilfe genommen werden sollte.
Trotz der bereits betonten Partikulargewalten, die die Entwicklung eines starken Bürgertums beträchtlich hemmten und sich dies auf eine von der Bourgeoisie beeinflußte Rechtsordnung auswirkte, kam es auch in Deutschland zur Bildung von Gesetzbüchern, die wichtige Aspekte des römischen Rechts aufnahmen. Das rezipierte römische Recht blieb bis zum Inkrafttreten des Preußischen Landrechts (1794), des Sächsischen Bürgerlichen Gesetzbuches (1863) und im Gesamtgebiet des Deutschen Reiches bis zum Inkrafttreten des Deutschen Bürgerlichen Gesetzbuches (BGB) am 1. Januar 1900 in Geltung, wobei gerade im BGB eine Reihe wichtiger Kategorien des römischen Rechts aufgenommen wurden.
In der Zeit des Faschismus wurde durch nationalistische Vorurteile die These vom Primat des „deutschen Rechts" vertreten, dieses sei vom römischen Recht „überfremdet" worden, so daß schließlich das römische Recht an den deutschen Universitäten nicht mehr gelehrt wurde.
Nach dem zweiten Weltkrieg begann nach und nach auch an osteuropäischen Universitäten, vorzugsweise in den Republiken Ungarn und Polen, die Beschäftigung mit diesem Rechtssystem, das zum Fundament des modernen bürgerlichen Rechts und der Rechtstheorie fast aller Länder Europas geworden ist. Die lateinische Rechtsterminologie hat auch heute noch als internationale fachliche Terminologie ihre große Bedeutung, und viele lateinische Rechtsregeln und Definitionen sowie Aussprüche sind in der Fachliteratur als klassisch zu werten. Zu erinnern ist in diesem Zusammenhang an das Wörterbuch *Latein im Recht,* Berlin 1986, zusammengestellt von dem Hallenser Rechtshistoriker Prof. Dr. Rolf Lieberwirth, von dem damit erstmalig in der DDR ein lexikographisches Hilfsmittel zur Erschließung der umfangreichen lateinischen Rechtssprache vorgestellt wurde. Viele von römischen Juristen geschaffene Rechtsbegriffe haben ihre Bedeutung behalten und sind,

mit neuen Inhalten erfüllt, auch in das Zivilrecht der Gegenwart eingeflossen. Hierbei sollen nur die Formen des Eigentumserwerbs und des Besitzes, die Rechts- und Handlungsfähigkeit, die verschiedenen Arten der Verträge für Darlehen, Kauf, Miete, Verwahrung, Unternehmen, Grundlagen der Erfolgshaftung und des Schadenersatzes, Nichtigkeit und Anfechtbarkeit von Verträgen, die Institutionen des Erbrechts mit Nachlaß, Vermächtnis, testamentarischer und gesetzlicher Erbfolge und Adoption, der Begriff der Klage und die Formen der Klagenerhebung genannt werden. Diese Reihe könnte weiter fortgesetzt werden. Die genannten Begriffe allein aus dem heutigen Zivilrecht wurden von den römischen Juristen vor rund 2000 Jahren so entwikkelt, daß eben, um nochmals Friedrich Engels zu zitieren, „alle späteren Gesetzgebungen nichts Wesentliches daran zu verbessern vermochten."

Neben den in das heutige Zivilrecht eingeflossenen Begriffen sind aber auch Erkenntnisse aus der auf das römische Recht begründeten Rechtstheorie in entsprechend modifizierter Form in der heutigen Rechtstheorie wiederzufinden. So gesehen, mag der Rückgriff auf diese antike, für die Geschichte des Rechts bedeutsame Quelle zugleich zu vertieftem Eindringen in die heutige Problematik der Rechtstheorie und -praxis beitragen.

Leipzig, Dezember 1988 *Gottfried Härtel*

Anmerkungen

BUCH 1

1 *Nicäa:* Stadt in Bithynien, wo im Jahre 325 das erste Ökumenische Konzil (d. h. Weltkonzil) der Kirche tagte, um den Streit zwischen Arius, einem Presbyter aus Alexandria, und Athanasius, dem Bischof von Alexandria, zu schlichten. Arius vertrat die Lehre, daß Jesus Christus ein aus dem Nichts erschaffenes Geschöpf Gottes und seinem Vater nicht wesensgleich, sondern wesensähnlich sei. Athanasius vertrat die Auffassung, Christus sei seinem Vater wesensgleich. Das Konzil beschloß bei Verwerfung der Lehre des Arius, der mit seinen Anhängern verbannt wurde, daß der Sohn Gottes seinem Vater wesensgleich sei. Der Streit war aber dadurch nicht beendet, es kam zu weiteren schweren kirchlichen Auseinandersetzungen, und die Arianer wurden mehrfach verurteilt. Erst nach der Entscheidung des Frankenkönigs Chlodwig im Jahre 497 für die katholische Form des Christentums hatte der Arianismus endgültig seine Bedeutung verloren.

2 *die herkömmlichen Dienste:* Dazu gehörten u. a. die Versorgung des Kaisers und seines mit ihm reisenden Anhangs mit Verpflegung, vielfach auch seine Beherbergung, die Fütterung der Zug- und Reittiere, Stellung von Wagen, Erledigung von Reparaturen an denselben usw.

3 *Diakon* („Diener"): in der urchristlichen Gemeinde als kirchlicher Amtsträger dem Bischof bei- und untergeordnet. Er hatte sich vor allem mit den Fragen der Gemeindeverwaltung und mit karitativer Tätigkeit zu befassen. Mit der Herausbildung der christlichen Kirche wurde das Diakonenamt immer mehr verdrängt und verschwand nach und nach. Eine gewisse Erneuerung des Diakonenamtes setzte im 19. Jh. ein. Gegenwärtig sind Diakone niedere katholische Geistliche, dabei stellen das Sub-Diakonat und das Diakonat die letzten Weihestufen vor der Priesterweihe dar. – In der evangelischen Gemeindearbeit leisten die Diakone freiwillig oder berufsmäßig karitativen Dienst an Kranken, Alten und Armen, wobei die Diakonie ein Arbeitsgebiet der Inneren Mission darstellt.

4 *Subdiakon:* hier Gehilfe des Diakonen, Untergehilfe beim Gottesdienst.

5 *Exorzist:* ein Kirchendiener, dem die Verbannung der bösen Geister oblag.

6 *Lektor:* lat. *lector,* ein Vorleser in der Kirche.

7 *Magister officiorum:* eigentlich Kanzleivorsteher, Vorsteher der kaiserlichen Hofverwaltung, Chef der Zentralverwaltung und

Zeremonienmeister, einer der ranghöchsten und einflußreichsten Beamten der Spätantike.

8 *Kurator:* lat. *curator,* hier kaiserlicher Beamter für die Finanzverwaltung, der als Geschäftsführer und Verwalter eingesetzt ist.

9 *Manichäer:* Anhänger des Manichäismus, des gnostischen Lehrsystems des Mani (216–273 u. Z.). Im 4. Jh. war der Manichäismus eine Weltreligion, nach deren Lehre der König der Finsternis in das Reich des Königs des Lichts eingedrungen ist. Er hat die Elemente des Lichts geraubt, um deren Rückkehr gekämpft wird. Nur für den ist die Erlösung möglich, der durch die Belehrung Manis erkennt, daß er zum Lichtreich gehört. Durch eine strenge Askese kann er über die Lichtstraße von Mond und Sonne aus dem Gefängnis dieser Welt zurückkehren, während die anderen in einem letzten großen Weltenbrand untergehen. Als ketzerische Sekte wurden die Anhänger dieser Lehre von der katholischen Kirche scharf bekämpft.

10 *Donatisten:* die Anhänger des 313 in Karthago zum Bischof gewählten Donatus Magnus, die gegen die Wiederaufnahme der während der Christenverfolgung unter Diokletian abgefallenen Christen, der *lapsi,* in die christliche Kirche waren und deren Ausschluß für immer aus der Kirche forderten. Die donatistische Sonderkirche bezeichnete sich selbst als „Kirche der Heiligen" und hatte unter den verarmten und ausgebeuteten Klassen eine weite Verbreitung gefunden. Die Bewegung der Donatisten nahm den Charakter eines sozialen Kampfes gegen die rechtgläubige Kirche an, wodurch sich im Verlauf des 4. Jh. eine der bedeutendsten Volksbewegungen der Spätantike entwickelte.

11 Der *Codex Theodosianus* nennt noch den Cäsar Julian.

12 *Mandate:* lat. *mandata,* vom Kaiser an die von ihm eingesetzten, aber auch an die vom Senat abhängigen Beamten erteilten Dienstanweisungen. Der Kaiser übermittelte seinen Willen den Amtsträgern, vor allem in den Provinzen, in Form eines *mandatum principis.* Diese Mandate bezogen sich auf die Amtstätigkeit der jeweiligen Beamten und auf ihren Aufgabenbereich, sie galten während ihrer Amtsdauer. Nach und nach wurde es üblich, auch den Amtsnachfolgern die Mandate ohne wesentliche Abänderungen zu übermitteln. Es erfolgte eine inhaltlich übereinstimmende Abfassung für Beamte mit gleichen Aufgaben. Die Anerkennung der Mandate als eine für jedermann verbindliche Rechtsquelle geschah im Verlaufe der Prinzipatszeit.

13 *Reskript:* lat. *rescriptum,* ein schriftlicher Bescheid des Kaisers auf ihm von Ämtern und Privatpersonen vorgelegte juristische

Anfragen. Die Anfragen der Beamten und Körperschaften wurden vom Herrscher in Form der Briefe *(epistulae)* durch eine besondere Kanzlei *ab epistulis* entworfen, vom Kaiser unterzeichnet und dem Empfänger zugestellt. Die Bescheide auf Anfragen und Gesuche von Privatpersonen wurden in der Kanzlei *a libellis* vorbereitet und die Eingabe daruntergesetzt, vom Kaiser unterzeichnet und öffentlich bekanntgegeben.

14 *Pragmatische Sanktion:* lat. *Sanctio pragmatica.* Die pragmatische Sanktion stellt eine meist unter festlichen Äußerlichkeiten erlassene kaiserliche Verordnung dar, in der vom Herrscher zumeist Bestimmungen für eine Provinz höchstpersönlich verfügt, Privilegien für die Gemeinschaft gesichert bzw. Einzelentscheidungen von allgemeiner Bedeutung getroffen wurden.

15 *Magister militum:* Heermeister, seit der Trennung von militärischer und ziviler Gewalt unter Konstantin d. Gr. das Amt des militärischen Befehlshabers. Zur offiziellen Titulatur gehörte noch die Angabe der Waffengattung – *magister equitum* (Befehlshaber der Reiterei) und *magister peditum* (Befehlshaber der Fußtruppen). Am Hofe des Kaisers befand sich der oberste Heermeister oder der Reichsfeldherr, der *magister militum praesentalis.*

16 *Comites:* eigentlich „Begleiter", Titel hoher Beamter von Angehörigen des kaiserlichen Gefolges, von denen es den *comes domesticorum,* den Anführer der Haustruppen, den *comes rerum privatarum,* den Verwalter des Kronvermögens, und den *comes sacrarum largitionum,* den kaiserlichen Schatzmeister, gab.

BUCH 2

17 *Vom Vorzeigen:* Hierbei handelt es sich um die Vorzeigung der Klageanzeige bzw. um die Mitteilung der anzustellenden Klage an den Prozeßgegner.

18 *in der Gewalt ihrer Väter:* siehe Anm. 131.

19 *aus der väterlichen Gewalt entlassen:* vgl. *Cod. Just.* 8,48,3.

20 *Von den Vergleichen:* siehe Anm. 113.

21 *Edictum perpetuum:* Die Prätoren – siehe auch dazu Anm. 32 – hatten wie die anderen republikanischen Magistrate das Recht, bei ihrem Amtsantritt dem Volk mündlich oder schriftlich etwas bekanntzugeben, ein Edikt, lat. *edictum,* das sich auf Verwaltung, Befehle oder Verbote, Empfehlungen, bei den Prätoren speziell auf die Gerichtsbarkeit bezog. Die Edikte der Prätoren besaßen für die Entwicklung des römischen Rechts eine große Bedeutung. Die ihr Amt neu antretenden Prätoren übernahmen von ihren Amtsvorgängern Teile des Edikts, die

sich in der Rechtspraxis bewährt hatten, ergänzten die Verfügungen ihrer Vorgänger oder übernahmen auch manchmal das Edikt ganz. Um 130 u. Z. wurde von Kaiser Hadrian der Rechtsgelehrte Julian mit der Sichtung und Neuordnung des mehrere Jahrhunderte umfassenden Ediktsmaterials beauftragt. Er fügte den ebenfalls neu geordneten Ediktstext der kurulischen Ädilen, die vor allem für die Haftung des Verkäufers für Sachen- und Rechtsmangel ihre Normen ausgestaltet hatten, bei. Daraufhin erklärte Kaiser Hadrian dieses Gesetzeswerk, das als *Edictum perpetuum* oder auch *Edictum Hadrianum* bzw. *Edictum Salvianum* bezeichnet wurde, durch einen Senatsbeschluß *(Senatusconsultum)* für unabänderlich. Er verpflichtete die Prätoren und die Statthalter, diesen Text unverändert zu veröffentlichen, was bis zum 3. Jh. u. Z. die Regel blieb. In der Dominatszeit (284–476 u. Z.) wurde der prätorischen Rechtserzeugung durch die absolute Gewalt der Kaiser ein Ende gesetzt.

22 *Kapitalverbrechen:* siehe Anm. 139.

23 *Infamie:* lat. *infamia,* bedeutet die Kränkung des guten Namens einer Person, die Beschimpfung, aber auch die Ehrlosigkeit, d. h. den Verlust der bürgerlichen Ehre durch vom römischen Recht als entehrend bezeichnete Handlungen – z. B. unehrenhafte Entlassung aus dem Heer, Eingehen einer doppelten Ehe, als Nebenfolge einer gerichtlichen Verurteilung, wie Diebstahl, Betrug, Bruch des Vertrauensverhältnisses – oder Ausübung entehrender Gewerbe, wie z. B. Prostitution, Kuppelei, Auftreten als Schauspieler.

24 *nach dem prätorischen Edikt:* dazu siehe Anm. 21.

25 *Prokurator:* lat. *procurator* („Verwalter"), war derjenige, der im römischen Privatrecht vor Gericht als Vertreter des Klägers oder des Beklagten fungierte bzw. als Verwalter und Geschäftsführer vermögender Personen eingesetzt war. – In der Kaiserzeit war P. auch der Titel von Statthaltern kleinerer Provinzen und von höheren Beamten, speziell der Finanzverwaltung.

26 *Clarissimus:* seit dem 2. Jh. u. Z. ein hohes Adelsprädikat, das den Senatoren zustand, es folgte nach den *Illustres* und *Spectabiles.*

27 *Kuriale:* siehe Anm. 208.

28 *Geschäftsführung:* Hier handelt es sich darum, daß die Prozeßführung als *negotium,* als Geschäft, bezeichnet und die Angelegenheit, ein Geschäft oder Rechtsgeschäft, von jemand für einen anderen geführt wird, der ihm dafür ein Entgelt zu entrichten hat.

29 *Heiratsgut:* oder *Mitgift* der Ehefrau, lat. *dos,* war dasjenige, das die Frau zur Bestreitung der gemeinsamen Wirtschaft in die

Ehe eingebracht hatte. Die Mitgift konnte entweder von ihrem Vater, einer anderen Person oder von ihr selbst gestellt werden und war während der Ehe Eigentum des Mannes. Bei der Scheidung der Ehe fiel die Mitgift an sie zurück; war allerdings die Frau der schuldige Teil, so konnte ein Abzug von der Mitgift gerichtlich festgelegt werden. War die Ehe, wie im vorliegenden Fall, durch den Tod der Ehefrau aufgelöst worden, so fiel die vom Vater der Frau gegebene Mitgift an ihn zurück, die von einer anderen Person gegebene oder von der Frau selbst eingebrachte Mitgift verblieb beim Mann.

30 *jünger als 25 Jahre alt:* siehe Anm. 115.

31 *Wiedereinsetzung:* Hier handelt es sich um die Appellation, um die Berufung, die gegen eine rechtskräftig entschiedene Sache eingelegt wird. Damit soll ein neues Verfahren ermöglicht, der Zustand wie vor der ersten Verhandlung wiederhergestellt werden.

32 *beim Prätor ...:* siehe dazu auch Anm. 21. Zum Prätor sei noch betont, daß er seit 367 v. u. Z. der zweithöchste römische Magistrat war, die Ordnung in der Stadt aufrechtzuerhalten hatte; damit war er der höchste Gerichtsmagistrat. Es gab den Stadtprätor, den *praetor urbanus,* und ab 242 v. u. Z. den Fremdenprätor, den *praetor peregrinus,* der für die Regelung der Beziehungen zwischen Römern und Nichtrömern bzw. zwischen Fremden untereinander und die Klärung ihrer Rechtsfragen zuständig war. Nach und nach wurde die Zahl der Prätoren auf 6 erhöht und stieg in der Kaiserzeit bis auf 18 an. Die Prätur hatte zu dieser Zeit an sich ihre Bedeutung verloren, aber sie war eine Voraussetzung, um hohe Verwaltungsfunktionen und Offiziersposten bekleiden zu können.

33 *Auflegung des Stabes:* siehe Anm. 105.

34 *Appellation:* siehe Anm. 117.

35 *Schikane:* oder Verleumdung, lat. *calumnia,* war dann gegeben, wenn jemand wider besseres Wissen gegen irgend jemand unter dem Scheine des Rechts Ansprüche geltend machte, z. B. eine unbegründete Zivil- oder Kriminalklage gegen ihn erhob. Aus diesem Grunde sollte vor Gericht der Eid geleistet werden, daß man nicht aus Schikane handelt, also keine falsche Anklage erhebt.

BUCH 3

36 *Litiskontestation:* lat. *litis contestatio,* die Streitbefestigung, die Einlassung, nach justinianischem Recht hier die Einleitung des Prozesses durch den ersten Vortrag beider Parteien vor dem Gericht.

37 *unmündig:* siehe Anm. 126.

38 *besonders der isaurischen:* Die Einwohner der im Süden Kleinasiens gelegenen Gebirgslandschaft Isaurien galten im Altertum als besonders kriegerisch und räuberisch. Erst im Jahre 498 gelang es, die bereits zwischen 78 und 74 v. u. Z. unterworfenen, aber nicht völlig bezwungenen Isaurier endgültig zu besiegen, nachdem von 474 bis 491 einer ihrer Anführer, Zenon, sogar den Thron des Byzantinischen Reiches hatte besteigen können.

39 *tribuni:* Titel römischer Beamter und Offiziere. Hier handelt es sich um die Militärtribunen, die *tribuni militum,* von denen es als höhere Offiziere in der Kaiserzeit in jeder Legion einen Militärtribunen senatorischer und fünf Militärtribunen ritterlicher Herkunft gab.

40 *vicarii:* Stellvertreter im allgemeinen; nach der Konstantinischen Verfassung werden die Statthalter in den einzelnen Diözesen als Stellvertreter der *praefecti praetorio* als *vicarii* bezeichnet. Die Adjutanten militärischer Befehlshaber tragen ebenfalls den Titel *vicarius.*

41 *Comes:* siehe Anm. 16.

42 *Illustres:* siehe Anm. 187.

43 *Clarissimi:* siehe Anm. 26.

44 *Prokurator:* siehe Anm. 25.

45 *Prokonsul:* von lat. *pro consule,* „anstelle des Konsuls“, ein ehemaliger Konsul, der eine Provinz als Statthalter verwaltet und mit den Rechten eines Konsuls ausgestattet ist.

46 *Rationalis:* Kassenbeamter, hier als *rationalis privatae rei* Verwalter des kaiserlichen Privatschatzes, des Fiskus.

47 *Vikar:* siehe Anm. 40.

48 *Herakleia:* scheint aus dem *Codex Theodosianus* hinzugefügt worden zu sein, denn am 5. Juli 365 befand sich Kaiser Valentinian in Mailand, Kaiser Valens in Caesarea.

49 *actor:* hier Vertreter des kaiserlichen Privatvermögens, *actor rerum privatarum nostrarum; actor* konnte auch Kläger oder Ankläger, Verwalter, Geschäftsführer oder Stellvertreter sein.

50 *Injurien:* lat. *iniuria,* jedes Unrecht, jede Widerrechtlichkeit schlechthin, Ungerechtigkeit seitens des Richters, die vorsätzliche Verletzung der Persönlichkeit, der Menschen- und Bürgerrechte, so vor allem des Rechts auf Ehre, also die Ehrverletzung durch wörtliche oder tätliche Beleidigung.

51 *Vom lieblosen Testament: lat. testamentum inofficiosum,* das pflichtwidrige, die Pflichten der Liebe gegen seine Nächsten verletzende Testament, in dem die nächsten Verwandten des Erblassers – Kinder, Eltern, Geschwister – unverdientermaßen nicht genügend berücksichtigt worden sind, sie also nicht das Pflichtteil bzw. nur das verkürzte Pflichtteil erhalten.

52 *Zenturio:* lat. *centurio,* Führer einer Zenturie, entsprach etwa dem Range eines Hauptmanns.

53 *Tribun:* siehe Anm. 39.

54 *Eigentumsklage:* lat. *rei vindicatio,* das dem Eigentümer einer Sache gegen den derzeitigen Inhaber derselben gewährte Rechtsmittel auf die Herausgabe seines Eigentums, der Herausgabeanspruch.

55 *Vom Aquilischen Gesetz:* lat. *lex Aquilia de damno* (das Aquilische Gesetz über Schaden, Buße), berühmtes römisches Gesetz vom Jahre 286 v. u. Z., das die Bußhaftung für die widerrechtliche Tötung fremder Sklaven und Nutztiere sowie für sonstige Vermögensbeschädigungen vorsah und die Klage gegen den ungetreuen Bevollmächtigten ermöglichte.

BUCH 4

56 *Stipulation:* dazu siehe Anm. 129.

57 *Verbindlichkeiten:* lat. *obligatio,* das Rechtsverhältnis zwischen Gläubiger und Schuldner, das Schuldverhältnis, bei besonderer Hervorhebung der Verpflichtung des Schuldners die Schuldverbindlichkeit.

58 *auf den guten Glauben:* lat. *bona fides,* in dem sich jemand bezüglich eines Rechtsverhältnisses befindet, die Überzeugung von der Rechtmäßigkeit seiner Handlungen. Der Schuldner soll zur Erfüllung der Verbindlichkeit alles das leisten, was von ihm nach Treu und Glauben gefordert wird.

59 *Sondergut:* siehe Anm. 109.

60 *eine Sklavin:* Die Tochter eines Freigeborenen konnte durchaus eine Sklavin sein, wenn ihre Mutter eine Sklavin war, denn im römischen Recht richtete sich der Personenstand der Kinder nach dem der Mutter.

61 *Stand der Kurialen:* siehe Anm. 208.

62 *Gegenquittung:* lat. *antapocha,* ein schriftliches Bekenntnis des Schuldners über eine vom Gläubiger erhaltene Quittung.

63 *Pfandklage:* lat. *actio pigneraticia,* die Klage des Verpfänders nach getilgter Schuld, speziell auf die Rückgabe des beim Pfandnehmer befindlichen Faustpfandes.

64 *Auftragsklage:* lat. *mandatum,* speziell der Vertrag, durch den jemand unentgeltlich die ihm übertragene Vollziehung einer Sache bzw. eines Geschäfts übernimmt. Bei nicht ordnungsgemäßer Erledigung dieser Angelegenheit konnte gegen den dazu Bevollmächtigten vom Auftraggeber die *Auftragsklage* erhoben werden.

65 *Barbaren:* lat. *barbari,* alle Personen, die nicht dem Römischen Reich angehörten.

66 *Octava:* (lat.) eine Abgabe, die den achten Teil des Wertes umfaßt.

67 *Ädilen:* zu den Funktionen des 367 v. u. Z. geschaffenen Amts der kurulischen *Ädilen* gehörte die Polizeiaufsicht über Märkte, Straßen und Tempel, des weiteren die Versorgung Roms mit Getreide, die Ausrichtung der öffentlichen Spiele, ferner die Aufsicht über die Staatskasse und die Bauten. Sie besaßen neben einer Polizeigewalt auch eine begrenzte Gerichtsbarkeit. Für die Entwicklung des römischen Rechts waren die Edikte der Ädilen wie der Prätoren – siehe dazu Anm. 21 – von großer Bedeutung. In diesen Edikten wurden vor allem die Normen für die Haftung des Verkäufers für Sachen- und Rechtsmängel des Kaufobjekts ausgestaltet. Die *actiones aedilicii* waren die auf dieses Edikt der Ädilen sich begründenden Klagen des Käufers. Dem Käufer standen wegen der vom Verkäufer gemachten falschen Zusagen und verborgenen Sachmängel, die die ordnungsmäßige Brauchbarkeit beeinträchtigten, zwei Klagen offen: 1. Die *actio redhibitoria* auf Wandelung, wonach der Käufer die Zurücknahme der fehlerhaften Sache und die Wiedererstattung des von ihm gezahlten Preises verlangte. 2. Die *actio quanti minoris* auf die Minderung des Kaufpreises und den Betrag, den das Kaufobjekt wegen seines Mangels weniger wert ist.

68 *Pacht:* gemeint ist hier die Zollpacht.

69 *Comes sacrarum largitionum:* der kaiserliche Schatzmeister, Finanzminister, vgl. dazu Anm. 16.

70 *Achtteilseinnehmer:* Einnehmer der *octava;* vgl. dazu Anm. 66.

BUCH 5

71 *von den bei Verlöbnissen gegebenen Geldern:* lat. *arrha,* das Draufgeld, die Draufgabe, das Handgeld, all das, was von einem Kontrahenten dem anderen zum Zeichen eines abgeschlossenen oder auch abzuschließenden Vertrags dem anderen gegeben wird. Im vorliegenden Fall handelt es sich um dasjenige, was als Zeichen eines eingegangenen Verlöbnisses gegeben wird.

72 *das Julische oder Papische Gesetz:* zwei inhaltlich zusammengehörende Gesetze, die bereits in der Antike meist gemeinsam zitiert wurden. Die *lex Iulia,* die aus dem Jahre 18 v. u. Z. stammte, wurde im Jahre 9 u. Z. durch die *lex Papia Poppaea* – beide in der Zeit des Augustus – ergänzt. Die *lex Iulia de maritandis ordinibus* (das Julische Gesetz über die Heiratspflicht der Stände) verbot standeswidrige Ehen für Senatoren und Ritter, die z. B. keine Freigelassenen oder Schauspielerinnen heiraten

durften, zudem wurden Sanktionen für Unverheiratete erlassen. So konnten beispielsweise Ehelose überhaupt nicht, Kinderlose nur die Hälfte des ihnen durch Testament Zugedachten erben, während der Rest an die kinderreichen Miterben oder an die Staatskasse ging. Die *lex Iulia et Papia Poppaea* (das Gesetz der Konsuln M. Papius Mutilus und C. Poppaeus Sabinus) ergänzte die *lex Iulia de maritandis ordinibus.* Eine Ehepflicht wurde für Männer im Alter von 25 bis 60 Jahren und für Frauen von 20 bis 50 Jahren fixiert, um die Tendenz zur Ehe- und Kinderlosigkeit in Rom, speziell in der Oberschicht, einzudämmen.

73 *Edikt des Prätors:* siehe dazu Anm. 21.

74 *Infamie:* siehe dazu Anm. 23.

75 *alle gottlosen Reskripte:* Mit diesem Gesetz des Kaisers Zenon wurde die weiter oben genannte Konstitution 5,4,19 der Kaiser Arcadius und Honorius vom 11. Juni 405 wiederaufgehoben.

76 *Konstitution:* Gemeint ist *Cod. Just.* 5,17,8 der Kaiser Theodosius II. und Valentinian III. vom 9. Januar 449.

77 *Vormundschaft:* Der Staat bestellte für diejenigen, die als Eigenberechtigte – lat. *homines sui iuris* – nicht unter der väterlichen Gewalt standen, die Vormundschaft als ein Rechtsinstitut, das befugt war, als Ersatz bzw. zur Ergänzung der nichtvollständigen bzw. fehlenden Handlungsfähigkeit zu fungieren. Die römischen Juristen unterschieden zwischen *tutela* und *cura* im Vormundschaftsrecht. So gab es zwei Arten der *tutela,* nämlich die *tutela impuberum,* die Vormundschaft über die Unmündigen, den *homo sui iuris* bis zum 14., für die Mädchen dagegen bis zum 12. Lebensjahr. Weiterhin kennen wir die *tutela mulierum,* die Vormundschaft über die Frauen, die allerdings im 4. Jh. u. Z. aufgehoben wurde. Bei der *cura* hingegen verfügte der Kurator über die Verwaltung des Vermögens derjenigen Personen, die unter keiner Gewalt, lat. *potestas,* standen und die geschäftsunfähig waren. Die normalen Fälle der *cura* waren 1. die *cura furiosi,* d. h. Vormundschaft über die Geistesgestörten, Tauben und Stummen, die nicht in der Lage waren, ihre Geschäfte ordnungsgemäß erledigen zu können. 2. gab es die *cura prodigi,* die Vormundschaft für den vom Prätor wegen Verschwendungssucht Entmündigten, der allerdings eine unvollkommene Geschäftsfähigkeit besaß und dem erlaubt war, selbst eine Erbschaft anzutreten und Geschäfte vorzunehmen, die sein Vermögen verbesserten. 3. gab es die *cura minorum viginti quinque annis,* die Vormundschaft über unter 25 Jahre alte Personen.

78 *Flavianus:* Er ist nach Auskunft des *Codex Theodosianus* Stadtpräfekt.

79 *Ersitzung:* dazu siehe Anm. 112.

80 *Verjährung:* dazu siehe Anm. 114. Im vorliegenden Fall geht es darum, daß auf keinen Fall die Klage gegen den entlaufenen Sklaven verjährt, so daß der Eigentümer des Entflohenen auch über die sonst übliche Verjährungsfrist hinaus, die von sehr unterschiedlicher Dauer sein konnte, sein Eigentumsrecht an seinem von ihm entlaufenen Sklaven geltend machen konnte.

81 *Defensor der Stadt:* lat. *defensor civitatis,* das Amt des Verteidigers der Stadt, das im Jahre 364 von Kaiser Valentinian I. eingerichtet wurde, um dem Volk einen Schutz gegen den Amtsmißbrauch der lokalen Behörden und der staatlichen Beamten zu geben. Dieser *defensor civitatis* wurde aus den gehobenen Schichten der Städte gewählt, besaß notarielle Befugnisse wie auch die niedere Gerichtsbarkeit, zudem mußte er die Steuern von der Stadtbevölkerung einziehen. Da gerade die Lage der meisten Städte im *Imperium Romanum* sich zu dieser Zeit wesentlich verschlechterte, wurde dieses Amt mit der Zeit zu einer immer größeren Last für die damit Beauftragten, die sich meist dieser Funktion zu entziehen suchten.

82 *Konsular:* lat. *consularis,* derjenige, der die Würde eines Konsuls bekleidet hat, auch der Titel von gewissen Provinzstatthaltern.

83 *undankbar zeigen:* siehe dazu Anm. 116. Über die Folgen der Undankbarkeit des Freigelassenen gegenüber seinem Freilasser siehe im Buch 6 die Konstitution 6,7,2, die Kaiser Konstantin I. am 30. Januar 320 an den Stadtpräfekten Maximus richtete.

84 *durch den Stab freigelassen:* siehe dazu Anm. 105.

85 *Zeitraum von 100 Rechtstagen:* Nicht alle Tage waren in Rom „von den Göttern zur Rechtsprechung als geeignet gewiesen", lat. *dies fasti.* Es konnten also nur an den Tagen Gerichtsverfahren durchgeführt werden, die nicht für religiöse Feierlichkeiten reserviert waren. In der Kaiserzeit (27. v. u. Z.–476 u. Z.) kamen als Tage hinzu, an denen kein Recht gesprochen werden durfte, z. B. die Geburtstage des Kaisers und seiner Gattin, der Tag der Thronbesteigung des Herrschers, seit der Anerkennung des Christentums als gleichberechtigte Religion durch Kaiser Konstantin der Sonntag und die kirchlichen Festtage. Der Zeitraum von 100 Rechtstagen geht also über die Zeit von 100 Kalendertagen hinaus.

86 *Wenn ein Soldat seinen Kameraden ...:* siehe Anm. 235. Der Kamerad erwirbt somit das militärische Sondergut, *peculium castrense;* siehe dazu auch Konstitution 12,36,1.

87 *ein noch in väterlicher Gewalt befindlicher Sohn:* Er ist allerdings berechtigt, über sein *peculium castrense* – siehe Anm. 86 – zu testieren.

88 *Kodizill:* lat. *codicillus*, der vom Erblasser schriftlich angefertigte Zusatz zu einem Testament, in dem Vermächtnisse oder andere letztwillige Anordnungen getroffen wurden, in dem aber keine Erbeseinsetzungen oder Enterbungen verfügt werden konnten.

89 *fideikommissarisch:* Zum *Fideikommiß*, lat. *fideicommissum*, siehe Anm. 106.

90 *Legatar:* lat. *legatarius*, der mit einem Legat Bedachte, der Vermächtnisnehmer.

91 *Fideikommissar:* lat. *fideicommissarius*, der durch ein Fideikommiß Bedachte.

92 *Schenkung von Todes wegen:* lat. *mortis causa donatio,* beruht auf einem unter Lebenden abgeschlossenen Vertrag, wobei die Rechtsfolge erst beim Tode des Schenkenden eintreten sollte.

93 *P. Iuventius Celsus:* ein berühmter römischer Jurist aus der Zeit der Kaiser Trajan und Hadrian, dessen Staatsrat er angehörte. Von ihm stammt auch die berühmte Definition des Rechts als *ars boni et aequi,* also die Wissenschaft von dem, was gut und gerecht ist (bei Ulpian, Dig. 1,1,1 pr.). Von ihm gibt es viele bedeutsame Schriften; durch das erbrechtliche *SC Iuventianum* (129 u. Z.) wirkte er auf die Gesetzgebung ein.

94 *Testator:* Testamentserrichter, Verfasser eines Testaments.

95 *erbfähig:* Derjenige Vermögensfähige ist erbfähig, der das *commercium* besitzt, die rechtlich anerkannte Fähigkeit zum Rechtsgeschäft, speziell die Befugnis zum zivilrechtlichen Erwerb oder zur Veräußerung einer Sache. Diese Fähigkeit muß im Zeitpunkt der Errichtung des Testaments, beim Eintritt des Erbfalls und des Erbschaftserwerbs vorhanden sein.

96 *Pandekten:* griech. („alles umfassend"), lat. *Digesta*, ein im Jahre 533 auf Anordnung Kaiser Justinians I. unter Leitung seines Justizministers Tribonian, eines berühmten Juristen, veröffentlichtes Sammelwerk, das die Auszüge aus den geltenden Juristenschriften enthält, nach der Gliederung des prätorischen Edikts geordnet und in 50 Bücher zusammengestellt ist.

97 *Institutionen:* lat. *Institutiones* („Unterweisungen"), ebenfalls im Jahre 533 unter der Leitung Tribonians veröffentlicht, stellen ein Einführungslehrbuch für das Rechtsstudium dar. – Neben den o. a. Digesten und den Institutionen gehören zu dem von Kaiser Justinian veranlaßten und von Tribonian und seinen Mitarbeitern verfaßten juristischen Sammelwerk der *Codex Ju-*

stinianus, zuerst 529 verkündet, dann 534 durch den *Codex repetitae praelectionis* (Kodex zweiter Lesung) außer Kraft gesetzt, noch die Novellen, lat. *Novellae,* hinzu, eine Sammlung von seit 535 erlassenen Nachtragsgesetzen. Die zusammenfassende Bezeichnung *Corpus iuris civilis* für das großartige Gesamtwerk geht auf den französischen Humanisten Dionysius Gothofredus zurück, der sie in seiner Gesamtausgabe des Jahres 1583 einführte.

98 *Kontubernium:* lat. *contubernium,* dazu siehe Anm. 111.

99 *Kodizill:* dazu siehe Anm. 88.

100 *Senatsbeschluß:* lat. *Senatusconsultum,* abgekürzt SC. Wie die Gesetze werden in der Literatur Senatsbeschlüsse mit dem lateinischen Titel zitiert, der Urheber wird in adjektivischer Form genannt. Hier *Senatusconsultum Silanianum,* der im Jahre 10 u. Z. unter der Herrschaft des Kaisers Augustus verfaßte Senatsbeschluß über die Folterung und Hinrichtung von Sklaven eines ermordeten Herrn, der von der ungeheueren Brutalität zeugt, mit der der römische Staat gegenüber seinen Sklaven verfuhr.

101 *unter Vorbehalt des Falcidischen Gesetzes:* lat. *lex Falcidia,* ein auf den Volkstribunen P. Falcidius aus dem Jahre 40 v. u. Z. zurückgehendes Gesetz, das die Ansprüche der Erben dadurch sicherte, indem im Höchstfall $^3/_4$ der Erbmasse durch Legate veräußert werden durften.

102 *Intestaterbfolge:* die gesetzlich geordnete Berufung der Verwandten und der Ehegatten, da jeder Nachlaß generell seinen Erben finden sollte. Falls keine Erbfolge aus dem Testament stattfindet, erklärt das Gesetz den jeweils nächsten Verwandten nach einer abgestuften Berufungsordnung für erbfähig.

103 *Agnatschaft:* Agnaten, lat. *agnati,* sind alle die Personen, die im selben Hausverband unter der väterlichen Gewalt *(patria potestas)* eines Familienvaters *(pater familias)* stehen oder stehen würden, wenn ihr gemeinsamer Vater oder Vorfahr noch lebte.

104 *nach dem prätorischen Recht:* dazu siehe Anm. 21.

BUCH 7

105 *Freilassung durch den Stab:* eine Form der feierlichen Freilassung eines Sklaven vor dem Magistrat. Der Herr erklärte seinen Willen zur Freilassung und berührte dabei den Sklaven mit einem Stab *(vindicta).* Danach galt der Sklave als freigelassen.

106 *Fideikommiß:* ein letztwilliger Wunsch (mündlich, schriftlich, vor oder ohne Zeugen aufgestellt), dessen Erfüllung der Redlichkeit und dem Gewissen *(fides)* des Erben oder Vermächt-

nisinhabers anheimgestellt wurde. Es schuf also keine rechtliche, sondern eine moralische Verpflichtung.

107 *De dediticia libertate:* Die *dediticii* waren eine bestimmte Kategorie von Freigelassenen, die mit der Freilassung keine römischen Bürger wurden und verschiedenen Beschränkungen unterworfen waren, ursprünglich die Bewohner fremder Städte und Gebiete, die im Krieg von Rom zur Unterwerfung gezwungen worden waren. So sollte ihnen nach der *lex Aelia Sentia* (4 u. Z.) der Aufenthalt in Rom und der Erwerb des Bürgerrechts für immer versagt bleiben. Mit der justinianischen Gesetzgebung wurde nun grundsätzlich jeder freie Bewohner des *Imperium Romanum* zugleich auch römischer Bürger, so daß es unter den Reichsangehörigen rechtlich nur noch den Gegensatz Freie–Unfreie gab.

108 *27. Juli 230:* Diese Konstitution entspricht *Cod. Just.* 4,39,6. Dort werden als Empfänger ein Pomponius genannt und als Datum der 24. Juni 230 angegeben.

109 *Pekulium:* lat. *peculium*, bezeichnet das einem Sklaven überlassene Sondervermögen, z. B. ein Stück Land, ein Gewerbebetrieb, eine Herde (daher auch der Name, von *pecus* = das Vieh). Es wurde vom Herrn von dessen eigenem Vermögen abgesondert und zur Nutzung bzw. Verwaltung an den Sklaven übergeben, blieb jedoch Eigentum des Herrn.

110 *Sklaven auf Drängen des Volkes freilassen:* Sklave *(servus)* meint hier den als Schauspieler auftretenden Unfreien, der mit seiner Kunst die Menge so entzückte, daß diese den Herrn lautstark zur Freilassung aufforderte; dies betrachtete man als eine Art von Zwang.

111 *Contubernium:* das außereheliche Zusammenleben zwischen Freien, zwischen Unfreien, aber auch zwischen Sklaven und Freien.

112 *Ersitzung:* lat. *usucapio*, ist der Erwerb von Eigentum durch fortgesetzten Besitz einer fremden Sache. Voraussetzungen der Ersitzung sind der rechtmäßige Erwerb *(iusto titulo)* und der Besitz im guten Glauben *(bona fide)*. Die Ersitzungsfristen betrugen für unbewegliche Sachen 2 Jahre, für alle übrigen 1 Jahr. Seit Justinians Gesetz aus dem Jahre 531 (*Cod. Just.* 7,31,1) galten folgende Fristen: bei Mobilien 3 Jahre, bei Grundstücken 10 bzw. 20 Jahre.

113 *Vergleich:* lat. *transactio*, ist eine formlose Vereinbarung zwischen den Parteien, den Streit über ein ungewisses Rechtsverhältnis durch beiderseitiges Entgegenkommen zu beenden.

114 *ordentliche Verjährung:* lat. *praescriptio longi temporis*, bezeichnet hier die Ersitzung von immobilem, in der Provinz gelegenem Eigentum. Besaß etwa jemand – *iusto titulo* und *bona fide* vor-

ausgesetzt – ein Grundstück lange Zeit, d. h. 10 Jahre, wenn der Widerpart in derselben Provinz beheimatet war *(inter praesentes)*, oder 20 Jahre, wenn der Gegner in einer anderen Provinz wohnte *(inter absentes)*, so war er von der Klage dessen geschützt, der Anspruch auf das Grundstück erhob.

115 *25 Jahre:* Mit der Vollendung des 25. Lebensjahres waren die Volljährigkeit und damit unbeschränkte Handlungsfähigkeit und Verantwortlichkeit erreicht.

116 *Freigelassene:* lat. *liberti*, waren dem ehemaligen Herrn Gehorsam und Ehrerbietung schuldig. Freigelassene, die die geforderte Dankbarkeit vermissen ließen oder sich Ehrverletzungen oder Verfehlungen anderer Art schuldig gemacht hatten, konnten wieder versklavt werden (vgl. dazu auch *Cod. Just.* 6,3,12; 6,7,2).

117 *Appellation:* lat. *appellatio*, Berufung gegen ein richterliches Urteil. Seit der Prinzipatszeit war die Appellation mit einer Veränderung der Instanz verbunden. Vor einem höheren Gericht wurde die Sache neu verhandelt, um ein neues Urteil herbeizuführen. Höchste und letzte Instanz war der Kaiser selbst.

118 *Konstitution: Cod. Just.* 4,32,26, § 2 vom 13. Dezember 528 setzte den höchsten zulässigen Zinsfuß auf 6 % fest, eine Ausnahme bildeten Geschäftsleute, denen 8 % eingeräumt wurden. Siehe auch *Cod. Just.* 10,8,3.

119 *Berichte an den Kaiser:* waren neben den Akten Grundlage für die Entscheidungsfindung des Kaisers, um in einer für den Richter zweifelhaften Rechtssache ein Urteil zu fällen.

120 *wenn sie entweder widerlegt:* wenn ersichtlich wird, was die Parteien am Bericht zu kritisieren haben oder gänzlich bestreiten.

121 *Dekurionat:* siehe Anm. 208.

122 *Constantius II.:* Im *Codex Theodosianus* wird außerdem noch Kaiser Constans genannt.

123 *Hierocles:* nach *Codex Theodosianus* Konsul von Coelesyria.

BUCH 8

124 *Interdikt:* Gebot oder Verbot des Prätors ohne Gerichtsverfahren, also eine Verwaltungsentscheidung des Magistrats ohne ordentlichen Prozeß. Interdikte spielen vor allem besitzrechtlich eine große Rolle.

125 *Nutzungen:* lat. *ususfructus*, die aus einer Sache oder einem Recht gewonnenen Erträge.

126 *Unmündige:* lat. *impubes*, Knaben vom 7. bis 14., Mädchen vom 7. bis 12. Lebensjahr. Ab diesem Alter (Erreichung der Heiratsfähigkeit) war man zwar mündig, die volle Rechtsfähigkeit

wurde jedoch erst bei Vollendung des 25. Lebensjahres erlangt. Bis dahin galt man als minderjährig *(minor aetas)* und hatte einen ständigen Vormund *(curator)*.

127 *Darlehen:* lat. *mutuum*, ist die Überlassung einer quantitativ bestimmten Sache (z. B. Gold, Getreide, Wein) unter der Verpflichtung, daß der Empfänger eine qualitativ und quantitativ gleiche Sache zurückgibt.

128 *Prokurator:* vgl. Anm. 25.

129 *Stipulation:* lat. *stipulatio*, förmliches, mündliches Leistungsversprechen in Frage-Antwort-Form, bestehend aus der in bestimmte Worte gekleideten Anfrage des zukünftigen Gläubigers an den zukünftigen Schuldner, ob dieser eine Leistung gelobe, und der Antwort des letzteren; in der späteren Kaiserzeit auch der schriftlich ausgefertigte Vertrag darüber.

130 *Auftraggeber:* lat. *mandator*, bezeichnet denjenigen, der jemanden beauftragt, einem Dritten Geld zu leihen oder Kredit zu geben oder sich für diesen zu verbürgen.

131 *väterliche Gewalt:* lat. *patria potestas*, ist die volle Gewalt des *pater familias* über die zur Familie gehörenden Kinder, gleich welchen Geschlechts, Alters oder Familienstandes, sowie deren Nachkommen. Der *pater familias* hatte das Recht über Leben und Tod der ihm gewaltunterworfenen Hausgenossen *(ius vitae ac necis)*, das Recht des Verkaufs in die Sklaverei *(ius vendendi)*, er konnte Neugeborene aussetzen *(ius exponendi)* und Kinder beliebigen Alters verpfänden oder Dritten in Dienst geben. In schweren Fällen des Mißbrauchs der väterlichen Gewalt konnte dem *pater familias* entgegengetreten werden (Familiengericht, Rüge des Zensors, religiöse Strafen), die außergerichtliche Tötung eines Haussohnes wurde seit Kaiser Konstantin I. als Mord geahndet. Der Hausvater hatte nicht nur über die Person, sondern auch über das Vermögen des Hauskindes volle Gewalt, das von letzterem Erworbene galt als für den Hausvater erworben. In der Kaiserzeit wurde sukzessive das aktive Vermögensrecht des Hauskindes eingeführt. Das *ius vitae ac necis* sowie das *ius exponendi* wurden im Jahre 374 abgeschafft (vgl. *Cod. Just.* 8,51,2).

132 *arrogieren:* Die Arrogation (oder Adrogation), lat. *arrogatio* bzw. *adrogatio*, bezeichnet ursprünglich die Adoption eines *pater familias* (eine z. B. von den Kaisern des 1./2. Jh. geübte Praxis zur Sicherung der Thronfolge, sogenannte „Adoptivkaiser") gegenüber der Adoption eines *filius familias*, also eines der väterlichen Gewalt Unterworfenen (= Adoption im engeren Sinne). Seit Antoninus Pius ist auch die Adoption Minderjähriger gestattet, wenn diese von Vorteil für den Unmündigen war und dessen Vormünder sich mit der Adoption einverstanden erklärten.

133 *Emanzipation:* lat. *emancipatio*, Entlassung aus der väterlichen Gewalt *(patria potestas)*. Dabei war eine umständliche Prozedur zu beobachten: Der Vater verkauft den Sohn dreimal zum Schein in die Sklaverei, der Scheinkäufer läßt ihn jedesmal wieder frei; nach der dritten Freilassung ist der Sohn von der väterlichen Gewalt befreit. Bei Enkeln und Töchtern reichte der einmalige Scheinverkauf zur Freilassung aus der Gewalt. Später wurden einfachere Formen der Emanzipation eingeführt.

134 *Zufall:* Tod des Vaters.

135 *Rückkehrrecht:* lat. *ius postliminii,* ist der Rechtssatz, wonach der aus Gefangenschaft *(potestas hostium)* Zurückgekehrte in seinen früheren Rechtszustand wieder eintrat; von den Feinden wiedererlangte Sachen gelangten ebenfalls wieder in das frühere Rechtsverhältnis.

136 *Schenkung nach Änderung des Willens des Freilassers widerrufen:* Gleiches trifft auch zu auf die aus der väterlichen Gewalt entlassenen Kinder.

137 *Von der Aufhebung der Strafen ...:* Die Strafandrohungen sind enthalten in der von Kaiser Augustus 18 v. u. Z. erlassenen *lex Iulia de maritandis ordinibus* (über die Heiratspflicht der Stände) und der *lex Papia Poppaea* der Konsuln M. Papius Mutilus und C. Poppaeus Sabinus aus dem Jahre 9 u. Z. Hatte eine Freigeborene drei Kinder zur Welt gebracht bzw. eine Freigelassene vier Kinder geboren, wurden Prämien gezahlt und Vergünstigungen gewährt. Um aus einem Testament das Ganze zu erwerben, mußte eine Frau das *ius trium vel quattuor liberorum* (Drei- bzw. Vierkinderrecht), das übrigens auch vom Kaiser verliehen werden konnte, besitzen. Ehegatten mußten sich bei Kinderlosigkeit mit $^1/_{10}$ des vom Partner hinterlassenen Teils bescheiden. Die auf Ehe- und Kinderlosigkeit ausgesetzten Strafen wurden im Jahre 320 durch Kaiser Konstantin aufgehoben (*Cod. Just.* 8,57,1).

138 Siehe dazu Anm. 72.

BUCH 9

139 *Kapitalverbrechen:* lat. *crimen capitale,* ist ein mit der Kapitalstrafe *(poena capitalis)* geahndetes Verbrechen (*caput* – der Kopf, das Haupt) und zieht entweder die Todesstrafe, den Verlust der Freiheit oder des Bürgerrechts nach sich.

140 *Zum Julischen Gesetz über die Majestät: lex Iulia maiestatis* des Kaisers Augustus aus dem Jahre 8 v. u. Z., wo Handlungen gegen den Staat und jede Ehrenkränkung des Kaisers unter Strafe gestellt wurden.

141 *damit alle Mitwisser ... die gesetzliche Rache treffe:* Mit dieser Konstitution versuchte Kaiser Konstantin das um sich greifende Denunziantenwesen einzudämmen; doch bereits im Jahre 397 stellte eine Verordnung der Kaiser Arcadius und Honorius (*Cod. Just.* 9,8,5) schon die bloße Absicht des Majestätsverbrechens unter Strafe; der für schuldig Befundene wurde mit dem Schwert gerichtet, sein Vermögen konfisziert, außerdem verfielen die Familienmitglieder diversen Strafen.

142 *Schnüre:* eine mit Hilfe einer Schnur angewandte Foltermethode.

143 *Zum Julischen Gesetz über den Ehebruch und über die Schändung:* die *lex Iulia de adulteriis coercendis* (über die Verhinderung von Ehebrüchen) von 18 v. u. Z. ist neben anderen Gesetzen Ausdruck des Versuchs von Kaiser Augustus, die Sitten zu reformieren; enthält für Unzucht und Ehebruch Strafvorschriften.

144 *weil Nacht und gerechter Zorn die Tat entschuldigen:* Der Ehebrecher wurde nicht in flagranti ertappt.

145 *16. Dezember 342:* laut *Cod. Theod.* bereits am 4. Dezember in Mailand herausgegeben.

146 *Strafe ... einem Frauenräuber auferlegen:* nämlich die Todesstrafe.

147 *Aquileia: Cod. Theod.* nennt Serdica.

148 *infam:* vgl. Anm. 23.

149 *Die Strafe der kaiserlichen Konstitutionen:* zur Kapitalstrafe, siehe Anm. 139.

150 *ohne Unterschied der Tage:* Diese Stelle ist so zu interpretieren, daß es gleich ist, ob der Sklave noch unter der Hand des Herrn oder erst später verstorben ist.

151 *mit öffentlichen Strafen:* auf bestimmte Verbrechen stehende Strafe, die im öffentlichen Interesse zu vollstrecken ist.

152 *Zum Cornelischen Gesetz über die Meuchelmörder:* Gesetz des L. Cornelius Sulla von 81 v. u. Z., benannt nach dem sichelartigen Dolch der thrakisch-illyrischen Völker *(sicarius)*, der in Rom zum „Markenzeichen“ von Räubern und Mördern wurde.

153 *Strafe, die auf Tempelraub steht:* Auf Tempelraub *(sacrilegium)* stand die Todesstrafe.

154 *Zum Fabischen Gesetz:* Das Gesetz stammt wahrscheinlich aus dem 2. oder 1. Jh. v. u. Z. Unter Menschenraub *(plagium)* fallen: Verbergen und Einsperren fremder Sklaven, Überreden zur Flucht und Menschenraub. Die Strafmaße für diese Delikte wurden ständig verschärft, Kaiser Diokletian schließlich ordnete Kapitalstrafe an (*Cod. Just.* 9,20,7).

155 *Zum Cornelischen Gesetz über Fälschungen:* Gesetz des Diktators L. Cornelius Sulla von 81 v. u. Z. gegen Testaments- und Münzfälschungen.

156 *Solidi:* Der Solidus ist die seit 307 anstelle des von Diokletian eingeführten *aureus* geprägte Goldmünze von 4,55 g.

157 *Zum Julischen Gesetz über zurückzufordernde Gelder:* Gesetz des G. Julius Cäsar von 59 v. u. Z., gerichtet auf die Bestrafung von Amtsmißbrauch, d. h. Erpressung sowie Empfang von Bestechungsgeldern und unerlaubte Geschenkannahme. Die somit von einem Beamten erlangten Vermögensvorteile mußten wieder zurückerstattet werden.

158 *Dux:* In der späten Kaiserzeit wurden so die Militärbefehlshaber in den Provinzen und an den Grenzen genannt.

159 *Isauria: Cod. Theod.* nennt Sardinien.

160 *mit Kapitalstrafe zu belegen:* nach der *lex Iulia peculatus et de sacrilegiis et de residuis* (Julisches Gesetz über Vergehen gegen öffentliches Vermögen, über Tempelraub und über Einbehaltung von Restgeldern) vermutlich des Cäsar oder Augustus; das genaue Datum ist unbekannt. Der Terminus *peculatus* umfaßt insbesondere Diebstahl und Unterschlagung öffentlicher Gelder, aber auch Beschädigung öffentlicher Sachen (Digesten 48,13). Seit dem Dominat war die Todesstrafe für diese Verbrechen möglich.

161 *Verbrechen des Sakrilegs:* Darunter wird in diesem Titel die Verletzung des Gehorsams gegenüber dem Kaiser und die Nichtachtung seiner Befehle begriffen.

162 *Ausplünderung der Erbschaft:* Entwendung einer noch nicht vom Erben in Besitz genommenen ererbten Sache.

163 *Noxalklage:* Klage auf Schadenersatz gegen den Besitzer eines Sklaven, der einen Schaden verursacht oder ein Delikt begangen hat.

164 *Von den Injurien:* siehe Anm. 50.

165 *Cod. Theod. 9,34,7:* Der Anfang dieser Konstitution ist aus *Cod. Theod.* 9,34,9 hinzugefügt.

166 *Von den peinlichen Fragen:* Verhöre unter Anwendung der Folter.

167 *die gleiche Strafe verhängt wird:* die Strafe, die der Beklagte erhalten hätte, wenn das ihm vorgeworfene Delikt als begangen erwiesen worden wäre.

BUCH 10

168 *Prokurator:* hier ein für das Steuerwesen verantwortlicher kaiserlicher Beamter.

169 *Noviodunum, 5. Juli 369:* Eine Verordnung dieser Kaiser vom 3. Juli 369 nennt ebenfalls einen Archelaus als kaiserlichen Schatzmeister *(comes sacrarum largitionum)* sowie eine Stadt Nebiodum.

170 *Comes sacrarum largitionum:* siehe Anm. 16.
171 *stipulieren:* siehe Anm. 129.
172 *mögen sie ihm auch mehr versprochen haben:* vgl. auch *Cod. Just.* 7,54,2 sowie Anm. 118.
173 *Prävarikation:* pflichtwidrige Begünstigung des Angeklagten oder der Gegenpartei durch den Ankläger oder Anwalt.
174 *Von Angebern:* Angeber, lat. *delator*, meint hier mit pejorativem Beigeschmack jene, die dem Fiskus Anzeige machen über herrenlose Güter, entlaufene Sklaven, Schatzfunde u. ä., um Belohnungen zu kassieren, d. h. die Anzeigerei quasi als lohnendes Gewerbe betrieben. Solche „Gewerbetreibenden" waren infam und trugen ein nicht unbeträchtliches „Geschäftsrisiko", mußten sie doch die Anklagen beweisen. Eine in griechisch abgefaßte Konstitution (*Cod. Just.* 10,11,7; Ort und Datum fehlen, nach 382) verbietet Sklaven und Freien, Anzeige zu erheben. Eine Ausnahme bilden die Majestätsverbrechen, deren Anzeige willig entgegengenommen wurde (*Cod. Just.* 10,11,8). Dem erfolgreich Anzeigenden verhieß man $^1/_8$ des Vermögens des Opfers, auf unbewiesene Anzeige standen Strafen.
175 *Konsular:* gewesener Konsul, Titel von Statthaltern kleinerer Provinzen.
176 *Dienste:* hier vor allem Vorspanndienste im Krieg gegen den germanischen Stammesverband der Alemannen.
177 *Joch oder Hufen:* beides sind Katastereinheiten von je nach Bodenqualität unterschiedlicher Größe.
178 *die alten Vorräte:* Das hier erwähnte Getreide war wahrscheinlich für Spenden an die Bevölkerung bestimmt, denn eine Verordnung der Kaiser Valentinian I. und Valens vom 25. August 364 sagt ausdrücklich, daß Soldaten einwandfreies Getreide zu verabreichen ist.
179 *Duumvirn:* höchste Beamte in städtischen Gemeinden. Die „Zweimänner" wurden aus der Mitte der Dekurionen für ein Jahr gewählt; ihnen stand vor allem die Rechtspflege zu.
180 *infamierendes Geschäft:* siehe Anm. 23.
181 *Magister utriusque militiae:* eine der Titulaturen für den General der spätrömischen Zeit, den Heermeister *(magister militum)*. Im Osten des Reiches gab es seit 387/88 fünf ranggleiche Generäle.
182 *Prinzipalen:* Der Prinzipal ist erster Beamter eines Stadtrates.
183 *Recht der goldenen Ringe:* Das Tragen goldener Ringe war ein Vorrecht Freigeborener. Durch kaiserliche Verleihung konnte das *ius anulorum* auch Freigelassenen gewährt werden.
184 *Von ... Gebürtigen:* lat. *originarii,* hier die durch Geburt an einen Ort Gebundenen, die zur Übernahme von Ämtern in ihrer Geburtsstadt angehalten werden konnten.

185 *Byblier:* Einwohner von Byblus, ebenso wie Berytos (heute Beirut) Stadt in Phönikien.
186 *Einwohner:* hier die im Umland einer Stadt Wohnenden, ohne selbst Bürger dieser zu sein.
187 *Illustrität:* Rangtitel für die höchstgestellten Beamten, so z. B. die Prätorianer- und Stadtpräfekten, die Heermeister *(magistri militum)*, den kaiserlichen Finanzminister *(comes sacrarum largitionum)* und den Minister des kaiserlichen Privatschatzes *(comes rerum privatarum)*. Auch die Frauen dieser Beamten partizipierten an den Vorteilen des Ranges ihrer Gatten.
188 *Von den Infamierten:* siehe Anm. 23.
189 *in seiner Gewalt hat:* Zur väterlichen Gewalt *(patria potestas)* bzw. zur Emanzipation des Hauskindes siehe Anm. 131 bzw. 133.
190 *Protostasie:* das Amt der Steuererhebung.
191 *Marmorarbeiter:* lat. *marmorarius*, meint eigentlich dasselbe wie *statuarius* (Bildhauer).
192 *Solidi:* Goldmünzen von 4,55 g. Siehe Anm. 156.
193 *Kronengold:* eine im ganzen Reich dem Kaiser bei besonders freudigen Anlässen darzubringende „freiwillige“ Gabe.
194 *Irenarchen:* Provinzialbeamte, denen neben der Bewahrung der öffentlichen Sicherheit vor allem die Suche nach Verbrechern oblag.
195 *Solidi:* siehe Anm. 156.

BUCH 11

196 *Von den Schiffsführern und Schiffsherren:* Sie standen im Staatsdienst, und die Waren, die sie transportierten, waren Staatseigentum.
197 *entrichten:* Dieser Betrag sollte je Arbeiter jährlich entrichtet werden. Ein *scrupulum* (von *scrupus*, eigentlich „kleiner, spitzer Stein“) betrug $^{1}/_{288}$ eines Pfundes = 1,137 g.
198 *zurückgerufen werden:* Dieser Prozeß der Bindung der Berufsgruppen an ihren jeweiligen Stand war unter Konstantin I. weiter intensiviert und in mehreren Konstitutionen verankert worden und betraf u. a. auch die Münzpräger, Waffenhersteller, Lastviehtreiber usw.
199 *Purpur:* aus der Trompeten-Schnecke *(murex)* und der Purpur-Schnecke *(purpura)* gewonnen, war eine im Altertum als Kostbarkeit geschätzte Farbe. In der Spätantike galt Purpur als Zeichen kaiserlicher Würde. Anderweitiger Besitz purpurgefärbter Kleider wurde als Majestätsverbrechen geahndet, die dazu erlassenen Konstitutionen zeitigten allerdings nicht immer die beabsichtigte Wirkung.

200 *Modii:* Hohlmaß, ein Modius betrug 8,74 l.

201 *Perissochoregia:* ein über das bestimmte Maß bei Getreidespenden hinausgehendes Geschenk.

202 *mit keiner Strafe:* Bei Wettfahrten im Zirkus konnte es sehr leicht zu Unfällen kommen; der Lenker eines Gespanns, das einen solchen verursachte, sollte deswegen nicht belangt werden.

203 *Falten schlagenden Mantel:* Der exakte Faltenwurf war eines der wichtigsten Attribute für den anständig gekleideten Römer. Bei einer Wettfahrt konnte davon natürlich nicht mehr die Rede sein.

204 *Proscaenium:* griech. προσκήνιον, bezeichnet den Platz, auf dem die Schauspieler agieren, die Vorszene oder Vorbühne sowie die Bühne überhaupt.

205 *Kolonen:* Je nach Herkunft und Vermögensstand, nach Wohnsitz und Eintragung in das Kataster werden verschiedene Arten von Kolonen erwähnt *(inquilini, adscripticii, originarii, coloni liberi, tributarii)*. Die *inquilini* waren Kolonen, die offenbar auf dem Gut selbst wohnten. Die *tributarii* waren kopfsteuerpflichtige Kolonen. Die nur im Westreich verwandte Bezeichnung *originarius* bezeichnete den durch Geburt einem Stand Angehörenden. Im östlichen Reichsteil werden die Kolonen vor allem *adscripticii, adscripti, coloni, coloni censiti* oder *censibus adscripti* genannt. Neben dem freien bäuerlichen Grundeigentümer werden im *Codex Justinianus* besonders die freien Kolonen *(coloni liberi)* und die sogenannten Registrierten oder Eingeschriebenen *(adscripticii)* als Gruppen der Kolonen deutlich. Die *coloni liberi* bewirtschafteten mit eigenen Mitteln die gepachteten Grundstücke gegen einen in Geld oder in Naturalien zu entrichtenden Pachtzins. Der freie Kolone war mit seinem Namen in das Steuerregister eingetragen. Wurde das Pachtverhältnis sehr lange Zeit aufrechterhalten – Anastasius spricht in einer Konstitution von 30 Jahren (*Cod. Just.* 11,48,19) –, blieb es fortan unauflöslich. Der Kolone – wie auch seine Nachkommen (*Cod. Just.* 11,48,23, § 1) – verwandelte sich durch die Bindung an die Parzelle de facto in einen *adscripticius*, er blieb aber im Besitz der vollen Rechtsfähigkeit und konnte frei über sein Vermögen verfügen. Die registrierten oder eingeschriebenen Kolonen *(adscripticii)* wurden im Steuerregister bei den Grundbesitzungen unter dem Namen des Grundherrn verzeichnet. Die *adscripticii* waren an die Scholle gefesselt, Geflüchtete wurden mit Gewalt zurückgeführt. Das Gefesseltsein an die Scholle ist allerdings nicht das Charakteristikum der Registrierten, denn Gleiches gilt auch von den *coloni liberi.* Der hauptsächliche Unterschied besteht vielmehr darin, daß die *adscripticii* kein eigenes Vermögen besaßen und alles von ihnen

Erworbene als dem Grundherrn gehörig zu betrachten war. Der Grundherr verschaffte dem Registrierten Wohnung und Unterhalt, jener hatte dafür dem Grundherrn Dienste zu leisten. Trotz dieser Unterschiede zwischen den einzelnen Gruppen im spätantiken Kolonat, über deren konkreten Inhalt wir wenig Kenntnis besitzen, darf nicht außer acht gelassen werden, daß die Kolonen seit der Gesetzgebung Konstantins I. faktisch Sklaven des Bodens *(servi ipsiae terrae)* waren, d. h. ein an den Boden erblich gebundener Stand, für den eine Mittelstellung zwischen Sklaven und Freien charakteristisch ist.

206 *Autorität der Steuerrollen:* Falls sie dort als Freigeborene eingetragen sind.

207 *Denn welcher Unterschied ...:* Dieser Ausruf Justinians: *Quae etenim differentia inter servos et adscripticios intellegetur, cum uterque in domini sui positus est potestate, et possit servum cum peculio manumittere et adscripticium cum terra suo dominio expellere?,* unterstreicht nur die in Anm. 205 angedeutete Angleichung der sozialen Position zwischen Sklaven und Kolonen.

208 *Decurio:* Die Dekurionen oder Kurialen waren die Mitglieder des Stadtrates und bildeten den obersten Stand der Munizipalbevölkerung. Ursprünglich war dieses Amt sehr begehrt, nicht zuletzt wegen der Vergünstigungen, die den Dekurionen gewährt wurden. Seit der ersten Hälfte des 3. Jh. wurde das Amt allmählich in ein Zwangsamt umgestaltet. Das allgemeine Nachlassen der wirtschaftlichen Prosperität und die schwierige finanzielle Lage der Städte zwang dazu, die Organe der Stadtverwaltungen persönlich für die Eintreibung des dem städtischen Territorium auferlegten Steuersolls haftbar zu machen. Versuche, sich des lästigen Amtes zu entziehen, wurden unter Strafe gestellt. Zwei von Konstantin I. erlassene Edikte aus den Jahren 316 und 325 untersagten den Kurialen, die Stadt, in der sie geboren waren, zu verlassen. Weder Kaisererlaß noch ein ziviles oder militärisches Amt konnten sie von ihren munizipalen Verpflichtungen lösen. Vgl. zur Situation der Kurialen auch *Cod. Just.* 10,32,1–68.

209 *Von den Schätzungsbeamten:* lat. *censitores.* Ihre Aufgabe war es u. a., die Grundstücksgröße und die Erträge zu schätzen, wonach dann die zu zahlenden Steuern berechnet wurden.

210 *Von den Steuerausgleichern:* lat. *peraequatores.* Sie sollten etwaige Mißverhältnisse, z. B. zwischen der Größe einer Besitzung und der zu entrichtenden Steuersumme, ausgleichen.

211 *Von Aufsichtsführenden:* lat. *inspector.* Er wurde in Einzelfällen zu Rate gezogen, um die Qualität der Äcker einzuschätzen; bei unfruchtbaren Feldern konnte die Steuersumme herab-, bei fruchtbaren hingegen heraufgesetzt werden.

212 *Konsular:* sowohl gewesener Konsul als auch Bezeichnung für die Statthalter kleinerer Provinzen.

213 *Clarissimi:* siehe Anm. 26.

214 *Infamie:* siehe Anm. 23.

215 *Marcianus:* vgl. Martinianus in *Cod. Just.* 10,40,9, wo sich dieselbe Konstitution bereits schon einmal befindet.

216 *Spectabiles:* Adelsprädikat in der Spätantike. Die *spectabiles viri* bildeten die zweite Beamtenklasse nach den *illustres viri.*

217 *Magistri militum:* siehe Anm. 15.

218 *Comitiva:* Würde eines *Comes.* Diese konnte auch ohne Ausübung eines entsprechenden Amtes als Auszeichnung verliehen werden und beinhaltete die begehrte Befreiung von munizipalen Lasten.

219 *Decuriones:* hier Chef der *Silentiarii.*

220 *Silentiarii:* kaiserliche Kammerherren, die für Ruhe und Ordnung unter der Dienerschaft zu sorgen hatten (*silentium* – Ruhe, Stille).

221 *Domestici:* Angehörige der kaiserlichen Haustruppe.

222 *Protectores:* Leibgardisten des Kaisers.

223 *Vicarii:* seit Konstantin d. Gr. die Statthalter in den Diözesen, die als Stellvertreter der Prätorianerpräfekten fungierten.

224 *Agentes in rebus:* Die zu Beginn des 4. Jh. erstmals erwähnten *agentes in rebus* waren in einem militärisch organisierten Korps *(schola)* zusammengefaßte Provinzialbeamte, denen die Aufsicht über das Post- und Steuerwesen oblag. Innerhalb der *schola* gab es eine Staffelung von fünf Rangklassen, Dienstalter und Verdiensten entsprechend.

225 *Magister officiorum:* Chef der Hofbeamten (Oberhofmarschall), einer der ranghöchsten und einflußreichsten Beamten der Spätantike.

226 *Curiosi:* zu den *Agentes in rebus* gehörende Beamte, die als Polizeiagenten in den Provinzen Dienst versahen.

227 *Stationarii:* Unterbeamte der Provinzstatthalter, die an bestimmten Orten stationiert waren. Ihnen oblag vor allem die Aufspürung und Anzeige von Verbrechen.

228 *Von Palatinen:* Beamte des Finanzministers, des *comes sacrarum largitionum.*

229 *Comes thesaurorum:* Schatzsteuerbeamter für einzelne Diözesen.

230 *Stratores:* beim kaiserlichen Marstall Angestellte, die die von den Provinzialen zu stellenden Pferde zu begutachten hatten.

231 *Numerarii:* kaiserliche Rechnungsbeamte, die den Eingang von Steuern und anderer vom Staat geforderter Abgaben zu überwachen hatten.

232 *Würde des Clarissimats:* siehe Anm. 26.

233 *Magister utriusque militiae:* siehe Anm. 181.

234 *Rückkehrrecht: (ius postliminii),* siehe Anm. 135. Darf hier nicht im eigentlichen Sinne verstanden werden. Da den von den Feinden gefangenen Soldaten nach ihrer Rückkehr Sold und Ehrengeschenke nachgereicht wurden, muß es sich hier um einen Deserteur handeln, der nur durch die besondere Gnade des Kaisers wieder in seine Rechte eingesetzt wird (einen ähnlichen Fall behandelt *Cod. Just.* 12,35,5).

235 *Sondergut:* lat. *peculium castrense,* beinhaltet all das, was der Haussohn als Soldat erwirbt. Er erwirbt es sich selbst und nicht dem Vater *(pater familias),* verwaltet es auch selbst und kann darüber testieren.

236 *Praefectiani:* Angehörige des Dienstpersonals des Prätorianerpräfekten.

237 *Kleiderabgabe:* Die jährliche Kleiderabgabe für die Soldaten war eine auf dem Grundbesitz liegende Last.

238 *Kalenden:* der erste Tag eines jeden Monats.

239 *Magister officiorum:* siehe Anm. 225.

240 *Mensores:* Spätantike Bezeichnung für Quartiermeister.

241 *... fordern darf:* In einer zu Ravenna am 12. Juni 413 erlassenen Konstitution (*Cod. Just.* 12,40,5) schreiten die Kaiser Honorius und Theodosius II. gegen die verbreitete Unsitte ein, von den Wirten bestimmte Leistungen, vor allem die Reichung von Lebensmitteln, zu fordern. Vorliegende Verordnung ist im Zusammenhang damit zu sehen.

242 *Salgamum:* Inbegriff aller zur Speisenzubereitung sowie zur Körperpflege nötigen Dinge.

243 *Praepositi:* hier ohne speziellere Bedeutung der Beamte oder Vorgesetzte.

244 *Praepositus:* hier der militärische Vorgesetzte.

245 *Vicarius:* Inhaber einer Statthalterschaft.

246 *censibus obnoxius:* Kolone, so genannt, weil als kopfsteuerpflichtig in den Steuerrollen geführt.

247 *erpreßt werden können:* vgl. auch zu dieser Thematik *Cod. Just.* 4,41,1 und 4,41,2.

248 *Primipilarii:* Proviant- bzw. Kriegszahlmeister.

249 *Wünsche:* Vota heißen die dem Kaiser bei Jahresbeginn dargebrachten Wünsche für dessen Wohl sowie auch die vom Senat überreichten Geschenke.

250 *Staatspost:* lat. *cursus publicus,* ausschließlich staatlichen Zwecken dienende Beförderung von Personen oder Sachen auf Kosten des Staates. Die Benutzung des *cursus publicus* war nur bestimmten Staatsbeamten und Personen, die einen Erlaubnisschein *(evectio)* vorweisen konnten, gestattet.

251 *Corrector:* seit Kaiser Diokletian Vorsteher eines Regierungsbezirkes in Italien.

252 *von beiden Seiten:* d. h. von einer Poststation zur anderen und umgekehrt.

253 *Erlaubnisscheine:* lat. *evectiones*, wurden wohl nur selten ausgegeben und konnten außer vom Kaiser selbst und in dessen Namen vom *magister officiorum* nur noch von Prätorianerpräfekten ausgestellt werden (in begrenztem Umfang vielleicht auch vom Stadtpräfekten).

254 *o. J.: Cod. Theod.* nennt den 18. Juli 365.

255 *Kohortalen:* lat. *cohortales*, das Unterbeamtenpersonal der Prätorianerpräfekten und Provinzstatthalter.

256 *Steuerauflage:* Die Nachrichtenboten pflegten quasi von den Provinzialen eine Art Steuer für ihre Dienste zu fordern.

Liste der römischen Kaiser von Augustus bis Justinian I.

In der Kaiserliste wurden auch die Mitregenten, zugleich der Beginn ihrer Mitregentschaft, angegeben. Von den zahlreichen Gegenkaisern sind nur die bedeutendsten in die Kaiserliste aufgenommen worden.

Prinzipat

27 v. u. Z.–14 u. Z.	Augustus
14–37	Tiberius
37–41	Caligula
41–54	Claudius
54–68	Nero
68–69	Galba
69	Otho
69	Vitellius
69–79	Vespasian
79–81	Titus
81–96	Domitian
96–98	Nerva
98–117	Trajan
117–138	Hadrian
138–161	Antoninus Pius
161–180	Mark Aurel
161–169	Verus, Mitregent Mark Aurels
180–192	Commodus, ab 177 Mitregent Mark Aurels
193	Pertinax
193	Didius Julianus
193–211	Septimius Severus
193–194	Pescennius Niger, Gegenkaiser
196–197	Clodius Albinus, Gegenkaiser
211–217	Caracalla, ab 198 Mitregent von Septimius Severus
209–212	Geta, Mitregent von Caracalla
217–218	Macrinus
218–222	Elagabal
222–235	Alexander Severus
235–238	Maximinus Thrax
238	Gordian I., Gegenkaiser
238	Gordian II., Mitregent Gordians I.
238–244	Gordian III.
244–249	Philippus Arabs

249–251	Decius
251–253	Trebonianus Gallus
253–259	Valerian
259–268	Gallienus, seit 253 Mitregent von Valerian
258–259	Ingenuus, Gegenkaiser
259–268	Postumus, Gegenkaiser
268–270	Claudius II. *Gothicus*
270–275	Aurelian
270–272	Zenobia, Gegenkaiserin
270–274	Tetricus I., Gegenkaiser
275–276	Tacitus
276–282	Probus
282–283	Carus
283–284	Numerianus
283–285	Carinus

Dominat

284–305	Diokletian, Augustus des Ostens und Oberherr
286–305	Maximian, Augustus des Westens
305–306	Constantius I. *Chlorus*
305–311	Galerius
306–312	Maxentius, Gegenkaiser
308–324	Licinius
309–313	Maximinus Daja
306–337	Konstantin I. (d. Gr.)
337–340	Konstantin II.
337–350	Constans
337–361	Constantius II.
350–353	Magnentius, Gegenkaiser
361–363	Julian Apostata
363–364	Jovian
364–375	Valentinian I.
364–378	Valens
375–383	Gratian, seit 367 Mitregent Valentinians I.
375–392	Valentinian II.
379–395	Theodosius I. (d. Gr.), seit 378 Augustus des Ostens
392–394	Eugenius, Gegenkaiser

Weströmisches Reich

395–423	Honorius, seit 393 Mitregent von Theodosius I.
421	Constantius III., Mitregent von Honorius
423–425	Johannes

425–455	Valentinian III.
455	Petronius Maximus
455–456	Avitus
457–461	Majorian
461–465	Libius Severus
467–472	Anthemius
472	Olybrius
473–474	Glycerius
474–475	Nepos
475–476	Romulus Augustulus

Oströmisches Reich

395–408	Arcadius, seit 383 Mitregent von Theodosius I.
408–450	Theodosius II., seit 402 Mitregent des Arcadius
450–457	Marcian
457–474	Leo I.
474	Leo II.
474–491	Zenon
491–518	Anasthasius I.
518–527	Justin I.
527–565	Justinian I.

Register der Personennamen und geographischen Bezeichnungen

Bei Privatpersonen sind entweder das Jahr, in dem die Verordnung erlassen wurde, oder – wenn dieses sich nicht genau bestimmen läßt – der bzw. die Kaiser angegeben, in dessen bzw. deren Regierungszeit die entsprechende Konstitution gehört. Amtspersonen erscheinen mit Amtsbezeichnungen und -zeit, Kaiser mit ihrer Regierungszeit.

Abkürzungen der Amtsbezeichnungen:

c. = *comes,* eigentlich „Begleiter", im Dominat hoher Beamter
c. Or. = *comes Orientis, Comes* des Orients
c. dom. = *comes domesticorum,* Chef der Haustruppen, der kaiserlichen Leibgarde
c. r. p. = *comes rerum privatarum,* Verwalter des Kronvermögens
c. s. l. = *comes sacrarum largitionum,* kaiserlicher Schatzmeister, Finanzminister
cons. = *consularis,* Provinzstatthalter, gewesener Konsul, Beamtenbezeichnung
corr. = *corrector,* Vorsteher eines Regierungsbezirks in Italien
mag. mil. = *magister militum,* „Heermeister", General im spätrömischen Reich
mag. off. = *magister officiorum,* Chef der kaiserlichen Hofverwaltung
mag. utr. mil. = *magister utriusque militiae,* wohl seit 387 oder 388 Bezeichnung für den Heermeister im Osten des Römischen Reiches
pp. = *praefectus praetorio,* Prätorianerpräfekt
pp. Af. = *praefectus praetorio Africae,* Prätorianerpräfekt von Africa
pp. Gall. = *praefectus praetorio Galliarum,* Prätorianerpräfekt von Gallien
pp. Gall. et It. = *praefectus praetorio Galliarum et Italiae,* Prätorianerpräfekt von Gallien und Italien
pp. Ill. = *praefectus praetorio Illyrici,* Prätorianerpräfekt von Illyrien
pp. It. = *praefectus praetorio Italiae,* Prätorianerpräfekt von Italien
pp. It. et Af. = *praefectus praetorio Italiae et Africae,* Prätorianerpräfekt von Italien und Africa
pp. It., Ill. et Af. = *praefectus praetorio Italiae, Illyrici et Africae,* Prätorianerpräfekt von Italien, Illyrien und Africa
pp. Or. = *praefectus praetorio Orientis,* Prätorianerpräfekt des Orients
pr. = *praeses,* Provinzstatthalter
proc. = *proconsul,* gewesener Konsul, Provinzstatthalter
proc. Af. = *proconsul Africae,* Prokonsul von Africa

proc. As. = *proconsul Asiae,* Prokonsul von Asien
pu. = *praefectus urbi,* Stadtpräfekt
pu. C. = *praefectus urbi Constantinopolitanae,* Stadtpräfekt von Konstantinopel
pu. R. = *praefectus urbi Romae,* Stadtpräfekt von Rom
vic. = *vicarius,* Vikar, Stellvertreter des Prätorianerpräfekten in einer Diözese
vic. Af. = *vicarius Africae,* Vikar von Africa
vic. Hisp. = *vicarius Hispaniarum,* Vikar von Spanien
vic. It. = *vicarius Italiae,* Vikar von Italien
vic. Mac. = *vicarius Macedoniae,* Vikar von Makedonien
vic. Or. = *vicarius Orientis,* Vikar des Orients
vic. u. R. = *vicarius urbis Romae,* Vikar der Stadt Rom, Stellvertreter des Prätorianerpräfekten von Italien

Inhalt

BUCH 2

BUCH 3

BUCH 4

BUCH 6

BUCH 7

BUCH 8

BUCH 9

BUCH 10

BUCH 12

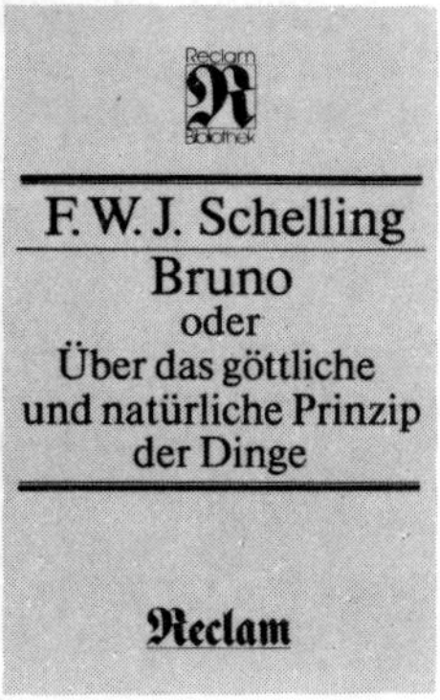

F. W. J. Schelling
BRUNO
ODER ÜBER DAS GÖTTLICHE UND NATÜRLICHE PRINZIP DER DINGE

Ein Gespräch

Herausgegeben und mit einem Nachwort „Schellings kurzer Sommer der Identität" von St. Dietzsch. 132 Seiten. Band 1315. 1,50 DM

F. W. J. Schelling (1775–1854) knüpft hier gedanklich und formal an Platon und Bruno an. Die Personen, die sich unterhalten, entschlüsselte die Schelling-Forschung: Anselm vertritt die Leibnizsche Philosophie, Lucian die Fichtes, Alexander einen Materialismus/Pantheismus Brunoscher Prägung, und Bruno, der die neue Identitätsphilosophie vorstellt, ist der Meister selbst. Debattiert werden: das Verhältnis von Wahrheit und Schönheit, von Philosophie und Poesie, von Endlichem und Unendlichem, von Identität und Differenzierung.

EINUNDZWANZIG BOGEN AUS DER SCHWEIZ

Herausgegeben von Georg Herwegh

479 Seiten. Band 1282 (Sonderreihe). 3,50 DM

Manfred Buhr
IMMANUEL KANT

Einführung in Leben und Werk

158 Seiten. Band 437. 2,– DM

Lukrez
VOM WESEN DES WELTALLS

Übersetzt von Dietrich Ebener

410 Seiten. Band 1292. 3,– DM